U0001234

中國南方邊境的自我認知與族群認同

古代中國與

越

Ancient China
and the Yue

Perceptions and Identities
on the Southern Frontier, c. 400 BCE–50 CE

錢德樑
Erica Brindley —— 著

賴芊曄 —— 譯

於此極具開創性的研究中，錢德樑（Erica Brindley）爬梳了在公元前四〇〇至公元五〇年之間，中國各邦與一個尚處在雛形的中華帝國，如何與南方邊境上這些被稱為「越」（Yue ／ Viet）的人群互動。針對這些居於古代中國南方邊境的人群，錢德樑概觀了當前相關的考古學與語言學理論，此為這塊大陸與某特定族群——即之後的東南亞人和玻里尼西亞人——之間最緊密的聯繫。分析戰國與漢初的文獻史料後，她指出中國和「越」身分認同的表述，是如何一如既往地倚靠同一個雙向過程，不斷將自我居中、並將他者排除於中心之外。錢德樑考察越地各邦的動亂、重要統治人物，以及「越」能動性的關鍵時刻，闡明古代世界中認同形成與文化混雜化的複雜度，並強調讓今日的中國華南與越南相連的文化淵源。

錢德樑，賓州大學亞洲學研究系主任與歷史系、哲學系教授，著有《中國早期的音樂、宇宙觀與和諧政治》（*Music, Cosmology, and the Politics of Harmony in Early China, 2012*）、《中國早期的個人主義：思想與政治中的能動性與自我》（*Individualism in Early China: Human Agency and the Self in Thought and Politics, 2010*），以及眾多針對中國古代哲學、宗教和歷史的論述。

目次

第三部　展演華夏、銘刻越：修辭、儀式、標籤

第四部　展演越：政治大戲、密謀與武裝抵抗

導讀

黃銘崇／中研院史語所研究員兼文物館主任

　　錢德樑教授的這本《古代中國與越》繁體中文版準備出版，富察總編邀請我寫一篇導讀，雖然我對古代的「越」從考古、文獻、環境與基因等面向進行過一些爬梳，也企圖寫文章，不過目前都還處在電腦硬碟裡。因為這不是一個容易的領域，而台灣的學術環境講求「專精」，而不是講求「廣博」；即使你有一些重要的發現或想法，只要你跨越你的既有專精領域，就會被歷史學界以更加嚴酷的標準來看待，或許是要證明廣博者一定無法專精吧？即使我已經是一個資深學者，這種壓力還是會以自我審查的形式存在，出版自然是遙遙無期了。所以，我思考了一下，決定不揣淺陋接受了這個挑戰，也藉這個機會，一方面讓讀者更容易進入這本書的世界，也把我與錢德樑教授看到的不同部分，以及有些補充她的看法等寫出來，拋磚引玉，提供讀者參考。

　　《古代中國與越》對於台灣「學者」（指的是好學之人，不是專指 scholars）的重要啟示之一是錢德樑教授在立下這個「寫

作計畫」之前，其實和我一樣並非早期越史或越文化的專家；不過，美國一流大學博士班的訓練是讓一個學生建立一種信心與能耐，只有給予兩、三年的時間有系統的閱讀、研究，就可以跨過相對陌生的領域門檻，開始進行寫作出版。當然，與熟悉此一領域的專家們進行諮詢，是絕對必要的。一個學者在他（她）的學術生涯中可以有很多個研究計畫，計畫之間不一定有關聯，重要的是這個研究是否有意義。錢德樑教授是一位有經驗的研究者，她所寫的《古代中國與越》可以說是如何從無到有，一步步進行研究的典範。而且，了解古代的越，顯然補充了世界史中一塊空間與時間上很大的空白，當然重要。對於台灣與中國的「學者」更可以有很大的啟發，因為過去我們所習慣從華夏觀點出發的中國歷史，對他者往往從類似於今日的「少數民族」觀點進行研究。然而，古代「越的板塊」以面積而言甚至超過中原的範圍。越人在越的板塊中，絕非少數民族。傳世文獻能夠記載的只是人群板塊之間一部分的互動，這本書巧妙地轉換視角，加上語言學與考古學的研究，讓我們以更偏向越的角度重新看到古代的越以及中國。

錢德樑教授與其他西方學者關於越的著作中，無可避免地需要大量用到中文傳世文獻，這些傳世文獻常是帶有「華夏沙文主義」的偏色眼鏡在看他者，所以難免會看到作者使用「校正色彩眼鏡」在解讀文獻。習慣閱讀「華夏沙文主義」著作的「學者」，可能會懷疑作者是否「超譯」？身為一個歷史學者，我深知任何一個歷史著作都會有作者自身的「偏色眼鏡」；所以，作為一個歷史的閱讀者，應該習慣以自己整體的閱讀與生命經驗，來判斷一個說法是否合理合情。也就是說歷史學習是要學會判斷，不是學習史實。以這樣的態度來閱讀，這本書對傳世文獻的解讀「剛

好而已」。

　　錢德樑教授的獨特詮釋，比方在漢帝國時期，對閩越、東甌、南越與漢的戰和關係之解讀，特別是關於閩越國的餘善的解讀值得深思。他並不像司馬遷所展示的害怕漢帝國的大軍，所以殺掉兄長，準備投降。她認為「身份認同」、「獨立意識」與「主權空間行為」在餘善的思緒流動，他必須在意識形態與政治現實之間找尋一條可行的道路。錢德樑教授指出餘善也曾經自立為「武帝」，他著眼的可能是恢復整個越的領域，所以才會對南越國用兵。如果我們仔細考察考古遺址，比方福建「武夷山漢城」（其實是「越城」），雖然有一些漢的元素，但是從干欄式建築到廚房中釜作為主要炊器，架在陶支足上，即可知道閩越國的「越認同」是很強烈的，文化水準也極高。不過，越人是一群實踐「不被統治的藝術」的族群，從來都是各自分立的，頂多也只是聯盟（比方勾踐的越國，或越南徵側姐妹的雒將聯盟），從來沒有過「大一統」的概念。且從當時國際政治的現實來說，漢帝國的人口與經濟實力畢竟遠遠大於閩越，在沒有外援的狀況之下，閩越想要拿下南越國或力抗漢帝國都是一個不可能的任務。

　　錢德樑教授著墨較多的人物之一是南越國丞相呂嘉。她認為早期文獻中並沒有呂嘉是越人的記載，這是事實。但有現已失傳的《粵紀》以為他是「本越人之雄，（趙）佗因越人所服而相之。」也就是說他是越人眾所信服的領袖。南越國與閩越、西甌、雒越等純越人國家不同，秦的統治讓它出現了二元結構：城堡都會區與山林草莽之間結構不同，城堡都會區內都是從北方來的「華夏人」居多，用法律來統治。但是山林草莽之間居住的主要是越人，用習慣法治理。山林草莽之間非常廣大，需要有一個統整協調者。在南越國的後期，就是丞相呂嘉。誠如錢德樑教授所說，呂

嘉不論是否為越人，他都具有強烈的「越認同」與「獨立意識」。但即便有很強的政治意識形態，呂嘉還是選擇「效忠」趙氏，支持趙嬰齊與越女之子為王。我認為其實是居於政治平衡的考量，能夠同時得到城堡都會區與山林草莽間的人民的支持。呂嘉的行動終歸失敗，因為城堡都會區的居民並沒有挺他，且越人的軍力並沒有動員起來，他的反抗力道，比起雒越的徵側姐妹還不如。

關於越的語言，這也是我很有興趣的一塊。我認為先秦文獻雖然有逐漸將蠻、夷、戎、狄這些詞彙模糊地作為一般性指稱他者的傾象，但是像夷、越、狄等指稱，一開始是因為這些人群使用語言上有差別，聽者能夠區分；就如同我們今天可以區分日、韓與越南的語言一樣。所以，夷語、越語本來都有明顯的特徵，足資區別；甚至到漢代人們還是可以區分越人。

越人的語言材料保留於漢語傳世文獻中比起其他族群算多的，除了羅杰瑞與梅祖麟的研究所引用的「犬（獀）」與「死（扎）」兩條資料，以及劉向《說苑善說》的〈越人歌〉以外。《越絕書吳內傳》中還有一則〈維甲令〉，是勾踐為了要對吳國出兵，下令軍隊整飭戰船與武器的命令。這一首混合漢、越語以及漢譯的文獻，同樣可以用壯、傣語得到符合古譯本的翻譯。鄭張尚芳還針對一些越國的地名以壯語、傣語為比對進行意義分析，例如餘干、餘杭等的餘，是指田野。還有殘存的越語詞彙，例如《今本竹書紀年》勾踐的諡號以漢字「菼執」來發音，在傣語中，菼音義為宗神，執音義為初始，「菼執」相當於太宗。

羅香林的《百越源流與文化》有一節〈古代越族方言考〉，除了搜集早期傳世文獻中的越語資料以外，還展示了一些越語的特徵，例如名詞與形容詞間的順序與漢語相反，動詞與副詞間的詞序也與漢語相反，例如，漢語「我先走」，越語的語序是「我

走先」。羅香林還利用文獻分析，認為傳世文獻記載的於越、甌越、閩越、東鯷、揚越、山越、南越、西嘔、駱越、越裳、撣國、騰越、滇越、越嶲、樊國、夜郎、夔越都是越。換言之，古代的百越其實是整個亞洲大陸西南、南部的一個大板塊，此一版塊現狀雖然已殘，但是痕跡歷歷可辨。我基本上認為，古代中國文獻中所提到的越，不管是越國、東海、閩越、西甌、雒越、滇越、南越以及後來的越南，原來在基因上是彼此相關，在語言上也彼此互為方言，而非屬不同語系。越人原來是一個適應熱帶雨林的族群形成的龐大板塊，橫跨福建、廣東、廣西、貴州、雲南、湖南、中南半島，以及除了菲律賓以外的巽他（Sumda）古陸。一度擴張進入江西、浙江、上海以及江蘇南部。後來有一部分島嶼東南亞與越南南部，就是「占婆」這塊，被南島語族藉著稻作經濟與強勢貿易語言所掩蓋。近來基因研究，特別是 Y 染色體的研究支持這樣的復原。未來有機會，我會比較詳細的解釋。

　　在《古代中國與越》一書中，錢德樑教授技術性地避開了越語與現今哪一個語系有關的問題。她根據其他學者的意見，否定了羅傑瑞與梅祖麟的南亞語系說，似乎比較偏向越語屬於南島語系的說法。我認為羅傑瑞與梅祖麟的分析，雖然使用的資料不足而引起不小質疑，不過結論是正確的，其支撐來自基因研究。近年基因研究的主要發現之一是語系歸屬與男性的 Y 染色體基因的特定單倍群間有正向連結。這與現代社會想像「母語」的概念不同。我認為其原因是人類社會有百分之九十以上的時間是處於狩獵採集社會，根據早年的調查，狩獵採集者的社會結構為群隊band，其婚姻居住的原則稱為「從父居 patrilocal」。簡單地說，當一群隊有適婚的男生與女生時，男生留在原群隊，女生外嫁其他群隊。而 Y 染色體是父系遺傳，祖、父、子、孫會保持相同，

一直到出現變異為止。所以，留在同一群隊者，語言相同。使用同一語言的群隊通常也會群聚，以共同應付突發狀況，會形成同一語言的板塊，利用相同的環境資源。所以，以台灣為例，我們可以說南島語系的 Y 染色體是 O-M119 與其下游，但是必須說來自台灣的 mtDNA 為某某，因為兩者的連結方式不同，後者是區域性的。「南島語族的 mtDNA」這樣的說法是不恰當的，因為 mtDNA 是母系遺傳，但古代所有群隊的女性都是外來的。其實，即使進入農業社會，從父居的現象還是很普遍，更強化了這種語系與 Y 染色體的連結。

根據基因學家研究南島語系的 Y 染色體是 O-M119 與其下游（如 O-M110），而南亞語系的 Y 染色體是 O-M95 與其下游（如 O-M88），這是研究現生人群的結果。研究古代人群，則必須根據古 DNA，近來研究成果也如雨後春筍，不斷發表。例如，浙江上海地區的良渚文化（約公元前 3300-2000 年），復旦大學團隊分析上海馬橋與浙江桐鄉新地里遺址出土的男性人骨，進行基因檢測，總共成功的案例九例，全部都是 O-M119。復旦的團隊，對於此一發現十分驚訝，因為他們知道台灣原住民有高比例的 O-M119，所以又針對上海馬橋鎮與其隔鄰金匯鎮的男性，也進行了抽樣的檢測，發現他們的 O-M119 與其下游的 O-M110 的比例約有 50%，因此而稱帶有此種基因的人為「上海原住民」。不過，這些人現在都自認為是漢人，使用普通話與上海方言。馬橋遺址進行了跨時代的分析，在馬橋文化（約公元前 1900-1200 年）階段的幾個墓葬中的不同人骨，發現不僅有 O-M119，還發現了 O-M95。馬橋文化與良渚文化的在考古內涵的不同之處，除了原有的器類與材質之外，又出現了釜形炊煮器以及幾何印紋陶，不少考古學家認為這兩項是越人的考古學文化的特徵。我雖

然不輕易地進行文獻與考古的族屬的對應，但也不得不說，從基因顯示的結果看，他們的推測很可能是對的。換言之，上海地區在良渚文化時期居住的是南島語族，而在公元前兩千年以後，開始有南亞語族人口加入。

另外，在江西清江（現稱樟樹市）吳城遺址，從壕溝中取出不少人頭骨，可能是終城之戰敵對雙方互取首級後擲入護城壕，因為膏泥缺氧使得頭骨得到很好的保護。其中選取了四個樣本進行基因檢測，有三個成功，兩例為 O-M95，也就是越人，一例為 O-M122，應該是「漢人（現代用法）」。吳城遺址是一個特別的遺址，是商代中期王朝分裂以後，位在南方的勢力可能為了取得鹽而來到江西的樟樹市一帶，樟樹市有很巨大的鹽礦。商的殖民者為了保護鹽礦的開發，在附近建築了好幾個城，吳城可以說是其首都。商的殖民者與當地原住民產生了複雜的關係，當地原住民有底層的鼎系人口，在公元前兩千年以後，又有釜系人口移入。商人約在公元前一四○○年進入採鹽，公元前一三○○年輸送威信財的臍帶被切斷，此地的商人被迫自生自滅，而開始出現在地化的傾象，但最終還是與當地原住民發生重大衝突，城被滅，廢棄。此一遺址同樣有釜系統的陶器，以及幾何印紋陶，可見基因、器物特徵、語系之間彼此關聯。

相對地，北方地區的古 DNA 研究又展現不同的圖景，比方山西襄汾陶寺遺址的陶寺文化（約公元前 2300-1900 年），針對古代人骨進行的 Y 染色體分析，五個例子有四個成功樣本，三個屬於 O-M122，一個為 O-M134，後者是 O-M122 的下游。很明顯地，陶寺文化的人口是「漢語系（現代意義）」人口。山西絳縣橫水的西周倗國（約公元前 1000-800 年）墓葬起出大量人骨，一個墓中，往往有墓主與被陪葬的人。此一遺址的基因研究

分析大量的樣本中，墓主 Y 染色體單倍群最多的是 Q-M120，說明了倗國的貴族的族屬。從文獻分析，倗國是懷姓（媿姓），是古代鬼方的後裔，也與赤狄同源。這些人並不是在西周時代才入侵到中原地區的，因為在河南靈寶市曉塢的「仰韶文化」（約公元前 5300 年）遺址的墓葬中，有一具男性人骨也進行了採樣，其結果是單倍群 Q，說明倗國人的祖先，在西元前五、六千年就已經活躍於黃河中游。我們正在努力地抽絲剝繭，希望未來讓鬼方的後裔，能夠重見天日。

總而言之，過去我們僅能從文獻分析以及考古學遺物、遺跡進行考察，現在多了基因的證據，讓我們得以在族群與語言的判定上有新的工具。過去的語言親緣分析，現在有了一種感覺像翻底牌的工具，從祖源構成直接了解一個語言的可能多種來源。我相信不只是越，未來在夷人、狄人、匈奴、東胡等古代人群的研究上，會帶來全新的理解。以上，我舉了比較簡單的幾個例子，說明南方與北方的對比，基因的相關研究，現在才正要開始，台灣目前處於落後狀態。我一直認為基因分布的解釋，是一種跨學科的「藝術」，尤其需要人文領域學者的參與，所以在此野人獻曝，希望吸引更多年輕學者的注意，參與這方面的研究。

回到《古代中國與越》這本書，我認為錢德樑教授下了令人欽佩的工夫。一方面從越的觀點而非華夏的觀點來看越的古代歷史，這是過去世界史中幾近空白的一頁。另一方面，我相信這本書無法以現代這種翻譯本的樣貌在中華人民共和國出版，因為從中國共產黨的史觀看來，這本書的觀點會「動搖國（＝黨）本」的。因此，我也希望有機會閱讀此一譯本的華人能夠了解，唯有更深層的理解歷史的不同面貌，族群的平等與彼此間的和解才有基礎，這是民主社會的基礎。

序

中國、中國性與「漢化」問題

　　本書旨在闡明許多人視之為理所當然的身分認同。當我們稱呼一個人是「中國人」、「越南人」，抑或是「東南亞人」，所指為何？基於我的歐亞血統，大家向來說我是父親那邊七個歐洲族群的混合兒──威爾斯、愛爾蘭、瑞士、德國、英格蘭、蘇格蘭和荷蘭；至於母親那邊，則只有一個種族：中國人。顯然，有哪裡怪怪的。畢竟比起亞洲方面的基因，歐洲方面的基因並沒有為我帶來更多差異。若是母親特別強調我身為紹興人、客家人、南平人、山東人、廣東人、台灣人、潮州人、閩南人和海南人的傳統，那又該怎麼說？[1] 後面那種討論自我「中國性」的方式，對當代人來說似乎十分陌生，甚至可說是荒謬，但為什麼這種畫分一個人東西方血統的方式，比不上父母教我的那種「7+1=8」說法更令人信服？這是否代表分屬歐亞大陸兩端的人們也普遍接受這種說法？我們對中國種族的理解方式，不僅反映

西方將中國視為具有同質歷史和族群的整體文化，更反映出不管是從中國大陸或從分散海外的中國僑民中，所呈現的一種漢本位（sinocentric）的視角、建構並重建中國身分認同的方式。

　　每種形式的身分認同都會畫出界限，並將自我的某些面向組合成一個包裝，使之能以特定的方式來分辨他我。稱一個人為「中國人」或其他類型的身分認同，在功能上並無二致差別，但「中國人」這個分類在某方面來說，確實與眾不同。首先，其範圍廣袤，涵蓋人數眾多。乍看之下，當代的「歐洲人」標籤似乎可與「中國人」一詞相提並論；但即便大家認可「歐洲人」一詞所具備的多樣性，「歐洲人」卻遠不及「中國人」所涵蓋的地理與種族範圍。[2] 身為「中國人」，即表示具有一種與廣泛文化歷史息息相關的族群認同，而這個傳統是根據連續、線性的時間線，從文明初始的傳奇英雄一直敘述至現代，如此簡化的歷史居然如此海納百川，實在令人嘆為觀止。在中國以外的世界，除了時間相對晚近建構出的、根源可追溯至荷馬時代古希臘文化的「西方」（the West）身分認同之外，找不到其他具備如此包容性的文化認同。十分有意思的是，「西方」總與「東方」（the East）相對。即使舉出所謂的「西方」文化，也很難像中國文化依樣，以單一的形式討論——也就是認為存在一個連續的族群—政治實體，可從古代聖人綿延至今。

　　至於中國人或多或少都共享同一個血緣遺產的說法，聽起來也是詭異到不行。雖說很多族群都有共同血緣的神話，但每個中國歷史學者都會迅速意識到，從單一族群的角度來思考什麼是「中國人」，特別容易遇到問題。這是因為內與外、華夏（或者是漢、中國人）與非華夏之間的界限在各個時代的相對滲透性，以及中華帝國以囊括四海的方式，將周圍的國家蠶食鯨吞，並納

入自身的行政與文化圈中。

現多以「漢族」來表現「中國性」；而「中國人」和「漢人」這兩個族群名都是問題叢生，這其實深受現代族群觀念的影響。[3]針對中國史的幾個特定時期，學者探究各種不同的中國性概念，有的學者還用數據庫收集各式族群名的用法（像是「漢人」），這些資料出自可取得的最早史料中。[4]但截至目前為止，始終缺乏能闡釋現今族群或文化自我認同裡中國人概念發展的全面論述。

因此，為了解「中國人」或「漢人」詞彙的含義，我提出以下說法：「龐大、連續和同質性」並非中國及中國人的自然狀態，而是一種特質；我們應當仔細探討這種特質如何在與歷史搏鬥的過程中產生，並經過多長的時間和爭論才被接受。至於「中國人」是相對同質且穩定的身分認同的概念，我認為我們應將焦點擺在中國的文化認同對個人的作用，並以此解釋個人在何時、何地、如何將自我與他者視為中國人，或更小、更具地方特色的族群、區域認同（例如潮州、客家、福建、台山、福州和莆田）。藉著研究歷史上「中國人」身分認同的機制，我們得以將那些把自我或他者視為中國人的案例（抑或是本書所採用的「華夏」、「諸夏」、「**中國**」〔Central States〕等更切身的標籤）解構成零碎的部分，包括在特定的脈絡中，稱呼、體現並保持自我與他者意識的各種作用和緣由。舉例來說，本書聚焦於稱呼和構成自我與他者的脈絡，而這向來與權力關係息息相關。這有助於我們理解，訴諸像「華夏」這種單一、統一的身分認同，自古以來就是中國政治和文化景觀的一部分。

本書針對與中國古代南方邊境「越」相關的文化和人群，來檢視「華夏」這個中國人身分認同的前身；並爬梳先秦與

秦漢時期的文本史料，認為「越」身分認同與假設的華夏或諸夏中心身分認同，是分庭抗禮的概念。我分析辭令策略、常見的修辭比喻以及其他形式的他者表述，展示出特定脈絡需求或政治緊急狀態，在多大程度上形塑了自我和「越」他者的闡述（articulation）。此外，針對「越」的地理條件與用語，我也有廣泛的討論，並回顧現今語言學和命名法的理論中，對南方邊境古代人群（傳統上視為「越」）的探討；這既讓古代南方「越」身分認同的研究建立出非文本式（non-textual）的背景，反過來也讓文本證據浮出水面，再再顯露出我們所用的文獻中，對「越」的侷限與偏誤。

我將透過重新檢視「什麼是『越』？」進而探究下列的問題，「什麼是『中國人』？」在爬梳南方邊境的前近代史中，我觸碰到一些常見的問題，涉及早期東亞史中身分認同的建構、維繫與解構過程。我向來的假設是，早期帝國與中央集權的帝國邏輯（早在公元前二二一年秦帝國建立之前，此邏輯就開始發展了），深深將華夏中心與自我綁在一起，並在此過程中建構出邊境的「他者」。中心性（centrality）和居中性（centeredness）的邏輯伴隨一系列的宇宙觀，諸如和諧（harmony）、普遍性（universality）以及中心體的重力（the gravity of the central body），形成構建自我和他者的基本概念框架。

此類分析的癥結點在於，中心性的邏輯是如何連結到漢化的自大史觀，抑或是連結到**中國**周圍地區的文化，因全盤接收而被同化進華夏文化中的概念。我們是否能僅憑表象，就對隱含了發源於北方的華夏人群與文化，以政治、軍事和文化力量掃蕩南方，讓南方人自然而然被納入治下的假設深信不疑？此漢化模式的機制很類似孔子所說的「君子之德，風，小人之德，草；草上

之風，必偃」，顯然將中國史中的文化變遷模式看得過於簡單。然而，這個說法長久以來成為典範，在早期就無人駁斥或挑戰。在本書中，我側重於早期中國典籍的作者如何以華夏自我為中心，進而將他者排除於中心之外，從而顯示這種漢化模式是如何從一開始就固定於針對他者的華夏視角內。這有助於重新檢視我們所繼承、且持續於當今學界富有影響力的史學工具。

「越」的重要性——或至少是居於南方的當地人群（他們可能曾經或未曾將「越」作為身分認同）——在古代是有力的行動者，證明東亞大陸的廣大多樣性和複雜歷史。如同本書所示，某些學術取徑往往拘束於身分認同的政治，包括涉及「越」的許多文獻史料，並陷入各國族和／或族群與社會群體的利益糾葛之中。如此一來，與「越」一詞相連的人群歷史，不僅淹沒於時間長河裡，而且更遭到主流的史學觀點——也就是認為「漢化」是歷史發展的核心以及勝利的過程——所吞噬。本書會重新闡述所謂的漢化典範，更有助於打破那些中國的歷史和身分認同是鐵板一塊（龐大、連續、同質）的闡釋。經由探究「越」他者的視角是如何被建構、敘述、討論和研究的，我會開闢出一個空間，以理解「華夏」和「越」的身分認同在多大程度上體現出發源自南方的多樣化、固有的特質與動力。

在研究建構自我和「南方他者」的模式時，我們闡明了中國是如何介入南方歷史的書寫方式。我並非要摒棄一切「漢化」的解釋，而是希望我們能在觸碰到「漢化」概念時加以評判，並且了解這可能會影響我們對過去的理解。若說「漢化」概念確實有史學上的價值，那也只限於特定的時間和地理界限、以及基於特定條件基礎所建立的歷史範圍內。換句話說，或許直到約莫最近五百年，華夏文化才真正主宰南方。若說華夏中心性的邏輯及隨

之而來的「漢化」概念，導致我們對這個區域身分認同關係的早期歷史有誤解，因此便需要建立一個替代模型來理解南方與華夏的互動。這樣或許可重新定義在南方早期歷史脈絡中，「華夏」所代表的意義（即將其視為持續演進的概念），抑或更深入探究當地文化、融合、混雜，以及融合／混雜文化的概念。

謝辭

　　研究及寫作本書時，我另闢蹊徑，選擇了自己最熟悉的中國古代典籍、哲學和思想史。在其餘學術領域，我遇見一群活躍的東南亞學者，特別是鑽研越南的學者，他們熱烈歡迎我，自從我開始此研究以來，他們無不鼎力相助。考古學家與語言學家也以極大的耐心和毅力指引我，邊境研究（frontier study）的學者也不吝伸出援手。他們不但對自身研究充滿熱情，更樂於助人，我何其有幸能與之交流。

　　我和當中某些人的初次接觸是在對越南的研究中。讀了我早期為古越寫的文章，奧哈羅（Stephen O'Harrow）、泰勒（Keith Taylor）、湯普森（Michele Thompson）、金利（Liam Kelley）皆反應熱烈，不但馬上提出閱讀建議，更針對越南史和語言的幾個觀點與我討論。起初，我們只是用電子郵件交流，公事公辦。但這幾年來，當我一個接一個見到他們時，驚喜之情不言而喻，並發現他們每個人就像他們的電子郵件一樣，令人歡暢又甚有助益。第一次見到泰勒，是在美國亞洲學會（Association for Asian

Studies）的座談小組，我們找到附近的一家越南咖啡館，熱列討論越南歷史一個多小時。二〇一二年夏天，我有幸在新加坡與湯普森（金南〔Nam Kim，音譯〕也在）一起聊天閒逛，在這幾個小時中，她分享了許多東南亞和越南的專業知識。奧哈羅的友誼也讓我開心不已，非常感激他給我的幫助和聯繫。我在夏威夷與奧哈羅的碰面，是一場唐人街冒險之旅，由尋找魚漿展開序幕，然後一路帶我深入廣大的唐人街，最後以一碗便宜的泰式麵畫下句點。魚漿難找得很，在尋覓的過程中，奧哈羅交互使用廣東話、越南語和普通話與各個商販交談，實在讓我敬佩不已。非常感謝金利對越南早期歷史和史學方法的協助和犀利評論。他寄給我的文獻，省去我一一為涉及古代越南的史料（神話或歷史事實）尋找所有權的時間；金利還幫我解決了文本可信度的問題，並確認我用作主要史料的古代漢字文獻，比最早的越南文史料更能體現早期階段——這些越南文史料的寫作時間比最早的漢字史料晚上一千多年。

　　對古老族群名「越」的研究帶我踏進未知的學科天地，以尋求對南方人群背景的基本理解。若亞洲考古學與語言學領域的領頭學者沒有給予寶貴且耐心的指引，我一定會像隻無頭蒼蠅般四處碰壁，當中有些學者也成為我非正式的導師。在考古學領域，焦天龍（Jiao Tianlong）、安賦詩（Francis Allard）和姚輝芸（Alice Yao）都惠我良多，對於我無止境的考古學疑問，他們三人知無不言，並寄給我相關的文章，幫助我理解當前考古學的爭辯，他們也讀了我草稿中的幾個章節或段落，並針對我的研究取徑與對考古學的想法提供建議。安賦詩在嶺南地區的考古工作為我的研究帶來不可思議的意義，他幫我概念化古代南方的物質環境，並鉅細靡遺地閱讀並評論我關於考古學的幾章草稿。針對

中國西南的考古學及中國西南與南方的關係，姚輝芸巧妙地為我指出方向，她和安賦詩都幫助我審視一些重要的考古學取徑，並用最有意思的說法來解答我的問題。我由衷感謝他們的匡助與耐心。

　　若是沒有焦天龍，我對古代南方邊境的考古介紹便無法完備，我的二〇一二年中國南方行，多虧天龍的鼎力相助，才能獲得對古代南方人的考古文化的第一手觀點，還獲得了數百張重要遺址和文物的照片。我由衷感激他百忙之中抽空從福州帶我去武夷山，向我和他在廈門大學的學生展示要踏上考古學家一途，需擁有的開闊心胸與冒險精神，他細細查探土壤地層中的物質證據，訴說著我們祖先的故事、行動與愛好。這不像歷史學家所擅長的那種閱讀與書寫的腦力運動，這需要身體力行前往每座遺址，走過古城牆、地基和墓塚的上上下下、裡裡外外，檢驗並測試陶器碎片、遺骸，土壤樣品和石塊。用這種方式體驗過往，與靠翻閱書冊或竹簡以洞悉他人思想截然不同。我也要感謝天龍指點我申請很多古代吳越和閩越地區的相關獎學金。

　　二〇一一年，我在夏威夷待了六個月，讓我有機會與南島語系語言學之王白樂思（Robert Blust）見面，他進一步幫我理解南方假說（Austric hypothesis），以及古台灣／福建內及其周圍地區的南島語系（Austronesian language）源頭。在語言學領域，我要特別感謝白一平（Bill Baxter）對古代東亞大陸語言全景的指導。一平是我這個研究早期的主要導師，幫助我快速掌握亞洲歷史語言學的一些基本爭議和研究取徑。他最大的幫助在於解釋了南亞語系（Austro-Asiatic language）和南島語系的幾篇關鍵文章中所提出的一些基本概念。而我多年來對中國或亞洲語言學的疑問，也是靠一平才獲得解答，我非常感謝他耐心又極富見識

地回答我這些基礎問題。

　　至於我近來對東亞及東南亞語言的源頭和可能相互作用的研究，中國歷史語言學的另一位先驅沙加爾（Laurent Sagart）也對我伸出了援手。他讀了我關於語言學的後期草稿後，毫不含糊地指出錯誤，並建議我應針對之前忽略的領域和問題做進一步的閱讀。我由衷感謝他的鼎力相助，他寄來的許多文章和往來的電子郵件，都在本書送交媒體前幫了大忙。

　　對於白一平、沙加爾和白樂思引介的許多語言學辯論的細節，又或者是焦天龍、安賦詩和姚輝芸引介的考古學作品，如果我仍無法完全理解，抑或若是本書未能充分呈現考古學家和語言學家切實的焦點和辯論，這些錯誤當然都該歸諸於我，反映出我這個考古學和語言學門外漢的局限，我研究此領域的同事也和此沒有關係。

　　我正式踏入東南亞學研究領域的契機，是二〇一二年夏天由東南亞研究院（Institute of Southeast Asian Studies，ISEAS）在新加坡舉辦的研討會，由梅維恆（Victor Mair）主持，焦點擺在中國及其南方鄰國。此次研討會是個絕佳的平台，讓研究各個有趣面向的學者會聚一堂，討論連接東南亞大陸、中國、太平洋島嶼及其他歐亞大陸（特別是印度）的海上網路（maritime network）中的各種文化與文明。讓我最激動的是，終於有幸親眼一睹大師王賡武（Wang Gungwu）的風采，他是真正的紳士，也是心智容量與眼界格局均超群的學人。他在一九五八年出版的《南海貿易》一書深深啟發了我與本書，讓我對南海在東亞、東南亞史的影響有了全面的理解。我要感謝會議的其他參與者——阿巴拉辛（Andrew Abalahin）、博德（Sylvie Beaud）、戚安道（Andrew Chittick）、克拉克（Hugh Clark）、傅爽（Rebecca

Shuang Fu）、王添順（Derek Heng）、金利、金南、李塔娜（Li Tana）、李易（Yi Li，音譯）、梅維恆、馬翔（Sean Marsh）、沈丹森（Tansen Sen）、陳振忠（Tan Chin Tiong）、湯普森、韋傑夫（Geoff Wade），以及山崎岳（Takeshi Yamazaki）──有助於我更加理解中國研究與東南亞研究之間的連結，以及他們所研究的前近代時期（大多是）海上網路和文化間關係的有趣議題。

我要感謝美國學術協會（American Council of Learned Societies）授予的 Charles A. Ryskamp 獎助金，這個優渥的獎助金資助了二〇一一至二〇一二年的額外研究時間和旅行，讓我得以在夏威夷短暫停留，並與具領導地位的語言學家、考古學家和學者見面並一起研究。除此之外，我由衷感謝賓州大學同意我在二〇一三至二〇一四年休假，讓我得以完成這本書的草稿。本書的兩位審查人的評論極富洞見，切實地催生了完稿。我也要感謝美國學術協會和蔣經國國際交流基金會（Chiang Ching-kuo Foundation）贊助白凱琳（Kathlene Baldanza）和我於二〇一三年四月十二至十三日假賓州立大學舉辦「亞洲的海上邊境：華南與東南亞的原住民社群和國家控制，公元前二〇〇〇至公元一八〇〇年」研討會（Maritime Frontiers in Asia: Indigenous Communities and State Control in South China and Southeast Asia, 2000 BCE–1800 CE）參與此次研討會的學者帶來許多激勵人心的討論，讓我對前近代中國與東南亞的邊境問題，有了全面的理解。與會者包括克拉克、吳春明（Wu Chunming）、亨利（Eric Henry）、普鳴（Michael Puett）、安賦詩、焦天龍、白凱琳、史密斯（Greg Smits）、惠特摩（John Whitmore）、沈丹森、鄭永常（Wingsheung Cheng）、蘇基朗（Billy So）、

安樂博（Robert Antony）、金利、牛軍凱（Niu Junkai）、湯普森、馬翔、安德森（James Anderson）、馬斯中（Magnus Fiskesjö）、夏伯嘉（Ronnie Hsia）、梅維恆、奧哈羅，以及史密斯（Paul Smith）。

　　最後，多虧有同事、朋友和家人的幫助與支持，以及替我看顧孩子的超級保母和老師，我才有足夠的時間與心力完成本書。我要特別感謝冀小斌（Xiao-bin Ji）的來訪，他針對中國史中的疑處，為我帶來迅速又及時的討論與說明。感謝丹・舒茲（Dan Shultz）為本書製作了三張地圖，感謝科爾（Cynthia Col）和諾克斯（Julene Knox）在索引編輯與審稿上的傑出工作。亦要感謝羅迪諾－克勞希羅（Michelle Rodino-Colocino）、科洛奇諾（Todd Colocino），韓瑞（Eric Hayot）和狄春媛（Chunyuan Di）在賓州大學給我的支援。另外，我要再次感謝我的丈夫福克斯（Derek Fox），帶小孩可謂是如同希臘神話中薛西弗斯的艱難任務，感謝他願意與我一起勞心勞力。

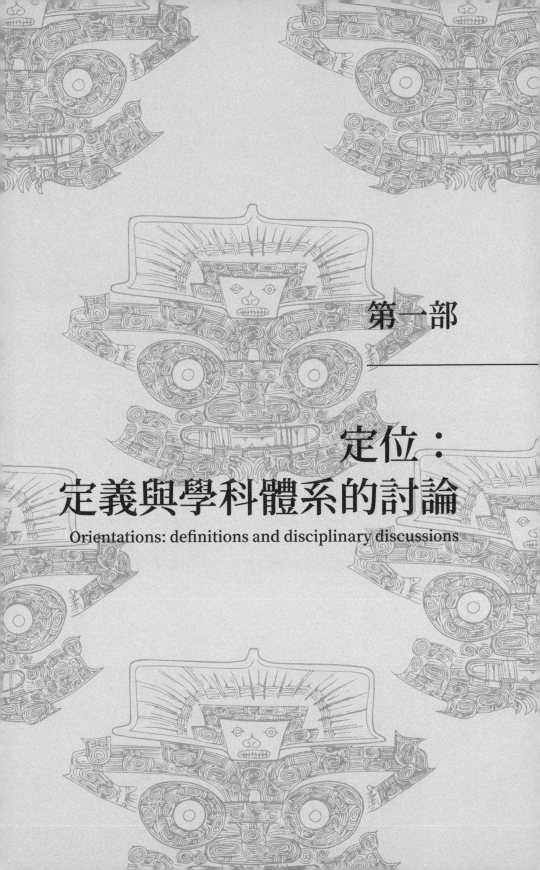

第一部

定位：
定義與學科體系的討論
Orientations: definitions and disciplinary discussions

導論

概念與框架

Introduction: concepts and frameworks

本書奠基於一個對中國歷史的巨大諷刺：古代的「越」，曾在古代與帝制初期（early imperial periods）被視為世界盡頭的可怕事物，卻隨著時間轉變為中國文化的象徵；「越」以及與其相聯的人群、文化和土地，在中國南方從他者轉化成自我、從異國轉化成親朋、從他們的轉化成我們的、從非屬**中國**轉化成「中國」。例如現代香港、廣東省及鄰近地區所使用的語言——「廣東話」。雖然廣東話最初是一種漢語（Sinitic language），而非早期當地人所說的語言，卻被稱為「粵語」。[1]世界各地的唐人街證明了「漢—粵」（Sinitic Yue）遺緒之深遠，就連多數海外廣東人和一些海外閩南、客家人所使用的漢族（Han Chinese）的身分認同亦為「唐人」（指唐王朝之民）。將所有中國人稱為一個整體，這也和南方有關係。最後，活躍於公元第二千紀的許多著名學者要不來自南方，不然就是在南方生活。這來自於公元第一千紀至第二千紀、在幾個特定的動亂時期，大批流亡到華南的北方菁英，還有許多前仆後繼尋求政治庇護、耕地和商機的北

方移民，促成了整個南方大地的反轉，從原住民的越到漢化的越。因此，這些人在某些脈絡下可理解為典型的「中國人」。

　　與此同時，越南——或「越的南方」——的人群雖將自己視為「越」的後裔，但卻透過「越」的歷史與身分認同，將自己與漢人或中國人、中國區分開來。一八〇〇年代初期，越南的國家正名史反映出中越邊界兩側如何角逐對「越」的身分認同，以及如何為了漢人和非漢人遺緒的所有權談判。[2] 絕大多數越南的歷史紀錄都必定會提到西漢時期古老的南越國，此為越南早期歷史的重要組成。[3] 越南策略性選擇了與古越綑綁的文化與歷史，提供我們另一種範例，闡明這個詞彙是如何靠轉換和重塑外貌來支持身分認同和國族主義。

　　「越」的珍貴歷史由中國和越南文化共享，來自兩個地區及過往幾個時代的人群，與源自古代傳統裡「越」的各種涵義互動，來決定身分認同和政治上的重要事務。不過，他們是與何種古老「越」傳統互動？與其詞彙、人群和文化相關的各種涵義，又代表了什麼？本書闡釋了人群（甚至從古代起）如何早在「中國」或「越南」概念興起之前，就已經形成並重塑了自己的身分認同。這種認同描繪出一段關係的輪廓——華夏（意指花朵盛放或開花的「夏」〔指夏王朝〕）的自我，與遙遠東南與南方的異族「越」相對立。

　　考量到我將爬梳的古老論述均源於漢字記錄的文本，針對「越」的人群如何自我認同或自我表述，我們始終難以深入。問題的癥結就此浮現：一個缺少書面紀錄、但仍幫助統治陣營形塑出自我認同和歷史軌跡的群體，仰賴文本的史家要如何著手研究？我確信，答案就在我對過去的探尋和敘事的既定目標中。我不是直接了當地回答「什麼是『越』？」或是解釋他們如何看待

和區辨自我；而是試圖揭示早期的漢字史料，如何呈現涉及越的各種不同現實。這樣的現實並非陳述出他們究竟是誰，抑或是他們如何認同或區辨自身（儘管有時會影射），就連他們如何表示或看待自我都不置喙。這樣的現實囊括很大的想像——藉由歪曲的鏡頭和不斷變換的自我視角來檢視他者，我們展示出一個特定的文化希望被看到、建構和維繫的自我形象，這具有重要的意義。

這樣對「越」的重述反映出，讓「越」成為古代文獻中的一種身分認同或概念，是一種動態的過程——比較自我與他者，凝視被認知成他者的深處，以展示、維繫、緩減或強化華夏自我的某些意識層面。相較起來，中國古代典籍確實對「越」的聲音和觀點付之闕如，讓此問題不但難解，就連要提出問題都困難重重。但這並不會讓文本變得毫無用處。將我們所探尋之處著眼於身分認同的認知和表述上，我希望能讓這些文本說話，跟我們說它們對古老的過去能做些什麼。我並非用所謂的客觀真實來檢驗華夏如何敘述「越」的人群或文化，亦非假設華夏對他者的說法為真；我研究的是「越」這個詞彙為何會成為重要的標籤，這也反映古代中國人如何看待自我與其南方的異族。

接受古代文獻中對「越」的敘事方式，有助我們拼湊出華夏人如何藉由比較自我與南方的差異來構建身分認同。這樣的探尋有助於了解南方的人群與文化，如何因為南方特殊環境而被認知成他者。闡明「南方他者」的特徵——並探究這些特徵為何成為討論的首選——才能更聚焦於自我的表述。因此，我們得以猜測出古代文本傳統中，對自我與「南方他者」的表述有多局限。

「越」和「華夏」的身分認同概念不斷變化，將會在形塑實際、具體的政治行動和策略上扮演要角。因此，對「越」身分認

同的研究不僅有助更深入理解南北文化和匯合處的思想史，亦可作為人類活動史的背景知識，以理解古代南方最終如何成為標準意義上之中國人及越南人的轉型過程。

「族群」是我們所探尋的關鍵，它讓「越」的身分認同淪為中國的陪襯。即使「華夏」一詞（有時也稱「諸夏」）也有政治涵義，用來指稱所謂「夏政體」的諸多後裔（約介於公元前2000–1600年間）。戰國時期的作者（約公元前五至前三世紀）並未以「華夏」表達政治價值，而是讓華夏這個身分認同凌駕於當代、政治或國家團體之上。[4]同樣地，儘管「越」也可以連結到東周時期（公元前六至四世紀）的一個主要諸侯國，但這個詞彙也隨之跨越政治邊界，在文學作品中發展成華夏的南方陪襯。

用族群概念來觀察華夏和「越」，會讓我們的討論聚焦於文化及其承繼或獲取的群體認同感，而非其他形式的認同感。可以確定的是，尤其是在探究與「越」相關的詞彙在文學作品中不同面向的用法時，我們或多或少得解決政治認同的問題。但搜尋作為族群名稱時的華夏和「越」，或根據所謂的「族群」來分析，我們就能提出更精確的理論，將中國性的起源視為一種族群概念，我們還能更仔細地觀察中國早期歷史是如何維繫和保存族群。研究古希臘身分認同的學者霍爾（Jonathan Hall）曾提出一個好用的族群定義，他的依據是在族群的概念中，雖然生物性的要素可能很重要，但基本上仍是被建構出來的。霍爾認為身分認同的建構，是來自共同血緣的神話及特定領地的共同聯想。[5]因此可以將族群設想成一種會隨著時空變化、具有可塑性的開放社會建構。這樣的定義足夠籠統，能容納對族群的不同主張，但又具體到足以區辨族群與國族、親族和文化等其他形式的身分認同。需留意的是，由於先祖的源頭必定存在於某個特定的時空

中，因此對共同血緣的認同感，與對共同族群領地的認同感通常沒什麼差別。本書將霍爾的族群概念擴展為以下三個標準：共同的血緣神話、與特定領地的共同聯想，以及共同的文化認同。以此理解族群，會讓所有造成問題的「中國性」概念，都被視為是具根基性且不可或缺的重要生物標記。

共同的血緣認同的標準有助釐清族群可取決於「真正的血緣關係，以及血緣的象徵和個人對血緣的信仰」，[6]更有助區辨族群與國族、文化等其他形式的身分認同。族群認同的內涵更嚴格，國族可以僅基於地理（領地）和政治，但族群不同，因為無論族群是否只是神話，它還揉合了一個人的根源與祖先的群體意識（group consciousness）。同樣地，只要囊括了共同血緣的概念，就能將族群與文化認同區分開。共享相同文化的可以有很多人，只要靠生活在相似環境中的人群的共通慣習與習俗就能定義，不需要有相同的血緣神話。[7]然而，只要這些人群擁有相同的血緣神話、地理位置，以及文化認同時，以「族群」稱之就很適當。

銘刻差異：身分認同所屬的分類景觀

茱蒂斯‧巴特勒（Judith Butler）有個著名比喻，將身分認同視作展演（performance）或儀式化演示（stylized acts）。[8]因此，透過建構主義的術語來討論身分認同會十分有成效，本書也贊同用徹底的建構主義方式來探索身分認同與族群的概念。但我不希望將焦點擺在如何塑造、展演和表述「自我」及「他者」的激情演示，而是希望將目光轉移到標籤、銘刻（inscribing）、分類與界定「他者」的更大社會、文化和政治歷程上。舉例來說，

古越的人群與文化對「越」的展演、儀式化演示或身分認同，特別是如何建構「越」的自我認同，我們都知之甚少。我們多半僅能知曉華夏菁英外來者對「越」的描述，或演示給外來者看的身分認同。憑藉「展演」來理解這種用「越他者」來建構華夏自我的方式，儘管還算差強人意，但我不認為它是對大腦的刻畫與繪製行為的恰當概括，或反映了創造出自我和他者分類體系的書寫與認知形式的特徵。基於以上理由，儘管我不否認能將身分認同視為展演，但我更喜歡本書的方式——尤其是鑒於我們分析古代漢字文本中用來建構身分認同的各種素材時，所運用的銘刻、映射、分類與界定的隱喻，似乎與我們史料的書寫性質更為相關。

在現實生活中對自我認同的演示，以及書寫體裁中對自我和非我（non-self）銘刻的僵化，似乎存在固有的張力與交互作用。前者有著自我多樣性的假設，直到它對外演示的那一刻，都還是不透明、流動且無法定形的。甚至即使目前定形了，也總是可以假設「自我」會再次改變及流動，如同不可避免地流動的時間般，往前而去。

當一個人以特定書寫體裁來建構「自我」和「他者」時，多半試圖創造一種超越時間瞬時性（momentariness）的神話，以記錄及塑造一種印象：「時間」是持續不斷、直到永恆的，是飄忽不定、易於消逝的。這是為了在無限的時間內刻畫出具有明確空間屬性的形象，藉由將短瞬、流動的演示轉化成固態的實體差異，以最小化「自我」本質上的暫時性。因此，當「自我」用書寫賦予其他人特徵，便會鮮明地勾勒出「自我」與「他者」間整體的區別。有時甚至沒有完全意識到，「自我」或「他者」的銘刻在多大程度上能刻畫並完全填滿了背景。此身分認同的概念是為「靜物」，或是本質化並固定的「自我」，寄身在屬於「他者」

的分類景觀中。這就是本書要探討的——關於「華夏」與「越」的古代比喻、論點，或者其他形式的陳述。

習慣用語

我的分析主要以「華夏」和「越」等詞彙為中心，但也採用其他方式稱呼「越」與其他南方人，這肯定會引發一些困惑。我們先來討論與「華夏」自身相關的問題，以及「華夏」是如何連結現代的漢人或中國人身分認同概念。在此處所檢視的時間斷限內，所謂「中國人」被多種方式設想與理解，比如說在政治上，代表**中國**聲音的人群，通常認為自身歸屬於按照禮儀而行事的「周」領域。就連秦漢這類的早期帝國也認為自己共享「周」及其先祖的歷史感，因此這種政治和文化認同的存在是無可置喙的。

今時今日，多數中國人自稱「漢族」。這個族群名的歷史相當複雜，作為華夏人群的名稱起源相對較晚，或可追溯至唐代，並且僅在蒙古治下的元帝國時期（公元 1271-1368 年）其內涵有擴增。[9]在中國歷史中，居住在現今中國大陸的人群，往往會用其所屬王朝名稱來稱呼自身，例如漢人、唐人、宋人、元人、明人和大清人。儘管這些身分標籤也往往被後世的中國或其他地區的人群用來稱呼「中國人」（譬如中日皆使用「漢」、而日本也用「唐」作為指稱「中國人」的標籤）；但這種標籤通常是指一個人與國家的政治或官方關係，而非他們的族群認同。

在漢代，「漢」這個詞彙，是外來者如「匈奴」用來稱呼效命於漢、或者是漢治下的人群；由此可見，當時的「漢」並非一種族群認同。在司馬遷的《史記》中，「漢人」一詞出現過幾次，

但是用「漢」稱呼一個族群或文化群體——譬如漢族——不是漢帝國官方，而是直到約六、七世紀的《水經注》和《北齊書》等文獻才出現。[10]另一個與本書更相關的族群名是「華夏」；在歷史中，此一名稱囊括各種與中國文化和人群相關的族群標籤，例如唐人、漢人、中國人等。多數「華夏人」都定居在所謂的**中國**（Central States）或中原（Central Plains）[*]——即今日華北黃渭河谷周圍的區域，[11]這些地區的某些知識分子，尤其是禮儀專家（例如孔子及其弟子），持續將一個共同的血緣神話置於上述地區的政治空間。另外，戰國時期用來稱呼「華夏」族群的另一個詞彙是「諸夏」（許多或不同的夏〔的後裔〕），或「周」（指稱周代的文化遺緒）。從《論語》可以最清楚看出，「華夏」、「諸夏」和「周」這三個詞彙不僅代表文化或政治，更代表族群分類，我將在第五章深入討論這點。

本書的另一個重點將談及一種錯誤的概念，即古代「中國」或「中國人」代表任何與「南方」衝突或相異的事物。例如，若一個南方人並非土生土長，我們就假設他是中國人，這就損害了居住在南方地區文化及人民的多樣性。他們既非嚴格的華夏、亦非當地人，他們的混合文化認同不斷變動。的確，對於在南方生活了大半生的人來說，「本土」一詞可能更合適，而「華夏」和「越」則更適合用來指涉認知上的文化或族群認同。

儘管古人經常以「華夏 VS 越」的二分法來看待自身屬性，

---

[*]　編注：在本書原文，有Central Plains以及Central States，前者地理的概念較強，後者則包括了政治及族群等概念。本書將Central Plains譯為中原、Central States譯為中國。為避免Central States的中國與現今的中國（China／Chinese）意義混淆，本書在行文中遇到意為Central States的中國時，皆會將字體加粗；若無特別標記的中國，則為（China／Chinese）之意。

但我們的分析倒不一定需要用這種粗暴區分來接受或表述現實。本書試著強調的是，身分認同具有不斷變動的混雜性，因此要想理解實際情況的細微和複雜之處，特別是當「華夏」與「越」於史料中出現時，可以將這種指涉廣泛而模糊的命名方式，理解成更具體的群體稱呼。比如我有時會將前人所謂的「中國」（China）理解成**「中央之國」**（the Central States），此概念指的是位於東亞大陸中部偏北的小型區域；而論及政治實體時，我會質疑具體的王朝或政權（楚、秦、漢、南越、閩越、東越、吳、魏等）是否與華夏或越有關聯？另外，「禹越」、「駱越」等具體的族群詞彙，亦有助聚焦出區域特性。我採用這種族群和政治詞彙，並不是要否認南方各政權和族群所存在之身分認同的連續性，而是為了讓我的研究更具體明確，並闡明身分認同那令人難以置信的短促本質——就算創造者曾嘗試將其牢牢固定。

研究框架

　　過往在研究中國的邊境史時，多半聚焦在漠北和西北。[12] 這很正常，畢竟中原周遭的農業區與以遊牧為主的草原帶之間，頻繁發生激烈的軍事衝突；由於草原地帶的人群遷徙似乎永無止境，導致他們常常與南方鄰國發生戰爭。縱觀歷史，中國漠北的大型族群與政治群體，諸如戎、狄、匈奴、桃花石（拓跋鮮卑）、契丹、女真、蒙古人和滿洲人，無疑深深影響了歷代中國政權的政策和行動的形塑、方向、創立和支配。而許多學術研究表明，我們所知的「中國」，或多或少是以中原與北方邊境遊牧民勢力的各種互動所定義的；其中一些勢力更是從歐亞大陸遙遠的另一端、橫跨絲路而來。

而我的研究以不同的視角觀察了中國人身分認同的創造，並且直指中原文明的南方邊境，可作為今天各種北方邊境和絲路研究的對比及補充。我要說的故事，並非是駱駝、馬匹和商隊橫跨廣袤乾熱土地的長途旅行；南方的歷史根植於潮濕的河濱和沿海文化，當中有船舶、獨木舟、游水和海洋生物。這些文化所走的是他們自己的「絲路」——或許「海上高速公路」（maritime highway）是更合適的稱呼——連結了東方歐亞大陸至東南亞、日本、印度，遠至非洲和中東。如同北方絲路的同行，這些南方的海洋文化也身處跨文化、跨族群的無止盡反饋與循環中，幾世紀以來持續匯集並定義出中國整體的身分認同。

　　王賡武於一九五八年論及此主題的著作中，極具說服力地指出，以珍珠和犀牙等奢侈品為基礎的南海貿易網路（南海和印度間的廣袤交流網路）在前帝國時期的重要性。[13] 此貿易網路不僅是東南亞文化和政治發展的主心骨，可能也是中國南部、台灣南部，甚至日本南部早期文化和政治發展的支柱。若忽略中國南部透過海洋聯繫世界其他地區時所扮演的角色，等於是忽略東亞大陸所形塑的中國及其他身分認同和文化的重要組成元素。當代的學者不妨修正對北方邊境研究的偏愛，關注前近代時期的南方邊境如何成為跨文化互動、族群同化和衝突、認同形成及變動的溫床。

　　當前論及南方族群的學術研究主要聚焦於雲南、四川和廣西省等南方邊境，因為當地仍有許多少數族群定居。[14] 儘管古代北方邊境和現代的西南邊境明顯不同於我們在古代南方所遇到的情況，但在這些研究領域中採用的跨文化互動和其他族群的某些研究取徑，亦有助於探討華夏和「越」的身分認同。有時，借鑒當代人類學中對中國西南或現今東南亞跨族群交會的觀點，來討論

此議題亦頗有助益。

　　本書以「越」研究的基本背景揭開序幕：除了概述各個公認的「越」國家政治歷史外，更將論及語言學與考古學證據以增進對「越」概念的理解，有助於更深入理解古代邊境的南方人可能是誰。本書的一大目標，便是擴大討論在此類社科研究領域中，在使用「越」一詞時，將其假定為實體的問題。本書後續各章在討論「越」與身分認同時，將呈現古代中國文獻的觀點。本書針對早期文本的研究主線在於，探尋古代漢字史料中涉及意識形態、文化優勢（cultural dominance）與文化優越感（cultural superiority）辭令的範圍，以及某些對蠻族的比喻，在多大程度上可作為「真實」——也就是在南方邊境實際發生或存在情況的典型描述。在這些段落中，我將探討這些史料說了什麼，以及為什麼要說，並根據這些文獻中相對更廣泛的華夏文化傳統和自我意識如何表述「越」，提出自己的解釋。

近代史學中的「越」

　　近代史學對「越」的論述有許多特點。中國每個地區的畫分方式，通常根據廣西省或香港這種當代省分或城市，或者根據閩越這類古代地區，亦或根據南越國王陵等考古遺址。因為通常會有一、兩本書專門介紹此地區、城市或遺址的歷史，但鮮少有作者會將整個南方邊境的歷史納入著作。或許一般認為，彙整百越史上的數百種典籍便可涵蓋此一邊境，無奈事與願違，大圖像式報導和綜合詮釋遠非同一件事。關注百越的大部分典籍都是針對特定問題或遺址的詳細研究，而無必要進行越級的解讀工作來證明此區是否符合文化、族群、商業和政治網路的連貫場域

（coherent space）。

迄今為止，關注南方史的著作非但不多，而且寫作年代都已超過三十五年。[15]這些作品雖然沒有詳細探討「越」的身分認同，但都為南方邊境的移民、貿易和聚落模式提供了基本理解框架。徐松石是中國最重要的南方研究學者，寫作年代主要在二十世紀上半葉。[16]徐松石的貢獻在於促進當代廣東與廣西兩省周遭區域史的理解，並展開針對南方三種不同族群的開創研究《泰族僮族粵族考》。[17]在此書中，徐松石連結了古代南方（包括紅河三角洲地區）與泰語族相關的語言（尤其是壯語），因而在華南與東南亞之間建立重要的聯繫，並且成為西方許多華南與越南研究學者的作品的背景基礎。此書著重於中國二十世紀初少數族群的資料，因此對當代學者的價值有限，但仍是對此區人群與歷史的重要介紹，況且，此書寫於一九三〇年代，尚無法利用今天對我們幫助甚多的考古學和語言學成果。

威恩斯（Herold Wiens）的《中國前進熱帶》（*China's March Toward the Tropics*）是西方最早期的作品之一，嘗試考察華南人群的聚落與遷徙模式及殖民傾向的廣域歷史。威恩斯的作品奠基於徐松石和艾伯華（Wolfram Eberhard）的研究，艾伯華曾出版一系列華南族群與本土文化的作品，威恩斯則詳細敘述了中國南方邊境近兩千五百年的遷徙與聚落史。[18]威恩斯根據商業與農業遷徙的一般模式，結合軍事征服及殖民政策，來解釋當地的聚落模式，這為整個地區之後的完全漢化拉開了序幕。威恩斯所用之隱喻帶有男性宰制的意識形態，包括部分北方中國漢人的入侵、難以阻擋的行軍、滲透、劫掠和強姦等意象，以及南方人群面對征服的讓步、屈從和歸順。[19]除了使用如此強烈且粗暴的文字，威恩斯為北方征服者的強大及北方人大量、穩定的湧入，

皆提出了強力的佐證，這便是他的移民與軍事先行、接著以文化（彈指之間）支配一切的理論，令人玩味又充滿雄辯。但我認為威恩斯的研究失之簡化，比如各種中國史學和斷代史上提及中國勝券在握的偏頗紀錄，他卻不加批判地全盤接受。

費子智（C. P. FitzGerald）一九七二年出版的《中國人在南方的擴張》（*The Southern Expansion of the Chinese People*）是對南方史更精密的研究。[20] 費子智以更自然的「滲流」（seepage）和「溢流」（overflow）隱喻，反駁威恩斯提出的人類征服與遷徙史過度嘩眾取寵。費子智認為中國是個巨大且過剩的人口庫，無法遏制其四處洩流，故領土多多益善。因此，費子智認為文化變遷首先發生於作為擴張先鋒的個人，之後則是自上而下的帝國力量及源自社會的菁英文化力量發揮作用：

> 因此，中國南方人向古代或現代邊境擴張的景象，並非出自理所當然會帶來新優勢文化的暴力帝國征服，而是一種「滲流」的模式。由於中國這個巨大的人口庫逐漸過剩，從前的邊界區因吸收人口而日益壯大，進而擴散至新的地區。貿易滲透、農民與小型都市聚落三者的結合，因為受過更高教育的流放者的到來而變得富裕，且最終或直到後期因政治控制及被納入中國國家治下才得以完善。[21]

費子智的敘事一方面有助解釋他所說中國人滲流進邊境的論點，牽涉到當地菁英最初的文化轉型。費子智假設一個區域的語言「漢化」，並從這個模型推斷出整體有一個更龐大的文化變遷模式：

本土語言從漢語挪用了許多從前不曾使用的詞彙，為新的工藝品與當代需表述的思想增添了許多新語詞。這逐漸成為了準漢語方言（quasi-Chinese dialect），雖然發音方式讓中國漢族幾乎難以理解，卻仍深受中國語言的影響。它沒有文字，僅能在嘴上講。社群中較富裕的成員逐漸開始尋求受教，便轉而將對其開放的中國文學作為表達上唯一的媒介。他們變得通曉兩種語言，之後或許將母語完全丟失，達到此階段的人便被視為「中國人」。照這麼說，數百萬的南方中國人便是那些曾在語言和風俗上均為異族的人群的後代。[22]

此段文字令人玩味，反映出一些關鍵評論所稱的「南方邊境漢化機制」：首先，當地較富裕的知識分子冀望採用從未聽過的詞彙來接受漢語，這導致本土菁英的語言轉型成「準漢語方言」。因此，這些當地人也開始能用漢字書寫，並經由文學逐漸接受中國文化，最終將漢字作為「表達上唯一的媒介」。在這一刻，這些菁英放棄了已是「準漢語方言」的母語，這意味此群體已經到了「漢化」的最後階段。至少對於當地菁英來說，從本地人到中國人的轉型已然完成。

這種漢化論述與威恩斯的版本大異其趣。費子智認為更大的漢化力量在於語言及文化，而不是威恩斯所稱的經濟、農業和軍事。這也讓菁英成為文化變遷的主要推動者，而非農民、商人和士兵。然而，雖然有著各種差異，費子智的說法仍然與威恩斯的理論一樣，假設存在著一種「漢化模式」。不過，費子智提出了精細的語言漢化假說，考慮到漢語在南方確實受到廣泛採用（除了在越南和南方少數族群），因此他對「漢化」一詞的使用似乎更為恰當。費子智更提出將語言漢化與文化漢化相聯繫的連接組

織，這讓後人更加信服他的論述。

費子智這本書的另一貢獻是其廣闊的歷史視野，他認為存在一個整體的網路和影響力系統，甚至能將與南方沒有接壤的地區納入其中。例如，費子智主張，華北的草原帶是中國與南方邊境關係的關鍵因素。[23] 同時，他也解釋了越南在二十世紀成功獨立建國的主因，在於更南邊有個頗具敵意的高棉勢力，越南便可權充緩衝。在這兩個例子中，費子智用大規模地緣政治力的邏輯，解釋歷史的突發事件如何推動南方當地勢力的興起。他的研究因此把本土、跨文化轉變、以及對全球影響力的更深入的理解編織在一起，並做出詳盡分析，進而為南方漢化現象創造出一個有趣且有力的論述。

早期南方邊境研究的另一大作是王賡武一九五八年的研究《南海貿易：南中國海華人早期貿易史研究》。此書仔細概述了中國、南海，甚至印度洋間的海上貿易史。其著眼點不僅質疑南方邊境沿線的漢化與文化變遷，更在於探討早期中國人和各國在多大程度上參與了南海的全球貿易，此貿易聯繫了中國與印度和中間的許多王國。王賡武十分謹慎地區分南海貿易中各種類型的行動者——比如中國的中央政府官員（從北方流放或貶謫而來的管理者或高級官員）；通譯（主要是宦官，從前可能是本地南方人，淪為戰俘後才成為太監）；越海商與團體，即東漢日南地區所稱的「占族」（Chams）；各區的當地人民（有助於商船供給，並成為船員）；廣東和東京（Tonkin）本地的各部族首領。儘管王賡武描繪了以中國為中心、各勢力參與海上經濟的歷史圖像，卻甚少著墨於跨文化交流及隨著時間逐漸轉型的身分認同。[24] 因此，此書雖為南方邊境的發展與活動提供了至關重要的框架，但卻沒有使我們更進一步理解古代中國與「越」身分認同，何以不

斷變化的本質。

　　不管是針對時段或是區域，近來有更多研究都開始專攻南方的長期歷史。[2] 泰勒（Keith Taylor）於一九八三年出版的作品，將研究焦點放在紅河三角洲及當地人民的神話或創世故事，堪稱論述越南早期史的大師之作。[26] 此書大部分奠基於越南士人在公元十三至十五世紀間的文字紀錄，雖然有些紀錄出自早期的唐官員，與越南士人的時期相去甚遠，難以成為漢代和漢代之前的真實記述。[27] 但大抵來說，這種越南史觀的建立，與越南族群與政治文化的創造密不可分，如同戰國時期與帝制初期中國的華夏文化也有賢明君主的早期傳說。泰勒立論堅實地論述南越和漢等政權實際控制紅河三角洲的歷史。此一歷史敘述雖然主要根據《史記》、《漢書》或《後漢書》等漢字典籍，但有助於我們跳脫一般的漢本位史觀，並暴露出以族群為中心的研究方法所內含的偏誤。的確，作為更宏大的越南史的組成，泰勒呈現了所有紅河三角洲、南越和越南稍北地區的相關材料，然而，他將視角從漢本位轉向以越南為中心，因此實際上並未跳脫出史學中族群中心偏誤的根本問題。此外，泰勒採取的越南中心取徑，並非根據古代意義上的「越」之歷史來撰寫，而更接近本書所用的方法。此論述以越南為中心，奠基於後來的族群中心與國族主義，因而選擇性理解「越」的歷史遺緒。

　　另一個對此段歷史有所貢獻的是薛愛華（Edward Schafer）於一九六七年出版的《朱雀：唐代的南方意象》（*The Vermilion Bird: T'ang Images of the South*）一書。[28] 此書的時空背景主要為唐代嶺南地區（此地區在西漢時期為南越原鄉），並且針對當地不同族群和宗教世界觀的人群提出了百科全書式討論，以及各種聯結「南方」的自然資源與景觀的資訊。書中充斥南方異族奇

特事物的細節，展示出此區域的壯闊全景，但並未綜合解讀任何事件或主題。全書宗旨在於詳述人群、事物以及某些事件，而非對任何單一族群或群體歷史的說明。因此，薛愛華的南方研究雖然輕快且有價值，但對於「華夏」與「越」之間的關係，抑或是身分和族群認同的動態轉變，並沒有提出更高層次的詮釋框架。

薛愛華將歷史的焦點置於南越與其圍繞嶺南地區的遺緒上，畢漢思（Hans Bielenstein）則提出了福建一帶的「古越」如何漢化的理論；雖然當地在歷史上歷經多次更名，但通常稱為「閩越」。[29] 考量到以陸路進入福建相對不易，畢漢思的觀點似乎是正確的，此一因素確實大幅影響了早期秦漢的決策，削減了對福建的關注。不過，他認為移民的移入是漸進且和平的，當地的漢化亦然，此論點尚未受到質疑。若缺乏當地長期史的更進一步資料，我們就不能僅憑北方漢人移民漸進且持續的移入，便假設當地的習俗和信仰也會如此輕易地遭全盤取代。[30]

當前的探尋提出了對戰國與帝制初期「越」族群的評述，擴充了數量相對稀少的南方邊境研究。雖然有其時間斷限（約莫是公元前四〇〇年至公元五〇年間的四百五十年間），但本書在論及華夏與「越他者」的關係中，對不同的身分認同是如何被構建與保存，提出了綜合詮釋。「越」一詞的研究所涵蓋的地理範圍相當遼闊，如何詮釋的問題也難以小覷。儘管如此，本書更需跳脫當前亞洲百越學術研究的高度專業化、區域性或特定場域性，並藉由呈現出上述具有代表性的著作，將理解南方史的框架趨向複雜化及完善。最後，在分析古人如何經由「越」的視角看待廣闊的南方邊境之前，我們必須先解決並理解的問題是：為什麼中原的書寫者會將各種不同的南方人群視為一個整體，並以此描繪並區分自我與他者。

第一章

何謂「越」？

Who were the Yue?

古代的「越」人群分布的區域十分遼闊，包括三千兩百多公里的海岸線，以及從中國上海一路南下至越南中部的內陸路線。自然而然，如此廣袤的土地成為各種不同族群、文化與語言多樣性的人群的原鄉。所有對早期文獻的考察都顯示，「越」一詞涵蓋了各色的人群，指涉的對象取決於是誰、如何、何時使用這個詞彙。考慮到「越」是作為南方特定群體的總稱、流動性標記，想用「越」這個詞彙來了解其人群，恐怕用處有限。然而，單就歷史性的豐富內涵——古代的**中國**作者在使用這個詞彙時，意味著什麼——就十分值得去探索。此外，作為一種歷史概念及身分認同的分類，南方的「越」有助華夏或**中國**的代言人界定自身定位，這點揭示了中國人或漢人的自我建構是如何經歷獨特性與本土化，造就最終都被稱為「中國人」的南方人與北方人之間的巨大差異。

　　「越」（Yue）是現代普通話的發音，用來發出更接近「Viet」的音（中古漢語中的 Ywat），這個詞彙與現在的越南國名及歷

史上的南越（Nam-Viet）所用的稱呼相同——「越南」之名便是由此而來。[1] **中國**（即廣義上的漢文化圈，或漢語世界）的古代人群用 Yue／Viet（以下皆以「越」稱之）來指稱居於長江以南的大量沿海和南方原住民。[2] 這些與「越」一詞相連結的人群是誰？他們是否構成了單一的族群、政治、考古或語言文化，抑或在這些層面，他們大多數是異質的？

在大部分的情況下，我們不知道「越」——公元前第一千紀生活於這片南方土地上的人群——究竟是如何稱呼自己的，也不知道他們之間的族群和文化差異，但在某些情況下則不盡然。我們確實知道，他們**擁有**的文化和語言與**中國**截然不同，這些越人的語言可能是晚近東南亞和大部分大洋洲語系和語族的祖先。而黃河與渭河周遭的中原使用的漢語言結構，與長江流域及以南區域使用的南亞語系、苗瑤語系（Hmong-Mien）或原始南島語系之間，所存在的巨大語言差異令人難以忽視，且支持了所有史料反映出的情況：生活在古代南方土地上的人群與他們在北方所對應的人群截然不同。

今天我們往往在聽到「越」（Viet）或「越語支語言」（Vietic）時，腦中會立刻閃過越南人及其歷史與文化。[3] 但在越南早期歷史中，「越」這個詞彙似乎並不限於指涉單一的人群、族群甚至文化。在各歷史時期的語境下，能夠聯想到東夷、南蠻、東南方或是部分西南「部族」或「蠻族」的古代人群，都可以用「越」來稱呼。[4] 事實上，「越」指涉整個東亞大陸東部和南部／西南沿海地區，從北至今日上海、江蘇和浙江省間的太湖，一路穿過福建、廣東和廣西省，南至現代越南北部。南方唯一沒有包含在內的是四川、雲南和廣西部分區域的遙遠西南山區，中國人用其他詞彙來指涉這些地區。

儘管今天越南的名稱中有「越」這個詞彙，但越南僅僅是故事中的配角。泰勒指出，如今生活在越南的人群更有可能發源於現代越南周遭的地區，而非來自中國的古越（漢代時包含今天的越南北部）。[5]然而，當前的學術研究讓這樣的圖像變得模糊，因為發現了越南某些地區與來自中國南方的移民（較早之前是西南區，在公元一千年後，明顯是來自福建）有廣泛的聯繫。[6]雖然中國東南方的越國統治階級確實南遷，經年累月下來，其中有一些人肯定移往越南，但若要說如今生活在越南的大部分人口是從其他地方遷來的，卻沒什麼說服力。[7]越南與現在中國南部沿海地區的關係，與其要說人口上的大規模遷徙，文化遷徙可能是更主要的聯繫。至少可以說，由於整個史前和歷史時期的南方各文化之間有著密切的海洋與區域聯繫，因此這些地區都可能是「越」文化傳統的輸出地。

除了證明古越的範圍之廣，遠遠超出現代詞彙「越南」所指，泰勒的這本書以重要的方式論斷越南與越南文化。公元十四、十五世紀的傳統越南史學認為「越」是越南人的文化餘緒，尤其是自漢代以來，紅河三角洲在行政層面上被併入漢帝國。由於這些地區有著相似的青銅器與鐵器時代文化，因此可以先將現代紅河流域的人群，與四川、雲南，甚至廣西省的古代人群聯繫起來。從古代越南東山文化（Dong Son culture）遺留的青銅器時代大鼓，更能看出端倪，其分布的地理範圍從中國西南和越南延伸至印尼及其他地區。這些鼓與紅河三角洲及廣西、雲南和四川地區關係匪淺。[8]需注意的是，古代是用其他的族群名或地名來稱呼四川和雲南地區，例如巴、蜀、夜郎和滇，而不是「越」。[9]儘管古代中國西南和越南之間存在明顯的文化聯繫，但在越南早期歷史中，古越的角色可能極為重要。特別是因為越人和越文化的

概念最終由紅河流域的人群吸收，所以至少在越南身分認同的想像與創造中，「越」的角色至為關鍵。

古代的越人也與現代大洋洲及東南亞島群的人群有關係。如果古代中國人體認到自己在大陸上稱為「越」的人群所在的地理範圍，那就該意識到某些居住在東南沿海、他們稱之為「越」的人群，很可能是台灣南島語族在大陸上所對應的人群。白樂思最近輕鬆且有力地證明了台灣曾是南島語族的原鄉，證據便是今天島上的各族原住民。[10]台灣可能也是這些人群的啟程之處，之後更展開了史上規模最大、最長程的遷徙。正如歷史所呈現的，新石器時代早期的原住民在台灣登陸後，從台灣展開一系列密集的海上遷徙，橫跨整個太平洋與印度洋，最終在大部分的大洋洲及遙遠太平洋上諸如大溪地、夏威夷等許多島嶼進行殖民。[11]既然中國大陸東南部有可能是台灣原住民的原鄉，或許有理由認為這些台灣的人群與中國東南沿海的「越」有血親關係。[12]因此，在研究東亞大陸上「越」的歷史時，我們所梳理的可能是原始南島語族的歷史；「越」在語言、甚至基因和文化上都可能與前近代世界中最強大的海上殖民者有關。

這段歷史對於東南亞的人群而言也十分重要，因為「越」當中的有些人可能不僅與現代東南亞人有血緣關係，且在許多層面上也都是他們的祖先。[13]許多不同的學科都證明了，這些沿海的人群──可能是方才提及的講原始南島語的人群──是文化、物質商品及語言的載體，並且已經融入東南亞各種文化的結構中。當中許多人可能從台灣遷回華南沿海地區、越南北部和中部、海南和其他地區，在南海沿岸建立使用南島語的聚落，並繁衍自己的基因、語言和文化。[14]早期的貿易網路和遷徙路徑肯定讓許多沿海社群都深受影響，尤其是東南亞島嶼上的社群。

東南亞大陸居民也可能涵蓋了被古代中國人分到「越」的人群，而「越」的某個分群語族更可能是現在使用孟—高棉語系（Mon-Khmer）和泰語系的人群的直系祖先。[15]「越」指稱的是東南／南方（今江蘇、浙江、福建和廣東省）和一些西南人群（今廣西省和越南北部），顯示出這個詞彙似乎跨越了基本的語言學分類：南方的南島語系或原始南島語系文化（主要以沿海社群為代表）和南方的南亞語系文化（可能更趨近內陸和／或與西南相關）。不管怎麼說，「越」一詞明顯涵蓋了今日我們想分割的各種不同人群。

也別忘了現在被稱為「少數族群、非漢人、非越南人」的人群（史考特〔James Scott〕近來將當中的許多人稱為「贊米亞居住者」〔inhabitants of Zomia〕，即中國和東南亞的山脈與高地的居住者），與從北方遷徙而來的漢人鄰居之間古老且隱晦的關係——他們之間有互動，前者也被後者趕往山頂邊沿地帶。至於南方各族群間低地與高地互動的歷史，本書並未觸及，主因在於我所探究的這種早期互動，留下的文本證據很少，考古資料亦尚未取得或有更廣泛的論述。但需銘記在心的是，即使在古代，畫分族群差異的不僅僅是依據地理區域、國家、祖先或共同文化，生活在同一地理範圍內的高地人和低地人之間可能亦存在族群差異。

有鑒於「越」對各種東亞、東南亞和太平洋／大洋洲人群的重要性，我們期待這個族群名稱的歷史及與之相連的人群能得到更好的理解。無奈事與願違，古越文化殘跡的傳頌方式十分迂迴——只能借助考古發現和中國古代文獻的隻言片語。「越」一詞存在於現今越南的國名中（越南，越南人的認知是「南方的越」；中國人的認知則是「越的南方」），以及今日廣東省使用的漢語

方言（粵語）。[16] 與**中國**移民和殖民者廣泛接觸後，南方本土人群的相關物質文化似乎迅速發生變遷，再加上語言學家無法確定「越」說的是什麼語言，這意味難以追溯亞洲長期歷史中，許多文化和語言的存在、發展和消失，有哪些可能屬於「越」的範疇。大部分問題顯然在於史料中所用的「越」，通常是華夏對「他者」的表述，而非亞洲南方人民自我認知下的歷史。

夏威夷史就是一個例子，可說明全球大部分的人都不清楚「越」的歷史，即使那些可能與「越」關係深遠的人也是如此。多數現代夏威夷人從未聽說過「越」的人群，但有些越人很可能是他們在台灣祖先的大陸版本，這些人後來不僅在南海開枝散葉，還橫跨印度洋和太平洋，廣布遙遠島嶼和地區（西至馬達加斯加島、東至夏威夷群島）。就算諸如干欄式建築、紋身、蓄短髮和善泳等所謂「越」文化的獨特特徵，在悠久歷史更迭後，很可能已經由大陸的南方人傳至後代，但追本溯源卻從未聯繫到「越」的身上，而會追溯到其他人群和晚近的族群名，如大洋洲的玻里尼西亞人、海南的黎族、中國廣西省的壯族、紅河谷的越南人等。直到五十年前開始，考古學、語言學、歷史學和其他各領域的學者才陸續解答古越人群留下的謎題——也就是他們後代各種歷史身分及群體之間的關係。

古代南方

藉由考古工作和新發現，東亞大陸南方多樣的人群和文化逐漸以更獨特的方式浮現。先秦時期最持久的強權可能是奉行擴張主義的楚國，楚國位於**中國**心臟地帶的南沿，疆域包括漢水流域、南陽盆地以及淮河上游和淮南西部。[17] 另一個獨特的發展

則位於西南，靠近現代的四川，戰國時期稱為蜀和巴。[18]與本章最相關的是**中國**東南邊緣的吳越，位於太湖和今天的江蘇、浙江一帶，那裡曾居住著所謂的「越」文化人群。公元前三三三年，楚國滅越，越國許多王公貴族往更南方逃，逃往今天的福建、可能還包括廣東和廣西地區（他們不太可能往更西或南方逃，進入現代越南的北部，但無法完全排除這種可能性）。當地的本土南方人普遍受這些出逃的越菁英統轄，並被講漢語的人群稱為「百越」，但毫無疑問的是，考量到這個分類牽涉之廣，他們口中的「百越」多由當地本土的酋長和領主統治。

雖然與楚相關的蠻夷（「南方他者」），與蜀、巴相關的人群，以及與百越相關的人群之間存在顯著差異，但不妨拿漢與匈奴在北方邊境的關係，略為籠統地討論整個古代南方與漢的關係。[19]南北邊境地區的人口遠遠少於中原心臟地帶，儘管人口稀少，從軍事觀點來看，北方的聯盟比遙遠南方的王國要強大許多。南方的王國經常受到**中國**軍人的壓制，他們會利用較佔優勢的兵力和軍事組織來控制當地人。除了有效利用遙遠北方的軍事技術與組織模式，這些富有抱負的軍人還會引進**中國**的帝國行政技術來鞏固自身的政治基礎及統治權威。

可惜南方終究不同於北方，南方國家的軍事實力，不足以抵禦北方的漢帝國進攻。但是這些南方國家不但幅員廣大、經濟繁榮，且往往能維持獨立，並且在數年、甚至數十年間成功抵擋北方的突襲猛攻，這也是事實。[20]這種相較於漢帝國的普遍弱勢，肯定影響了漢越文化交流的歷史。然而，特別是在漢代，漢人的軍事優勢在南方能否全面轉化成文化優勢，並讓南方全面漢化，尚需更深入的探討。

主要的身分認同：越、百越、蠻夷、甌、駱

「身分認同」總是隨時間不斷變化，並且完全取決於個人視角的有利位置，因此往往難以界定。事實證明，古代南方的「越」身分認同特別難分析，在於此時期的文獻通常將其描繪成「天生命定的」（ascriptive），而非自稱、身分認同或原生的名稱。這代表被稱為「越」的人可能並不認為自己是「越」，即便他們確實有這樣的自我認同；他們肯定也不會像司馬遷或其他**中國**作者所認為的「越」那樣來看待自己。

因此，「越」的身分認同難以捉摸，它所涉及的似乎是東亞大陸上眾多不同的人群與區域，有時泛指參考文獻中的「百越」——包括現今中國南方省分和越南北部的整片地域。早期文獻中有十幾種民族志皆使用「越」一詞稱呼中國作者視為越社群或越家系的群體。[21] 如前所述，「越」的區域大致從現代的越南北部向北至貴州、廣西和廣東，再到東海的福建、浙江。若是春秋戰國時期的越國，那大概是以今天浙江省的杭州、紹興一帶為中心，向北延伸至上海。再往南一點，漢代的南越王國——與東越、東甌或閩越等西漢時期的王國不同——的幅員非常遼闊，約莫從今天的廣東省綿延到越南北部。[22]

我們的史料將大陸最南端一帶的大半人群都稱為「百越」，這其實是一種來自**中國**視角的偏見；[23] 其中的「百」當然不是具體數字，而是指多種多樣的越人。這個名稱既表示出差異性、也表示出相似性，因為所有這些南方人，都無差別地歸入「越」的範疇。這個詞彙也相對晚近，在戰國時期的典籍中，我第一次、也是唯一一次的發現「百越」，是在類書《呂氏春秋》中，此書於公元前二三九年為之後成為始皇帝的秦王政編纂。[24] 在漢代文

獻中，「百越」的出現更為頻繁，但也稱不上普遍，在《史記》、《鹽鐵論》、《漢書》等史料中總共出現了數十次。

「百越」遍布於整個南方和東南方。對此，我們要研究的關鍵人物之一是趙佗，他提及了一些越群體，西至廣西和越南北部的幾個小王國，稱作西甌和駱（駱在歷史上亦稱甌駱〔Ou Luo〕，或越南史學中的 Au Lac）。[25] 這些群體被北方的華夏人群歸入「百越」，縱使他們可能與東部更遠的所謂越人有微弱的聯繫。

除了「越」和「百越」，也有提及「蠻」和「夷」，或合稱「蠻夷」的。這些詞彙似乎泛稱與南方相關的所有異族，特別是從傳統以**中**國文化為「中心」的視角來看。下面將會提到，**中**國人將越稱為「越」及「蠻夷」。有個例子是，當提及楚國的蠻夷時，楚國當地人也涵蓋在蠻夷的標籤下。[26] 這同樣適用於西南的巴蜀等國。[27] 正因如此，或許可以說，雖然越通常被視為「蠻夷」，但並非所有蠻夷都被視為「越」。總而言之，越是蠻夷的一個特定子集合，似乎可聯繫到大部分的中國南部和東南部（尤其是沿海地區），西至今天的廣西和越南北部。

在「越」這個族群名的最早用法中，指的是東周時期（東周是公元前 770–221 年，越國則是公元前約六至四世紀）位處**中**國東南邊的一個王國。實際說來，吳越兩國（吳在越以西，位處太湖和今日的無錫市一帶）在歷史上皆可追溯至越人和越文化。吳越兩國的地理範圍因時代而異。正如陸威儀（Mark Lewis）所指出的，除非是有城牆的區域，否則很難確定東周各封國的精確邊界，尤其還需考慮到邊界會隨時間而大幅變化。[28] 亨利（Eric Henry）假設越國的邊界流動程度一定相當高，特別是因為吳越文化的統治者以逍遙自在的統治風格聞名。[29] 事實上，考量到缺

乏以紀錄為基礎的政府系統，可能連說戰國初期的越國有固定的都城都不合適，越國的國家權力中心應該是分散各處且圍繞某個特定區域（如紹興）。[30]因此，與其要為吳越畫出固定的邊界，不如將其想成不斷變化且界線鬆散的政體會更合適。

然而，越國在大部分的情況下，都位於**中國**的「周」政治領域的東南側，就在長江口以南（包括浙江北部和安徽東南部）；吳國則位於處長江河濱，楚國以東、越國以西。[31]吳國的都城是姑蘇（今蘇州）；越國的都城則散於各地，包括會稽（今紹興一帶）、琅邪（今山東──此地顯示越國一度稱霸**中國**）以及吳國境內。[32]

值得留意的是，「百越」並不是用來描述所有南方異族的功能詞彙，而是專為「蠻」或「蠻夷」保留的。正如本研究所顯示的，「百越」似乎比「南方的異族」這種指向性的詞彙更具備文化和族群上的意義。「百越」一詞，就試圖描述一群擁有某些文化、語言或族群特徵，彼此之間鬆散相聯的人，與「越」相同，都是一種族群名稱，而非對南方蠻族的普遍貶損（如蠻夷一詞所流露出的偏見）。[33]

「甌」也被用於指稱可能居住在現代廣西和越南北部的南方某個越群體。秦漢時期的文獻中，有時會發現與西甌人群相關的標籤「駱」。[34]正如覃聖敏所指出的，對於駱是否與西甌同屬一個人群和文化（僅因不同時期而有不同稱呼），還是該將他們分別看成兩個毗鄰但有差異的族群，至今爭論不休。[35]在《史記·南越列傳》中，「駱」一詞有兩種不同的用法：在當中的一個段落，我們發現了一個十分有意思的引用，據稱是南越王趙佗本人的陳詞：「其西甌駱裸國亦稱王。」[36]

這類似稍早一段所提及的西甌和駱（並非駱裸），兩者似乎

是有差異的。然而，在本章其他所有提及駱之處，兩者皆一起出現，可能會讓人誤解是指稱一個單一群體的複合詞：甌駱。

針對這種甌和駱的交雜使用，以下是我認為的最佳詮釋：在這些例子中，「甌」指的是「西甌」國，其在華夏的眼中，似乎與駱裸相異；但實際上卻與駱裸國很接近，或在某些重要之處近似相同。當然，在漢語史料中，駱的人群也是「越」。特別是因為這些規模較小的王國，在西漢初期被聯合成一個聯盟，稱為「南越」；但事實也是如此，因為漢語史料提到了兩名東漢時期著名的叛亂者徵氏姊妹（於公元41年起兵），除了稱其為「駱」，也以「越」稱之。[37]

對於指稱「駱」的不同字符涵義，與這些字符所描述的地區、人群的地理及文化特徵，歷來學者已經有大量研究探討兩者之間可能存在的聯繫，但我認為需多加小心，不要過於仰賴可能的語義聯繫。[38] 這是因為這個詞彙可能不過是人們用自己的第一語言音譯出的一個詞。正如覃聖敏所指出的，「雒」（lok）在壯語中意指「鳥」；壯語是現代壯泰語中的一個分支語言，有學者認為是粵語的後裔。[39] 由於使用具備相似發音的不同字符，這顯示出「駱」或「仂」的發音可能是標記這些人群的主要因子。基於此原因，「駱」這個名稱可能只是參考了其第一語言中的「鳥」，這可能是該群體的圖騰，且在當地著名的青銅鼓中舉足輕重。

至於為何用「甌」這個詞彙來描述相距數千公里的兩種不同的越人（一個在福建，另一個在廣西／越南北部），至今仍然無解，我到目前為止都還沒找到確切的解釋。也許這兩個群體在外表上使用同樣的標記，例如特定的圖案或紋身位置，所以漢人將他們歸在同一分類；也有可能這個詞彙的共用純屬巧合，因為每個群體在自稱時，都是使用自己語言中的詞彙，而這在不同的語

言使用者聽來大同小異；又或許他們實際上是同一分支的人群，只是其中一些人分道揚鑣，沿著海岸向西遷徙。

「中國人」與「越南人」的身分認同問題

中國身分認同的建構，伴隨文化迷因、隱喻和文明社會修辭而來，如同劉禾（Lydia Liu）所言「現代世界形成過程中的中國重塑」。[40] 然而，透過包攬一切的族群認同來建立多數群體的一致性，進而將群體之間的真實差異濃縮成一個單一的「想像流形空間」（imagined manifold）中，這顯然不只是現代才有的技術。在中國，由儒家帶頭塑造的身分認同歷史神話，起源可追溯至周代（約公元前 400-222 年）；這些神話發展於戰國時期，體現於西漢司馬遷的《史記》，假定存在一個連續且同質的華、夏、華夏或諸夏的人群，可尋根溯源至遠古的賢明君主。這些神話不承認他者、異族的群體和身分認同都影響並改變了中國的身分認同，[41] 而是將華夏自我以一個單一、宏大的父系來呈現，上溯至歷史想像的深處，那個文化、文明和一切美好事物的開始。

然而，根本不需要特別考究中國的歷史紀錄，就會知道東亞大陸的歷史，絕非一個從最古老時期開始、持續至公元一九一一年都牢牢控制大半個大陸的龐大帝國故事。在公元前後的兩千年中，且至少到公元六世紀晚期，長江以南的主要政治實體都是獨立或半獨立的王國——有些規模龐大且強盛——皆存在於一個由陸路和盤根錯節的河海航路所連接而成的互動領域中。東周時期的楚、吳、越等南方主要國家和文化，西漢時期的閩越、南越，東漢滅亡後的季漢、東吳，定都建康（今南京）的東晉，南朝時期的各個南方政權（劉宋、南齊、南梁、南陳）都曾經是自治王

國和地方政權,與其他主要的北方國家分庭抗禮,更別說南海周圍的鄰國了。[42]

毋庸置疑,這些南方國家的本土人群與文化深受中國文化遺緒的影響,特別是東晉時期(公元 317–420 年)大量移民南下之後。但這不代表這些南方的本土人群和移民不會繼續創造並重塑自己的族群、歷史、文化甚至是政治傳統的意識。此外,儘管上述所有政權皆影響了當今中國史的樣貌,但這些政權和人群的大多數領導者——尤其是在最初的時候——顯然並沒有根據各種不同的歷史標籤來斷定自己的身分認同是中國人。在某些情況下,有些南方人確實自認是中國人(特別是如果他們和他們的祖先是北方移民),在此需要留意的可能性是,他們將自己與在北方所對應的人群進行區別,以解釋自己的身分認同;抑或他們在某些方面,同時接受與他們一同生活的其他族群的身分認同。[43]

泛文化、族群和政治層面的中國身分認同,出現在最早的儒家文化表述中,並被之後歷代王朝的成就與功業鞏固;這些王朝統一了大部分的東亞大陸地區,也為統一政權下的書寫傳統制定了單一標準。歷史文獻中確實大量徵引這種中國身分認同,但即便如此,「中國人」的涵義仍持續變化,而且與每個中國人身分認同相連的邊界亦不斷變動。例如,本書不會將中國人稱為「中國人」(Chinese),而會稱為「華夏」,因為這是一個當時用來稱呼自我的通用詞彙。畢竟,「中國人」(Chinese)並非當時稱呼此族群的流行詞彙,而是對「來自**中國**之人」(a person as coming from the Central States)的政治性稱謂。

中國用來指稱「族群」的詞彙演進史,對考證「越」文化十分重要,因為「越」這個詞彙最終會像許多其他曾與中國大陸綑綁的亞洲身分認同一樣,被納入更大的「中國族裔」(Chinese ethnicity）之下，被其吸收、置換和轉型。換言之，在中國之中的「越」歷史最終演變成中國南方和沿海的歷史（和越南有所區分），而非越人和越文化的歷史。

伴隨中國南方邊境發生的對異質性歷史的大幅抹除，漢化概念逐漸變得至高無上。雖然漢化在東亞歷史上是一股重要的力量，但事實更為複雜，並非是把所有事物都「中國化」、將所有「非中國」的事物都覆蓋這麼簡單。事實上，即使在古代，文化和族群交流的故事，哪怕最終成為「中國人」或「華夏」的人為簡化標籤，往往也代表著更為複雜的現實。因此，將漢化預設成南方的文化變遷，無法處理「越」在本土認同和整體漢文化的轉型當中，所位處的特殊當地角色。

從越南史學的視角來看，民族國家的概念同樣阻礙了對古越史的認識和理解。正如金利（Liam Kelley）的《被發明的越南神話傳統》所闡明，中古與現代的學者菁英創造出今日越南人所尊崇的神聖越南傳統，而且據稱這些傳統在民間代代相傳。[44] 換言之，越南菁英所接受的各種形式的文化和國族認同，發明了越南人的美好願景：完全獨立於北方的大陸（諸）鄰國，並在自己的本土建國神話中生根。古越當然是建國神話的一部分，但由於範圍遍及現在的中國南部和越南北部，使這種國家願景更為複雜且充滿挑戰。因此，要想理解「越」，必須放棄自治民族國家的概念，接受對這種當代邊界一無所知的身分認同歷史。

在公元九六八年的丁部領（Đinh Bộ Lĩnh）統一之前，大部分的越南由北方的大帝國統治，雖然越南的史料普遍接受此事實，但學術研究的資訊來源若是奠基於國族之上的越南身分認同，通常會毫無理由的從歷史的源頭認定一種核心語言和國族認同。這種國族認同的神話將越南史的根源定在紅河三角洲，並將

早期、經考古證實的鐵器時代文化——東山文化與文郎國（Văn Lang）聯繫起來。值得注意的是，文郎國在早期的中國文獻中並未得到證實，直到公元十五世紀才首次出現在《大越史記全書》中。因此，除了紅河三角洲在公元前第一千紀已存在複雜的社會和王國這個已知事實以外，幾乎沒有文本證據能證明當時已存在「越南族」的祖先。[45]

對當代國族和族群認同的虛構自古有之，讓我們對現代中國南部、越南和東南亞眾多異質國家和文化的早期發展的理解變得含糊不清。簡而言之，正因為學者和業餘人士對身分認同的畫分存在分歧，完全無法對應古代或歷史現實，導致我們有時難以理解整個中國南部和東南亞／大洋洲相互交織的大歷史領域。在本書中，我借助探索「越」的身分認同，來打開一個窗口，一窺中國自我與「越他者」之間複雜的身分認同建構史。期盼這樣的探索能進一步闡明，在這個古代世界最重要的海上網路中，相互交織的豐富文化和人群是如何令人目不暇給。

體現河濱與沿海南方的「越」概念

雖然南方的文化差異和地域變異多不勝數，但將整個南方邊境的歷史作為一個整體來研究，還是合乎邏輯的。為什麼？正如游牧（或半游牧）經濟和農業社會間的交流和衝突，可能有助於界定北方邊境；探究**中國**農業社群之間的交流，及與融入廣大河海網路的南方文化的聯繫，亦對南方邊境的定義有所助益。南方和東南在地理和氣候上確實有很大的共同點，特別是相較於長江以北，許多東南／南方文化都參與了更大規模的沿海和海上商貿以及以稻米為主的農業經濟。但考慮到中原南北經濟各具特色，

每個邊境地區都應作為一個整體單獨考慮。惟有從更開闊的南方邊境研究視角，而不僅僅是特定區域的研究（如福建或廣東史），才能窺見更宏大的影響模式，從而推測出中原人群與南方邊境互動的獨特方式。

　　江北的人一般不會像**中國**人那樣築牆，他們在家鄉出現麻煩時，通常會直接往南逃。[46]在承平時期，**中國**對南方土地的涉入，同樣也是持續向南遷徙並擴張，並且想盡辦法從奢侈品和天然商品的富庶海上貿易中獲取經濟利益。推動此一過程的並非游牧式的劫掠、軍事遠征與防禦，而是取決於必要性以及人群的抱負心和欲望：沒有開拓意願的移民帶著自己的舊日風俗與語言，在南方展開新的生活；有開拓意願的移民將南方視為門戶，可通往世界大江大海的寶藏，他們通常無懼犧牲或賭上性命以成為當中的一部分。[47]商機、海上流動性以及逃往海洋或遙遠南方，似乎確實有助於推動沿此邊境的變遷及互動模式。

　　南方的地理實況是江河遍布並匯流入海，每個主要的南方轉運站皆與水路、江河或遠洋貿易關係密切。南方邊境與北方邊境有著奇特的相似度，其商品同樣具備流動性和極度便攜性。看到在南方海域的人群，以及在北方游牧、倚靠馬和駱駝移動的人群，會發現南北邊境的相似十分有趣。不論是北方還是南方邊境，文化之間的重要互動，數千年來都是由獨特的經濟模式推動──一邊是游牧和農業，另一邊是海洋和農業。

　　王賡武將南海及東京灣沿岸的繁榮貿易稱為「南海貿易」。[48]其他學者近來的討論開始採用「海上絲路」、「海上公路」或「羽毛之路」等語彙，並從「南海」或「南中國海」延伸至印度及更遠。謝瑞特（Andrew Sherratt）指出，青銅器時代的中國南方是古代東南亞大陸一系列重要貿易和文化網路的重要組成：

在公元前第一千紀的最後幾個世紀中，在中國漢人南部邊界和暹邏灣之間，存在精細的青銅器加工文化鏈，他們的商品遠銷至南方的新幾內亞。如同歐洲僅靠一條「琥珀之路」（amber route），就串起了供應鏈一端的城市消費者與大陸另一端的人群……因此，或許這條「羽毛之路」也會將東南亞翠鳥羽毛這種極富異國情調的商品帶往中國，並促進沿線貿易中心的繁榮。[49]

各種令人趨之若鶩的商品（通常是亞熱帶和熱帶氣候的獨有資源）一路暢通無阻銷往各地，因此能否控制南方，對於中國來說變得至關重要。

將長江一帶及以南地區視為文明的主要轉運站——在某些層面可與黃河流域分庭抗禮——具有重要的歷史意義。譬如說，文化變遷中南方固有特質的概念，或許有助於解釋東周時期盤據長江一帶的先進的楚國，在權威、技術和政府精細度上為何能有如此高的成就。[50] 除了來自北方的影響，作為殖民主義者的楚國，確確實實也將自身的國力，建立在南方和西南（如古代的越、蜀、巴等）的多樣、豐富且繁榮的文明殘跡和遺緒上。最起碼，學者應開始正視長江流域及南方鄰國的語言、物質、技術和文化發展，對中國及東南亞早期歷史的滋養和影響。

由於在理解中國史時，南方邊境是北方邊境歷史的重要對應；再者，若想了解海上公路的重要歷史，南方邊境也是重要的切入點。所以我們需要嘗試處理古越的全景範圍。因此，超越特定的「越」群體，拼湊出「越」身分認同的大歷史，便能提供我們一種研究取徑，來連結具有獨特文化特徵和經濟的南方人群，以及遙遠的北方文化。

「越」的身分認同與「越」的聲音

古代亞洲文學中很少提到越人的自我表述，因此要根據自稱「越人」的聲音，來探究「越」的自我認同便十分困難。「越」是否具備相關的書寫語言，尚未有證據能證明。但是，極富吸引力的銘文紀錄，以及與「越」有關的原始文字結構，包括在良渚文化陶器上發現的符號（良渚文化是公元前第三千紀的新石器時代文化，許多學者認為可能是「越」的前身），以及在古代「越」地各處發現的幾何紋陶器上找到的符號（數以百計），還有在許多古越的青銅劍上刻有所謂的「鳥篆」，[51] 與約莫十幾個散於福建各地，未經破譯的石壁銘刻紀錄，[52] 都引起了學者的注意。

新石器時代文化中的各種符號，尚不足以稱為「書寫」，因為這些視覺圖像與口頭語言之間缺乏明確的聯繫。至於越青銅器上的「鳥篆」（或「鳥蟲篆」），則是源自商代的漢字裝飾，以篆書為基礎，在春秋晚期和戰國時期蔚為流行。這樣的篆書並非「越」獨有，楚、吳、宋、徐等南方諸國亦有使用，而且其表述的絕對不是越語，而是王室菁英的書寫通用語：古漢語。近來，在福建漳州九龍江流域的石壁上發現的銘文雖尚未破譯，但與「一種特殊的喪葬習俗有關，先將遺體放在船型棺中，然後葬在崖壁的石縫中」。[53] 鑒於銘文在喪葬和儀式上的應用仍然存疑，很可能只是用來驅邪的避邪符號，因此不見得算是文字或成熟的書寫系統。

唯一以自身語言（但仍然使用漢字）書寫的越語音紀錄，出現在周代青銅鐘上兩個難解的銘文中，學者宣稱這代表用漢字書寫當地越語的嘗試；另外則出現在〈越人歌〉中，出自公元前五二八年楚國一位至越遊歷的旅人，據傳他將這首古越民歌音

譯成漢字。[54] 學者無法理解兩座青銅鍾上的銘文，但〈越人歌〉卻釋出了一些有價值的資訊。語言學家鄭張尚芳推測〈越人歌〉反映出侗台語族（Tai-Kadai language group）中的早期泰語結構。[55] 由於當時此語言是否具備書寫形式尚且存疑，因此〈越人歌〉的作者提供越語歌詞的音譯及漢字翻譯。然而，這樣的翻譯「幾乎沒有說明哪個音譯出的音節對應到哪個漢語詞彙」，因此非常難查清這種語言屬於哪個語族。[56] 因此，儘管《說苑》中記載的〈越人歌〉可能影射了眾多越語中的一種可能性，但仍只是被漢字強力滲透後的惑人微光。同樣地，雖然民歌記錄了「越」的發音，但風格和內容或許深受周代的抒情風格或詩歌體裁的影響，這種可能性仍無法排除。因此，很難據此對越文化做出什麼明確的論述。

隨著北方華夏文化與越人及越文化有更直接且頻繁的接觸，因此在周代末期與帝制初期的文獻中可以找到「越」語音的其他片段。通常都是對某些活躍政治人物言論的徵引，例如漢代典籍中的《史記》、《越絕書》和《吳越春秋》。[57] 在大多數情況下，發言者都是古越地區受過教育的人，他們熟稔**中國**的文化和規範，並且很有可能與仍住在此區的本土人群有著極其複雜的關係。例如，亨利假設《越絕書》地理章節（卷三和卷十）的編纂者，曾因擅長某種才能，而擔任當地漢人官員導遊。[58] 若此言為真，那麼這些人似乎對漢人菁英的慣習與越當地的風俗皆有廣泛的了解。即便如此，就算這些文獻作者與「越」有直接接觸或祖傳遺留的豐富經驗，也無法一味假設這些發聲能反映出「越」獨特的事物或文化。

從考古資料也可看出「越」語音的難以考證。第三章我們將討論與越物質文化研究相關的議題，但目前只要說明探尋物質遺

跡與文化上的「聲音」或「身分認同」之間的關係是如此困難就夠了。由於墓葬中的遺骸確實形塑一種個人的傳記表現——墓葬的結構、內容以及自我呈現的方式，都源於各種社會資源，從而形塑出已故者的生活、聲音、身分認同和文化等各面向的描述。在這樣的脈絡下，本土、當地的習俗和信仰當然會找到表述的方式，但我們必須明白意向性（intentionality）背後的局限，舉例來說，一個特定的當地器物的擺放，與當地材料或當地形式的使用完全是兩回事。

要想藉由物質遺跡一窺「越」的身分認同，還存在另一個複雜的因子：我們手中大部分的相關考古資料，如同文本史料，這種物質遺跡往往再現的是個人社會地位與政治聯繫上的偏誤。例如宮殿、菁英的鋪張墳墓，以及廣闊商貿網路的航運碼頭，在在都是展現有利於菁英的偏誤，以及社會、經濟與政治特權的舞台。基於這樣的偏誤與限制，我們必須盡可能小心翼翼地處理「越他者」，善用適當脈絡下的資料和細節，一窺其中的端倪。

第二章

關於「越」的語言學研究

Linguistic research on the Yue/Viet

本章將檢視一些論及古代東亞大陸南方人群的當代語言學研究，並希望呈現這些研究（包括下一章的考古學研究）的討論脈絡，以幫助讀者理解這些中國古代作者在書寫與描述「越他者」的時候，可能想到哪些對象。不過，我並非將要簡單總結涉及此主題的大量資料，因為對於這本介紹性的論著來說，這些資料實在太龐雜了；而是試圖呈現出一種批判的視角，聚焦於一些主要的爭議、地區、理論，以及針對這些古代人群與文化的研究取徑。我們現在是以語言與考古證據來釐清不同群體之間的異同之處，自然會與古人認知這些事物的方式大相逕庭。即便我們有辦法宣稱某些古人群體在語言與物質生活上的相似性，但生活在那個時代的人群，也絕無可能是按照這套標準來分類或分群。簡單來說，他們如何認知越的語言與物質文化，跟我們現在使用的語言與物質資料，抑或是我們對此的詮釋，都一點關係也沒有。

　　因此，重要之處在於對以下兩者作出區辨：一是居於南方的古代人群（這些人群並不識字，因此今天主要是採用社科與科學

方法去研究他們）；二是古代中國人所認知、並生活於他們已知世界的東南方和南方邊境的「越」族群。儘管這兩者時常有許多部分重疊，但在概念上，維持兩者的差別十分重要，因為這有助強化「越」是一個建構出的古老概念，我們現在並非隨時都能理解其意義，但仍然能意識到下列事實，即古代中國人在認知與歸類人群之間的異同時，將「越」視為一個特殊的分類。

　　研究古代亞洲語言的語言學者普遍認為，在古代中國被指稱為「越」的人群，不是使用漢語的人群，而是涉及古老大陸的五種語系，分別是漢藏（Sino-Tibetan）語系、苗瑤（Hmong-Mien）語系、侗台（Tai-Kadai）語系、南亞（Austro-Asiatic）語系與南島（Austronesian）語系，其中後四種關乎南方的語系，涵蓋了昔日越國原鄉的東南地區。[1]我們將一一討論這四種南方語系，以及它們與所謂的越人之間的可能聯繫，但首先會藉由呈現侗台語系與南島語系的關係來開始討論，而南島語系在今天的中國大陸上，已經沒有母語使用者。

　　研究「越」的關鍵點在於，這個詞彙所指稱的人群主要使用的是前南島語（pre-Austronesian）或原始南島語（proto-Austronesian，此兩者如同我們接下來會看到的，可能包括侗台語族），還是南亞語，或苗瑤語？抑或是以上皆有？不妨先思考一下我們對這些語言系統的早期歷史理解，然後再根據文獻中的「越」一詞來重新釐清狀況。

前／原始南島語系及其與侗台語的關係

　　早在最晚近的印歐語系進行全球性的殖民擴張之前，南島語系就已擴散到世上所有語系中最廣袤的地理範圍，從馬達加斯加

島一路延伸至復活節島，涵蓋東南亞與太平洋的大部分島嶼。[2] 當代的語言學家普遍同意白樂思的理論，即台灣島是尚未滅絕的南島語系分布最多樣化之處，故可說是所有南島語系的原鄉。[3] 而世上規模最大、範圍最廣的前近代移民之一，便是台灣島上尚無文字的人群；這些使用南島語的人群以此小島為據點，從事了各種海上擴張活動，殖民了遙遠太平洋上的若干島嶼，像是斐濟島（約公元前 1000 年）、夏威夷島（約公元 800–1000 年）、紐西蘭島（約公元 1250 年），更與新世界、尤其是南美洲（早在公元 1000 年）產生聯繫，並向西航行然後在馬達加斯加島（約公元 500 年）定居。[4]

近來愈來愈多證據顯示，中國大陸的福建東南沿海與台灣之間，存在許多往返性的移動。[5] 因此，居住在中國東南、特別是南方的浙江福建沿海的人群，很可能是使用南島語的台灣人群在大陸上所對應的人群。[6] 考古證據顯示，在公元前第四千紀的某個時刻，福建沿海的居民群體離開了原鄉，在台灣建立聚落。[7] 由於中國東南沿海是台灣的南島語使用者最有可能的起源地，因此不妨假設，當時留在大陸沿海、並未遷徙至台灣的人群，與他們在台灣的對應者，共享了前南島語系的語言基礎。如此一來，我們至少可以假設，台灣語言文化在大陸的對應是前南島語族群，即使在他們當中的某些群體前往台灣後，這些人很可能仍繼續在大陸東南生活。

早期南島語文化的語言學與考古學數據相當一致，台灣及其周邊地區早期的南島語言族群（約公元前 4000 年）展現出以下的生活方式：種植稻米與小米，居住在以木樁架高的木屋中，馴養豬和狗，可能還有雞，發展出真正的紡織，使用弓箭、製作陶器。[8] 雖然在遠離原鄉後，生活於更遠熱帶地區的一些南島語族

群，丟失了一些文化與技術資本；但重要的是，那些被認為居住在中國東南大陸的早期前南島語族群，已處於新石器時代的農業型社會，在技術上與東亞大陸其他農業群體沒有太多差異。許多描述越人的文字，都確實提到他們是居於干欄式建築的務農者，與水、海岸關係密切，這似乎更強化了關於越人的歷史文獻，以及社科研究之中古代南方沿海人群的相關數據間的連結。

沙加爾於二○○四年則提出論述，他認為侗台語系的語言族群─包括今天在中國南部與越南（壯語、仡佬語〔Gelao〕）、印度阿薩姆地區、緬甸與東南亞地區（包括現代泰語、寮語及其他部落語言）所使用的「聲調語言」（Tonal language），皆為原始南島語的「分支語言」（daughter branch）。他的立論點在於，相較於台灣的南島語系，侗台語系與原始馬來─波里尼西亞（proto-Malayo-Polynesian，是原始南島語系的派生語言）語中的「五」到「十」的數字擁有相同的新創用法。[9]此外，他主張古代台灣（可能包括菲律賓）的早期人群也回頭往中國南方遷徙，並定居在福建以外的沿海地區。許多南島語言學者都認為頗有爭議，但若此說法為真，就有可能改變我們對古代中國南方人群的理解。

不過，侗台語與其他語系之間的譜系關係仍有爭議。侗台語過去被分類在漢藏語系，但在一九四二年時，白保羅（Paul Benedict）否決了這個說法，並且發表一篇影響甚廣的文章，詳細指出南島語與侗台語在基本字彙上的一些驚人相似性，進而認為這反映出兩者之間存在著語言基因上的聯繫。直到一段時間後，白保羅的論點才為主流接受；而近來學者提出愈來愈多的證據顯示，侗台語或多或少與南島語有著確實聯繫。[10]但是，儘管許多語言學家願意承認侗台語與南島語具備譜系上的聯繫，或是

屬於「同源語言」（sister languages），也只有沙加爾敢聲稱這種譜系關係比之前所想的要近上許多：侗台語是南島語系的東台灣南島語族分支（East Formosan clade）的派生語言（daughter）或分群語言（sub-group）。[11] 這個說法十分重要，因為這意味使用原始南島語的人群在公元前三千至二千紀之間的某個時刻從台灣（可能包括菲律賓）遷回中國南方沿海地區。這進一步反映出，前南島語系與原始南島語系的實際範圍可能已經擴展至整個東南沿海，從浙江一帶的沿海地區向南延伸至現代香港附近的珠江三角洲，最後遠至廣西、海南島，可能還到了越南北部。當然，延伸範圍有多廣，往往取決於個人認可的觀點。

白樂思等主要的南島語研究者，並不接受沙加爾的理論，因為與原始南島語的分群語言相比較，侗台語的字彙中有很大程度的歧異——特別是沙加爾稱之為「Muish」的分群語言，與台灣南島語的其他分群語言，包括馬來—波里尼西亞語、噶瑪蘭語（Kavalan）與凱達格蘭語（Ketagalan）／馬賽語（Basai）有明顯區隔。[12] 正如白樂思所指出的，即使是在語言演化的譜系學（phylogeny）上，證實原始南島語的分群語言的分支位置低於沙加爾所放置的侗台語，但是其與原始南島語的相似性也高於侗台語的相似性；[13] 他進一步主張，沙加爾無法確鑿證明侗台語系與他自己所謂「Muish」分群中的各南島語言，有著共同的創新。需留意的是，沙加爾在二〇〇八年放棄使用 Muish，並用「Puluqish」取而代之，其中囊括了阿美語（Amis）、排灣語（Paiwan）、卑南語（Puyuma），以及馬來—波里尼西亞語；Puluqish 之名源自原始南島語中數字「十」（*puluq）的創新用法。[14]

根據語言學家發展語言譜系的原則，判斷不同語言是否屬於

同一分群，應基於共同的創新而非整體的相似性；畢竟，有時語言中的特定結構，會讓一種語言與另一種語言的關係看起來比實際上更遙遠。如果我們接受沙加爾對數字五到十的分析為「創新」，那麼他對南島語系更高位譜系的修訂，就可能有其道理。[15] 白樂思所持的相反論點，針對的是沙加爾理論缺乏足以令人信服的同源詞數量，但白樂思的主張基於的是整體相似性，而非共享的創新，是故白樂思並未打擊到沙加爾理論的基本核心。[16] 再者，儘管白樂思仍認為沙加爾對於共享創新的說法無法令人信服，但他並未發表正式的出版品來說明原因。

　　侗台語與原始南島語的整體相似性，與譜系中已確認的原始南島語分群相比，整體相似性還更低，從侗台語系的特殊歷史可以解釋這一點。假若侗台語系從台灣遷回廣東、廣西、海南與（可能的）越南沿海，那其命運的發展，就會與其他外移至菲律賓及東南亞某些島嶼的其他原始南島語言截然不同。[17] 而中國大陸上的侗台語系與南亞語系或漢語系的接觸經驗，也會更劇烈且廣泛。這樣劇烈且廣泛的語言接觸，確實會導致侗台語與原始南島語的聯繫看起來，比譜系中較低位的其他原始南島語分群更遠，儘管它們的聯繫可能（根據沙加爾的說法）更緊密。相對來說，侗台語缺少了所有最基本的南島語系字彙，基於這樣的歷史，理所當然可以肯定侗台語歷經其它語言的詞彙重整——首先是一些南亞語系相關語言，之後則是漢語。[18]

　　假若沙加爾是對的，侗台語是原始南島語的另一個分支，那麼語言學家自然應繼續追查此一重大發現，並建立研究方法，以理解在語言異質性極高且交流頻繁的環境中，例如史前與歷史時代初期的東亞大陸，南島語言是如何發展的。而沙加爾的理論能幫助我們更加深入地理解「越」這個詞彙背後的可能現實，因為

其呈現了一個元語言（meta-linguistic）的領域——原始南島語與南島語——廣泛分布於古代中國沿海，而且有著譜系上的聯繫：傳統上與中國西南和東南亞大陸有所聯繫的侗台語系，與古代福建東南部及台灣本土的語言，具有相同的「祖先 DNA」。因此，可以說沙加爾的理論提供了一個語言學基礎，可將南方人（從遙遠東南沿海到越南周圍的沿海地區）視為彼此相似的整體；這或許有助解釋早期中國人，為何會莫名其妙地將居住在福建等東南地區的「越」，以及廣西與越南北部等西南地區的「越」混為一談。

就算沙加爾認為侗台語從台灣傳回中國西南沿海的這個論點有誤，我們仍然有理由認為，在浙江延伸至越南的古代海岸線中，散布著很大一部分使用前南島語的人群。在論及侗台語的同一篇文章中，沙加爾進一步假設生活在珠江三角洲與福建沿海的古代人群之間的聯繫，這讓我們回溯至前台灣（公元前 3500 年之前）時代的福建。他指出：

> 福建沿海的前南島語使用者人口應該沒有全數前往台灣。更有可能的是，就算這些人口當中的一部分已經跨海到了台灣，有一部分的人口仍繼續沿著海岸線朝西南方的珠江三角洲擴張。在珠江三角洲，或許也可以找到類似於他們留在福建西南的考古遺跡，儘管迄今為止，那裡尚未找到農業存在的直接證據……我不同意臧振華所下的結論，即「廣東珠江三角洲很有可能是台灣大坌坑文化的發源地」。我認為此兩種文化較有可能是福建沿海的共同祖先的後裔。[19]

在這段陳述中，沙加爾自己也承認此說法雖仍純屬推測，但

卻展現出一個有趣的情境，即人群及其語言是如何遷徙與改變。沿海地區的流動性極大，幾乎沒有人在遷徙後就一去不回頭。因此，有的學者會希望為公元前三五〇〇年前後從福建遷往台灣的語言，安上「前南島語系」的標籤，考古證據亦足以支持此論點，即在台灣發展的原始南島語系也可能（持續）返回福建沿海；並且無論福建與台灣是否皆為南島語系的原鄉，又或者只有台灣是，公元前三五〇〇年之後，台灣及福建間不斷往返的頻繁交流，肯定會將成熟的南島語帶回福建一帶的大陸地區。因此，理所應當可以認為，台灣南島語的共同祖先是福建沿海所使用的語系（前南島語），而且此語系自公元前三五〇〇年起持續發展，並且與來自台灣的原始南島語產生密切聯繫。最終讓史前時期的整個福建沿海，都成為使用原始南島語的地區。

這個討論是否有助於我們對「越」這個範疇的研究？此顯示出，古代所稱的「百越」，指的是從東至西遍布於長江以南的一個多樣化的「越」群體，或許能從語言現實中找到一些支持。中國人之所以會認為「越」是一個整體，可能是受其語言一致性的影響。如前所述，古代人認知的語言異同，當然不可能與現代語言學家相同；但這種語言的一致性，在古代可能已經由共同的文化、體質、或其他物質特徵外顯出來。因此，如同與原始南島語使用者有所聯繫的沿海、文化、語言與生物屬性，確實是華夏人群（以及其他群體，特別是蜀、巴等西南人群）拿來標記「越」的因素；或許我們不該武斷地排除「越」的概念，就因為它在古代南方文化的現實中缺乏根據。

我們可以想像，在史前時期的東亞南方沿海地區，多半生活著使用前或原始南島語系的人群。正如沙加爾所推測的：「可惜證據實在太少，難以直接確定『越語系』的隸屬關係。我猜

測它與原始南島語一樣，是曇石山—溪頭文化的一或多種語言的後裔。[20]這使它成為更廣泛的『漢藏—南島語系』（Sino-Austronesian languages，簡稱 STAN）東方分支中的一個滅絕語言群體。」[21]對遙遠北方的古代華夏而言，這些使用前南島語與原始南島語的人群及聚落，似乎表現出某種族群或文化上的一致性——至少足以讓華夏將它們置於「百越」的標籤下混為一談。不管哪種說法，中國與東南亞大陸的學者皆需留意，這些講南島語的人群因其在東南亞、太平洋與世界各地的擴張活動而聞名，他們的歷史也應涵蓋東亞南方的部分區域。

南亞語系、南方假說與漢藏—南島語系假說

「南亞語系」代表的是與東南亞大陸語言密切相關的大型語言群體，其分布範圍亦遍及孟加拉與印度的部分地區。[22]高棉語、越南語、孟語等當代語言，以及散布在東南亞大陸、印度與中國西南的語言都屬於此語系。許多語言學家提出的中國西南地區、孟加拉灣以北沿海，或中國西南的雲南等，都有可能是南亞語系的原鄉。[23]近來，迪夫洛斯（Gerard Difloth）提出了「動物群重建」（faunal reconstruction）理論，進而認為南亞語系起源於熱帶地區，有可能就是東南亞大陸。[24]然而，中國南方、緬甸與東南亞的大部分古代區域，對動物群重建理論強調的生物多樣性來說也很重要；因此，後續若未找到其他證據，就難以找到更具體的原鄉。而且普遍來說，當代使用南亞語系的人群，主要與中國西南地區有所連結，而不在「越」的主要所在地——也就是中國東南地區。

在一九七六年一篇頗具影響力的文章中，語言學家羅杰瑞

（Jerry Norman）與梅祖麟提出，在新石器與青銅器時代於南方與東南方興起的「越」文化，具備南亞語系背景，這一背景最晚甚至到戰國時期（公元前 464–221 年）依然存在。[25] 他們舉出具備南亞語系派生詞的漢字詞彙，並指出這些詞彙在文獻中，如何與南方（楚國）、越人和百越有各種方面的聯繫。[26] 最著名的例子是「江」（jiang），該詞之後用來專指長江，但可追溯到好幾種南亞語系語言中「河流」的通用詞語。[27] 假設「江」這個南亞語系的詞彙進入漢字詞彙的地點，是在中國南方的漢水、長江交匯處，這就暗示了南亞語系對漢語的影響源自南方。[28]

　　羅杰瑞與梅祖麟指出中國早期文獻中提及與越人特別相關的語言差異，更進一步支持了他們所提出的越與南亞語系之間的聯繫。早在東漢時期，著名評論家鄭玄（公元 127–200 年）就舉出「死」這個語詞，來展示越語與漢語間的語言差異，他指出：「箚（cha），謂疾疫死亡也。越人謂死為札（za）。」[29]《說文》裡也可找到另一個例子：「南越名犬『獶獀』（*nog-siog）。」[30] 據羅杰瑞與梅祖麟的論點，「死」與「犬」的早期發音，明顯與南亞語系群體有所關聯。[31]

　　兩人的理論引發一些爭議。沙加爾最近提出的反駁指出，越人更有可能是前南島語族，或甚至就是南島語族，而非南亞語族。[32] 沙加爾指出：「他們（羅杰瑞與梅祖麟）的宣稱是根據漢末（公元一至二世紀）幾個對越語詞的紀錄，以及被他們視為底層語詞（substratum word）的現代閩（福建）方言之中，當地古語的遺緒。」[33] 接著，沙加爾繼續討論兩人論點中的四個原則，指出羅杰瑞與梅祖麟提出的，將所謂「越」語與南亞語系連起來的一些語言聯繫，只不過是偶然的相似，或僅僅奠基於罕見且古老的漢字詞彙相似之處，根本不是「推測的前漢語時期的南亞語

底層語言」。[34]其中有個例子特別令人信服：沙加爾表示，《說文》中所記的越詞彙「獿獀」（意指犬），實際上支持的是「越」語言的南島語系背景，而非羅杰瑞與梅祖麟所稱的南亞語系背景。沙加爾指出：

> 當時這個「兩字搭配」（binomial）詞彙的發音，聽起來一定像 ou-sou 或 ou-ʐou。這可能是轉寫了外來語中的 oso 或 oʐo，因為在漢語的轉寫中，經常用韻腳 /-ou/ 來表示未雙母音化的外來語 /o/。這個雙音節詞其實更接近於原始南島語當中的 *asu、*u-asu（意指犬），而非兩人拿來比較的越南語中的 cho、古孟語中的 clüw 等意指「犬」的語詞，是以上顎音開頭的南亞語系的單音節詞。[35]

至於「札」（意指死），沙加爾認為這也是個明確無誤的漢字語詞，出現的語境根本與越人或越文化無關。而這個出現在漢代越語中的語詞，很可能是從漢語挪用而來，或者是鄭玄在無意間引用了越地區所使用的漢語。基於這些原因，沙加爾認為使用「札」這個詞彙來推斷越語與南亞語系的聯繫，這樣的證據實在站不住腳。[36]

許多中國學者將越語與侗台語系的早期結構聯繫起來，他們所用的史料是劉向所著《說苑》（約公元前一世紀）中收錄的〈越人歌〉（又名「越女棹歌」）的漢字轉寫版。此聯繫的確切證據來自鄭張尚芳發表於一九九一年的文章，他在文章中假定這首歌的語言應當是早期的壯傣語（Tai）。他將這首歌翻譯成泰文（Thai）的語詞與句型。[37]沙加爾認為這樣的分析問題重重且頗具爭議，不僅因為泰文直到公元十三世紀都沒有被書寫下

來，更因為泰文本身並不能用來表現早期的壯傣語（Tai），而早期的壯傣語是侗台語系的其中一個分群語言，稱為「侗台語」〔Kam-Tai〕；沙加爾認為「原始侗台語聽起來與泰文差很多。」[38] 雖然鄭張尚芳的假設遭到批評，但仍須仔細思考侗台語系與「越」之間可能存在的聯繫，特別是因為沙加爾聲稱侗台語發源於台灣的原始南島語。若最初呈現〈越人歌〉的語言屬於侗台語系，並且沙加爾的侗台假說為真，那麼表示「越」很可能說的是一種具有原始南島語結構的語言，而不是羅杰瑞與梅祖麟認為的南亞語。

最近，一些語言學家與考古學家聚焦於一個有趣的理論，即距今約莫八千年前定居在長江上游的史前人群，已有種植稻米。語言學家與人類學家施密特（Wilhelm Schmidt）在一九〇六年的著作《孟—高棉語族人群》（*Die Mon-Khmer Völker*）首次提出「南方假說」，指出南亞語（包括印度東部與中部的蒙達語族〔Munda languages〕，以及包括孟—高棉語族的東南亞大陸語系）與南島語之間存在許多基本的相似。[39]

這些相似之處顯示出可能存在一個共享地理、文化與語言原鄉的大型語族。近年來，新版的「南方假說」理論將語言與農業發展（最重要的是稻米種植）聯繫起來，更重要的是，此理論將所謂「南方大型語族」（Austric macro-family）的祖先追溯至共同的原鄉長江流域上游（中國西南）。[40] 此一假設的言外之意是，不同的分群語言群體隨後沿不同的河流（薩爾溫江、伊洛瓦底江、湄公河與長江，這四條河流在雲南西北部平行蔓延好幾百公里）傳播開來，並在南方亞洲的幾個不同的地理區域定型下來。

雖然在一開始，許多學者都覺得施密特的假設十分有意思，但仍然不足為信。原因正如白樂思所述，雖然施密特提出南亞語

系與南島語系在中綴詞的使用上展現有趣的相似性，但卻無法確切證明這種相似性是出自同源，而非「偶然」或「挪用」的結果。[41] 不過，雷瑞德（Lawrence Reid）近來的研究已經否定了使用「偶然」和「挪用」來解釋南島語、尼科巴語（Nicobarese）與大陸孟—高棉語中具備 *pa 和 *ka 使役動詞的留存形式的可能性。[42]

如果南亞語與南島語皆發源於長江上游文化與大型語族中，那就有必要解釋早期的原始南島語使用者，是如何從緬甸、雲南一帶前往福建沿海與台灣。值得注意的是，白樂思在一九九六年發表的文章中提出一個有趣的情境，他認為那些遷徙至福建孤懸地區的人群，並不是從廣東一帶的南部沿海出發，而是從北方，也就是從浙江及更遠的長江口，當地發現了古老的種稻聚落——河姆渡文化（約公元前 5000 年）。白樂思之所以得出這樣的假設，是因為除了種稻，古代福建所種植的小米，不可能發源於南方，而應該是來自北方的黃土高原。[43]

「南方假說」有助於語言學家解決中國南方古代人群到底使用哪些語言的分歧。此假說主張，古代中國南部（通常指的是長江以南）的大部分地區，居住著各種各樣種植稻米的南方人群，他們的語言在早期的某個時刻分道揚鑣，最終分別發展成南亞語與南島語，過程大致如下：一部分南方人群沿著湄公河向南遷徙，或往中國西南走；這些群體關乎今日東南亞大陸上流通最廣的南亞語系的發展；其他南方人群則沿著長江向東穿過中國，抵達沿海地區；這些群體最終在福建和台灣生根（或許之後又遷回西南沿海），與前南島語系的發展密切相關。

沙加爾提出了第二個假說，他假定東亞某些主要語系具有共同的早期源頭，但與「南方假說」相反，他假設南島語系的遷徙

方向是由東到西。沙加爾將此假說稱為「漢藏—南島語系假說」，並指出漢藏語與南島語是起源於中國北方與東北的大型語系中的兩個語族，都受到稉稻與小米種植的驅使而向外擴張（距今約8500年前）。[44] 為駁斥南方假說，沙加爾使用南亞語與南島語中的稻米基本字彙來顯示此兩種語系的獨立源頭：「這種想像不支持南方（南亞語＋南島語）以稻米驅動的擴張。如果南島語與南亞語的語言發展中經歷了稻米的馴化，那就會期望在語言中至少能找到稻作農業通用字彙的痕跡。」[45]

「漢藏—南島語系假說」之所以令人信服，在於南島語起源於北方的說法完全站得住腳；畢竟早期山東與更往南的沿海地區在考古與歷史上，均具備相似性與連續性。[46] 沙加爾的論點，即南島語與南亞語中稻米字彙的起源不同，也為南方假說所持觀點的有效性，即這兩種語系出自相同的語言源頭帶來疑慮。最後，這兩種假說孰是孰非雖尚無定論，但南方假說與漢藏—南島語系假說都稱得上是語言起源的可能闡述；這一方面有助於解釋，同樣作為南方語言系統的南島語與南亞語之間的緊密聯繫，另一方面也解釋了由北至南（也可理解為從內陸到沿海）傳播的漢藏語，與他者使用的南島語之間的緊密聯繫。[47]

苗瑤語系

苗瑤語是最後一個與東亞南方、東南亞有關聯，值得考慮的語言。苗瑤語在「東亞語言雜燴」（the linguistic stew of East Asia）的出現時間相對較晚，最近的一項統計顯示距今兩千五百年有可能是原始苗瑤語的時代。[48] 值得注意的是，苗瑤語的原鄉可能在中國南方的長江中下游，春秋時期的楚國人講的可能正

是苗瑤語。[49]語言學家認為，原始苗瑤語的使用者很可能是古代東亞的原住民。[50]鑒於苗瑤語與漢藏語系有很大一部分的相同字彙，學者懷疑兩者關係密切，但目前尚未找到兩者存在著語言遺傳聯繫的可信證據。[51]苗瑤語的遺傳和起源如此不確定，無怪乎許多語言學家只是隨意將其分到「南方語系」（The Austric languages）中，抑或是他們提出的更大範圍的「漢藏」或「泛漢—南島」（pan-Sino-Austronesian）的大型語言系統之中，並且試圖透過「泛漢—南島」這樣一種「巨型」的語言分類，解釋不同語系之間的關係。

就我們這個針對古越的目標，只要假設苗瑤語系真的是長江中下游地區的本土語言，且楚國人講的真的是原始苗瑤語就夠了；這樣一來，一些華夏稱之為「越」的原住民（特別是中國中南部「百越」地區的原住民）很有可能也會說原始苗瑤語。雖然尚不清楚戰國與秦漢時期原始苗瑤語的分布範圍，但可以假設在楚國的影響力下，此語言在華南及華中的長江地區傳播甚廣，但在侗台和前／原始南島語占主導地位的東南及沿海地區除外。

小結

無法斷言古代中國人所指的「越」到底是誰，也無法確定這個群體可能與何種語言文化相符。但不該讓一個單純的概念難題——對「越」的解構性理解及不可能重現任何歷史認同的精確詮釋——阻礙我們理解古代南方的語言地景。即使只能粗略理解「誰是越？」這個問題，我們至少可以探問，古代中國作者之所以將東南與南方的人群，與具備「越」和「百越」標籤的沿海南方人混為一談，當中是否有語言上的因素。

正如這份語言學概述所顯示的，南方巨型語族——比如原始南島語——的理論可能有些價值，尤其是對於沿海地區。然而，這三種語系——南島（包括侗台）、南亞與苗瑤語系——很可能在古代南方的不同地區共存，並且屬於這些語系的數千種不同語言，可能也被古代的不同人群所用。考慮到所謂的「越」人群主要分布於東與東南方，支持越主要使用南島語的理論似乎頗有道理，但這種推測並不會排除有的百越人群也說南亞語或原始苗瑤語系的可能性。

我認為古代越國（約莫在公元前五世紀，集中於今天的太湖、上海、浙江與東海上的島嶼）的多數居民所使用的語言，很有可能是在台灣（且很可能是在福建南部）發展起來的各種不同南島語，而與「百越」聯繫在一塊的人群，語言上可能更加複雜。華夏作者無差別地稱「百越」為南方人群，可能沒有意識到生活在南方的群體之間還存在顯著的語言差異。鑒於史料中對「百越」的使用相當廣泛，若說它只用於指稱使用前南島語或原始南島語的人群，那也未免太愚不可及。

我已經提過，由於福建一帶的東南地區（使用前南島語、原始南島語，或甚至南島語）與廣東／越南南部地區的人群之間，具備相同的南島語特徵，故「百越」可能對古代漢語來說是個具一致性的分類。儘管如此，基於長江以南地區人群所具備的高度多樣性，更合理的結論是，百越諸語言屬於一個多種語系的異質混合體。在這一點上最安全的假設確實是，今日在華南、台灣與東南亞大部分地區存在且被使用的所有可能語系，不僅可能自古有之，且在長江以南的地景中更廣為分布。因此，雖然「越」與「百越」可能主要使用前南島語或原始南島語，但很有可能被「越」與「百越」這兩個詞彙指稱的南亞語與苗瑤語也是如此。

第三章

考古紀錄
The archaeological record

考古學經常為國族主義與身分認同建構所利用，國族自豪感、歷史遺緒與歸屬感有時理所當然地成為學術研究的支柱。如戴安娜・拉里（Diana Lary）所言：「考古學的美妙之處在於，除了提供確鑿的證據，還創造出可見的實體遺址，為當代人群證明了過往的榮耀。」[1] 此論點適用於中華人民共和國、越南以及其他任何地方。在讓那些令人歎為觀止的器物與遺跡重見天日的同時，考古學家有時也試圖用所處時代的思維理解、分類與詮釋它們，以重塑自我與他者。

　　關於中國史或越南史的各種觀點，通常來自於那些造就今日中國人（漢人）或越南人的神話，然後再將神話投射至過往的族群歷史中。在考古學研究中，國族主義與「族群投射」（ethnic projection）的問題尤為普遍，特別是當涉及到不是滅絕、就是在現代缺乏明確對應物的人群或文化；或涉及到在過去不屬於特定政治、文化與族群血統神話的人群。由於古代南方邊境的大多數人群——被稱為「越」——今日皆已不復存在（除非將越南算

做「越」的國家，但這樣做會有問題，因為早期「越」的地理範圍極為廣大），且「越」在族群上與過去的華夏有明顯的差異，現今的國族主義偏誤及族群投射往往能為這種身分認同的考古研究塗脂抹粉。

除了國族主義，中國考古學家還經常用「區域主義」凸顯某一區（或一省）的本土特徵，並強調該區域與中國光榮的大一統傳統之間的聯繫。[2] 這種研究取徑的本質不只可呼應中國的國族向心力，更有助於提高特定區域在中國整體中的地位，同時亦滿足當地旅遊經濟規畫與需求的雙重目的。現代的消費欲望以及與過往可能沒什麼關係的「區域」定義方式，更有助於形塑上述這種模式的考古研究。

近二十年來，東亞大陸的東南與南方地區的考古研究迅速發展，但學者仍遵循一些傳統典範，既限制了發展中的考古研究類型，也限制了詮釋從研究中獲得的資料的可能性。安賦詩（Francis Allard）論述當代中國考古學偏向「敘事性與歷史性」（descriptive and historical）的特徵，這從當代中國考古學對最新的人類學理論接受得極為緩慢便可看出端倪，因為這些人類學理論可能會讓「散播」（diffusion）與「演化」（evolution）等文化變遷的粗糙模型顯現出微妙的差異。[3] 中國考古學定義的一大特徵是「類型分析」——即根據物理特徵將器物分類，而類型分析往往會讓涉及社會結構與功能、文化變遷與跨文化互動機制等問題遭到忽視。[4]

安賦詩的分析是對邊境研究的強力批評——考古學家時常會假設有一種「區域之間簡單的『文化散播』（cultural diffusion，通常是從複雜度較高的中心散播至較低的中心），毋須考慮這些外來的影響或物質，在當地如何被翻譯與轉介」的模

型。[5] 對這種模式的廣泛採用，代表「核心與邊陲」體系的盛行，即以黃河流域為核心，將文化影響力向外傳播至大陸邊緣，反映出「漢化」的概念在考古研究中十分流行，就算在針對非漢、非黃河平原地區的歷史研究也是如此。[6]

本章回顧了一些關鍵的考古發現，有助闡明史前南方人群如何面向湖泊、沿海與海洋生活的物質史。自一九八〇年代起，針對中國南方「越」的考古學討論興起，構成一個中國稱之為「百越研究」的龐大領域。[7] 而針對生活於東周時期吳越兩國區域的古代人群，相關的考古學研究有多種不同名稱，通常是以「東夷研究」或「吳越研究」稱之。越南的考古學也是自給自足的獨立實體，與中國的百越研究並不相同。越南的許多考古研究都是由國家資助，因此在過去幾十年中，越南的考古學家致力於挖掘遺址，以陳述一段光輝的歷史，來支持越南文明從遙遠過去一直延續到現在的概念。[8]

先不說「越」相關領域的其他史料，單單是提及「百越」的大量文獻，就不可能在一章中充分說明，僅能從中概述出南方最重要的物質文化。我的探尋主要聚焦於現代中國與越南北部的地理區域，其與古代文獻中「越」這個名稱有關聯。[9] 這與中國考古學家所稱的百越或越南考古學家所說的越南可能都不一致，原因在於古人與現代考古學家未必會對「越」的分類抱持相同的看法。

關鍵在於不要認為古代對「越」、「吳越」與「百越」的分類，會符合現在以這些名稱命名的考古文化；同樣的，我們不能僅因為相鄰的群體在物質文化的某些層面相同或反映出某種物質連續性，就認為他們使用同一種語言或甚至屬於同一個族群分類。正如彼得絲（Heather Peters）指出的，今時今日的考古或

語言文化絕不能與「族群」混為一談:「相似或共同的文化特徵雖廣為傳播,但不見得會彰顯出族群性,且可以輕易遮蓋大量不同的族群群體與文化。一些重疊的特徵可能只是反映出對共同生活環境的生態反應。」[10] 其他則可能只反映出共同的物質文化,而非共同的宗教、知識、社會或政治文化。因此,考古學家所指涉的「越」,多半不能與歷史上的「越」混為一談。正如本書要呈現的,「越」的意義多元多變,且不限於單一族群或群體。

以下的中國南方考古研究回顧,審視考古學家對三個「越」的熱門地區的看法,以釐清其是否存在物質上的連續性,進而影響華夏看待「南方他者」的視角。這些地區包括:(1)春秋吳越兩國相關區域;(2)漢代閩越、東越相關區域;(3)漢代南越國相關區域(涵蓋部分越南的北部)。[11] 本章會概述這些區域在史前時期(新石器時代與部分青銅器與鐵器時代)的物質文化,而針對本書之後會遇到的戰國與秦漢中國的文獻,這些概述也將成為重要的對照。

長江流域:沿海的新石器時代與古代吳越

中國南方最重要的一大新石器時代發現,就是今日浙江餘姚一帶(杭州灣以南)的河姆渡文化遺址(約公元前 5000 年)。這種物質文化反映出一種牢固的沿海生活方式,這可能是「越」的祖先——包括春秋時期越國的人群及更南方國家沿海的人群。河姆渡文化出土於一九七六年,展現出整個東南沿海與長江下游最早的新石器時代地層。[12] 其最大的特色在於長形的干欄式建築、稻米農業、動物馴化(狗、豬與水牛)以及對海鮮和狩獵的強烈依賴、製作漆器和繪有植物與幾何圖案的繩紋黑陶。[13]

張光直注意到這種陶器與台灣的大坌坑文化有相似之處，顯示出河姆渡文化是後代福建及台灣沿海人群的早期聚落。[14] 雖然後世所謂的「越」考古文化，也會提及干欄式建築、沿海經濟、幾何圖案的繩紋陶，但考量到時代的差距太大，不可能也不適合將河姆渡文化與公元前第一千紀的「越」物質文化強行連結。

　　大約與河姆渡文化同一時期，在長江出海口與杭州灣以北產生了馬家浜文化，並延續了一千多年，直到公元前三九〇〇年前後。這種物質文化雖然在考古學上與河姆渡文化不同，但在河姆渡聚落於公元前第五千紀晚期擴散之前，馬家浜文化與河姆渡文化至少同時存在了一千年。馬家浜文化的人群以稻米耕作、打獵，以及動物馴化維生，比起豬來更重視水牛（北方人群的特色是更重視豬）。[15] 繼馬家浜文化之後而起的是位於太湖一帶的崧澤文化（公元前 3900–3300 年），顯示出玉的使用範圍擴大，包括指環、垂飾、手環與玉琀的製作。[16]

　　河姆渡與馬家浜／崧澤這些新石器時代的文化，對於我們理解古代南方人群十分重要。由於「越」一詞似乎指向所有的南方人群，特別是沿海—河濱的人群，公元第一千紀的南方人很可能繼承了河姆渡與馬家浜／崧澤文化的物質遺緒。再者，從越人的實際血統來看，河姆渡聚落人群也可能與之後以馬家浜／崧澤文化為代表的人群雜居和通婚，因此可以反推，這些物質文化也可能存在一定程度的文化與生物連續性。

　　除了地理位置，這些早期的物質文化與公元前一千紀晚期的「越」文化之間還有許多諸如陶器設計、稻米種植甚至在骨骸上的相似之處。如張光直所言：「針對山東與江蘇北部新石器時代骨骸的體質人類學研究顯示，和中國北方核心區的人群相較，此區的人口（稍晚於青蓮崗早期與馬家浜階段）與更南邊的人群

（尤其是現代玻里尼西亞人）在型態學上更為相似。」[17]按照張光直的說法，現代玻里尼西亞人的語言屬於南島語族，台灣和福建可說是他們主要的語言原鄉。這在在顯示出，居住在河姆渡與馬家濱聚落的人群，可能是來自遍布於包括台灣在內的整個東南沿海地區的前南島語系人群。

　　值得一提的是此處資料中的一個明顯差距；這些複雜度頗高的新石器時代社會，似乎局限在長江下游與杭州灣一帶，並未沿著東南沿海往福建更遠的地方擴展。正如安賦詩指出的：「與同時期浙江北部的發展形成鮮明對比的是，迄今為止定年於此一時期（約公元前 5000–3300 年）的遺址很少會從浙江中部延伸至福建省南端的大片區域。」[18]長江三角洲下游出土遺址所顯示出的社會複雜度，福建的遺址皆無法比擬。[19]鑒於此年代還太早（公元前第四千紀），可以想像，與這些更複雜的北方物質文化相關連的人群，尚未沿著海岸線向南遷徙至浙江／福建南部並與當地人群往來，或與這些可能生活在浙江／福建南部的前南島語使用者群體混居，抑或是長江三角洲下游的語言與物質遷移皆向南方滲透，而沿海的遷徙模式則沒有任何顯著的變化。不管怎麼說，長江三角洲強盛的新石器時代社會，以及同時代浙南／福建南方人群之間的考古資料差距，顯示出這些長江流域文化的人群，與之前三千五百年、據說是從福建遷徙至台灣的前南島語使用者有著緊密聯繫。要在這麼古早的時期，建立起古代福建與長江三角洲間的可能聯繫，顯然還需要更多的研究。

　　新石器時代晚期的良渚文化，具備嚴格的階層畫分，以做工精緻的玉製禮器聞名，許多學者認為良渚文化與歷史時代的「越」存在更直接的傳承關係。[20]良渚文化的年代大約是公元前三三〇〇至二二〇〇年，不過一個位於錢山漾、尚有爭議的遺

址，可能會將年代推往更久遠的公元前三五〇〇年。[21] 其地理範圍涵蓋浙江省北部的太湖一帶，東至上海、南至杭州灣，相對與古代越國的土地較有接壤之處。

良渚文化聞名於世的特色是幾何印紋陶器與傍水而建的眾多干欄式建築。有意思的是，在公元前第三千紀定居在東南亞與華南廣東地區的水稻農人，似乎也擁有和「北方長江下游良渚文化類似的新穎喪葬儀式與一系列的手工製品。」[22] 此種葬式系統在中國南方的傳播，似乎將良渚文化與「季風亞洲」（Monsoon Asia，指東南亞與中國南方地區）的其他文化聯繫了起來。

不過，良渚文化雖與東南亞有所聯繫，但也可能與中原文化有密切的往來。在討論高階玉斧（鉞）與琮式管上的人類與動物雕刻中，吉德煒（David Keightley）發表了極為吸引人的觀點。吉德煒認為良渚文化中出現的前文字符號與記號，可能促成了中國商代文字的開端，他說明了這些玉器「似乎『清晰』……並以『符號』書寫」，因此唯有領受過儀式或受過教育的人，才能正確解讀。[23] 雖然蒲立本（E. G. Pulleyblank）反對中國的書寫傳統始於所謂「東夷」的說法，而支持其源於西部黃河平原的強盛漢字文化，但他並未對東方影響的可能性有所評論。[24] 而吉德煒的資料極為吸引人，暗示東南的各個考古文化對形塑新石器時代以來中原文化的核心亦具備潛在的關鍵作用。

在新石器時代至歷史時代的這段期間，可說是東南以江西省的贛江與鄱陽湖為中心的吳城文化（約公元前 1500 年）與其他青銅器時代的文化（如商與三星堆）同時並存。張光直認為，此考古文化之所以興起，雖然是受到商的影響而形成的次級國家，但仍反映出張光直稱為「幾何印紋陶層位文化」（Geometric Horizon）的許多地方習俗與南方類型。[25]

一九八九年在江西大洋洲程家遺址發現的一座大型土墩墓，可聯想到中國南方許多地區的喪葬形式，當中擺放了許多具有鮮明特徵（如薩滿主題、人—獸面具、手柄上的老虎等）的青銅武器和工具。[26] 江西與湖南省北部一帶的吳城文化和其他青銅器時代文化，證明了大陸南方在早期已發展出複雜的社會。[27] 東周中期（約公元前 500 年）的文獻中便曾提及，中國大陸上所有新石器與青銅器時代的物質文化，很有可能是吳越兩國物質文化的前身。[28]

因此，吳越金屬器時代（青銅器與鐵器）的考古文化自然會因自北方而來的商周文化輸入，而變得更複雜，[29] 但它們主要的勢力似乎仍局限於長江下游。耐人尋味的是，吳越金屬器時代的文化，與其新石器時代的祖先一樣，皆以幾何印紋陶器、有肩石斧與有段石錛以及沿海、海洋文化與水稻農業為特徵。[30]

最近二十年先後出土了兩座重要的菁英墓葬群，讓考古學家對吳越兩國王室的喪葬習俗有更深入的理解與鑑識力。江蘇蘇州的真山大墓可能是春秋時期吳王的陵墓，是座巨大的土墩，墓室當中有一條斜坡道。[31] 雖在一九九四至一九九五年出土之前曾遭盜墓，但考古學家還是找到了許多玉器，包括帶有虎形牌飾的華麗玉面具。一九九六至一九九八年在浙江紹興市附近的印山，出土了另一座巨大且風格特殊的越國王陵，其特徵留待下一章詳細討論。[32] 越國王陵也有一條長斜坡道與巨大土墩，包括環繞整座山的隍壕。[33] 大墓的尖頂——由大型木板整齊排在一起而構成的三角形——讓人聯想到一艘翻倒的船，裡頭放置了一座由單一木材製成的彩繪木棺（約六公尺長）。[34] 儘管幾個世紀以來遭盜墓數次，但剩下的內容物與結構皆顯露出「周」核心區域以外的喪葬傳統，不過這些人群與「周」仍有頻繁的接觸。藉由對此時期

菁英墓葬的研究，我們可以看到南方喪葬形式與北方周文化勢力的有趣混合。

新石器與青銅器時代的中國東南：閩越與東越

　　要想討論南方海洋人群與文化的背景，就務必得理解歷史時代之前，南方的浙江、福建和台灣的幾個主要新石器時代文化。在中國東南沿海擴張的史前新石器時代文化，似乎與台灣有密切且廣泛的聯繫，由於隨後台灣原住民便橫跨太平洋向外遷徙，大陸上這些新石器時代文化的歷史，也能與台灣文化一起被視為是「南島語族大擴散」（the great Austronesian dispersal）的早期歷史。[35] 焦天龍與吳春明的研究有助呈現福建沿海島嶼上的人群與新石器時代台灣的人群之間持續的跨文化交流。[36]

　　近來中國東南四種不同的新石器時代考古文化（殼丘頭、曇石山、黃瓜山、大帽山）的出土，反映出與這些地區地形特徵相對應的沿海與內陸文化分界（cultural division）的模式。[37] 我們的著眼之處在於，這些新石器時代的文化雖各自位於特定的地理區域，並擁有自己獨特的陶器形式，但它們都顯示出與一個更大貿易與互動網路的聯繫。大帽山遺址（位於福建東南沿海的東山島）的石錛都使用不產於本土的外來原料製成，類似的陶器設計將大帽山與福建殼丘頭、台灣大坌坑等新石器時代遺址聯繫起來。[38] 再者，東南沿海許多重要遺址的某些地層中發現的陶器類型——彩陶與深色印紋陶器——都是出自更年輕的內陸文化：黃瓜山文化（浙江東南部與福建東北部），顯示出這種文化的廣泛影響力，並確認了這整片地區在新石器時代已存在交流網路。[39]

　　縱使有如此廣泛的物質交流，考古學家仍能分辨出東南內陸

與沿海的新石器時代文化（約公元前 3000–2000 年）的雙向並進。如焦天龍所言：「這兩個區域的新石器時代文化有不同的適應策略與原料庫藏，可能是從不同產地發展而來。」[40] 閩江下游與沿岸的大部分沿海遺址都是社會複雜度較低的貝塚遺址，其中使用的原料包含獸骨、貝殼、陶器，以及石製、骨製與貝殼製的工具。[41] 另一方面，內陸遺址顯露出更高的社會複雜度，甚至與北方的良渚文化有接觸，這從許多墓葬中的玉器可看出端倪。[42] 這種對閩越和東越物質文化的精細研究，輕而易舉就駁斥了將古代「越」視為單一、整體的族群文化的想法。此證據強調南方人群間的強烈複雜度，質疑此區域的人群是否都具有基因或族群上的共性，抑或是他們嘴上說的話都源自單一語系。

幾十年來，張光直都試圖將此種聯繫理論化，主張應將台灣沿海新石器時代的粗繩紋陶文化（特別是大坌坑文化），與源自大陸的考古文化相聯繫。[43] 他指出：

> 因此，儘管公元前第五千紀位於廣東福建沿海的聚落，與台灣的大坌坑文化並不完全相同，但系統性比較台灣與中國大陸東南沿海的陶器與石器後，其所顯現出的相似性，足以讓我們將其視為單一文化傳統的區域表現形式。[44]

此處務必謹慎看待張光直提出的「單一傳統的區域表現形式」考古學假設。這個單一族群的想法雖然聽上去很吸引人——畢竟，它似乎和在福建／台灣、廣東及廣西／越南等古代地區，相對占優勢的前南島語及原始南島語系使用者的語言學數據相吻合——但張光直所謂的「單一傳統」概念，根本無法連繫實際存在的文化或族群。雖然，這並不妨礙浙江／福建—台灣沿海的

人群間存在生物性的聯繫。事實上，最近以粒線體 DNA 進行的生物發展分析顯示出，中國東南沿海（浙江的長江三角洲一帶）的人群與台灣原住民之間存在直接的連結，這些原住民似乎是先在台灣由北向南遷徙，然後再遷徙至東南亞與大洋洲的其他島嶼。[45] 然而，物質、語言學與生物學資料是否都能證明此區域存在單一的族群群體，仍待商榷，我們也不該這樣詮釋張光直所謂的「單一傳統」。

直至大約公元前九至八世紀的西周時期，北方青銅器的發展已開始影響閩江中游與福建沿海，即後來的閩越國的所在地，而此區的兩種考古類型稱為鐵山與浮濱（約公元前 1500–1000 年）類型，其中浮濱類型沿著海岸延伸，中心可能位於廣東福建兩省交界附近。[46] 西周時期福建的許多青銅器涵蓋的各種器型，皆顯示出北方的影響（商／周與吳越類型），特殊之處在於本土化的裝飾形式與細節。[47] 同樣在周代初期，吳越類型的鉞、戟、刀以及農具開始在當地製造，犁與鋤頭等工具雖然尚未出現，仍顯示出當時已具備較簡單、小規模的農業生產形式。[48] 房屋建造與奢侈器物（例如在南安發現的裝飾用或儀式用石錛）的變化，顯示出遙遠的北方對當地菁英儀式的影響力開始萌芽，以及社會階層的提高。[49]

到了戰國時期，福建武夷山一帶的鐵製農具和武器的複雜度與數量俱增，證明來自遙遠北方製鐵技術的影響力益發強大，不過日常用的器物仍散發出當地流行的印紋與繩紋陶風格。[50] 值得注意的是，直到戰國末期，此區都尚未出現代表北方類型的鼎，顯示出本土儀式仍持續影響日常生活。[51] 因此，即便在帝制初期之前，在閩越地區可找到一些從北方輸入的儀式和鐵器技術，但也僅僅是混在大量的本地器物與類型中。

新石器與青銅器時代的中國南方：
南越與駱越／甌越

聯繫東南沿海的「物質超級文化」（material mega-culture），從浙江、福建，一路延伸至廣東東部。事實上，張光直等考古學家將大部分的廣東與經過考證的東南沿海文化歸於同一個幾何印紋陶層位文化，並認為「一個快速甚至可說是爆發性的擴張，將高度同質的器物風格帶進一大片區域之中。」[52] 此一層位文化與後期的「越」考古文化的幾個主要物質特徵相符：幾何印紋陶器和石器庫藏（以有段石錛為特色）、農業（以稻作為主）經濟兼海洋的重要輸入，以及建於土墩或木架之上的居住模式。[53]

不過，更精細的研究也揭露在幾何印紋陶層位文化包羅萬象的考古框架內，所具備的驚人多樣性與範圍各異的多重網路。安賦詩對嶺南考古遺址做了多方考察，嶺南指的是廣東省南嶺以南的地區。特別令人注目的是廣東北部石峽文化的新石器時代遺址，其菁英墓葬中出土許多當地製造的玉器與非實用性器物。[54] 許多玉器都可以在「嶺南以北」找到「明確的對應物」──特別是在距離石峽東北約一千公里的良渚文化中。如安賦詩所言，這些異地聯繫「清楚證明了地位與專業化工藝之間的關係，以及獲得並控制非源自本土的異國型態與思想之間的關係。」[55]

除了嶺南與更北的物質文化之間的聯繫，活絡的物質交易網路反映出，嶺南內陸向來是非沿海的核心交易區。公元前第二千紀，廣西南部的小規模社會製作出雕刻精細的石鏟。[56] 安賦詩繪製出這些石鏟的分布圖，並指出其遵循一種逐步衰減的模式，顯示沿著河溪的短程交易體系，當中許多可達嶺南內陸，亦有路線

可達海南島與越南北部。這些研究顯示出陸路和內陸、河流航路與沿海貿易相連結的重要性，即使在南方沿海地區也是如此，更反映出新石器時代的廣西與越南地區明顯具有貿易往來。

直到公元前一〇〇〇年，隨著嶺南地區開始出現青銅冶金術，社會複雜度大幅增加，廣西南部的元龍坡和廣東橫嶺等墓地遺址，以及連接福建、廣東的浮濱沿海文化的相關遺址（上述閩越部分曾提及），皆可證明這一點。藉由收集與廣東浮濱文化相關墳墓中的陪葬品資料，可確定當時已經建立社會分化體系。此類陪葬器物顯示「釉器數量、盛器數量、刻印符號的存在，以及石戈數量之間存在鬆散的關聯（但在統計上仍十分顯著）。」[57]

在中國，廣東常被列入幾何印紋陶層位文化，聯繫了新石器時代以來涵蓋幾何壓印陶器的一個東南考古超級文化。然而，重要之處在於需留意廣東以東、廣東與廣西接壤的西部，以及更西的雲貴高原這幾個地區之間所存在的顯著差異。如姚輝芸所述：

> 相對於里斯波利的研究中（Fiorella Rispoli，2007），中國南方至東南亞與中國西南有一區域性「共享」的新石器時代傳統；雲貴高原的考古資料卻未顯示出稻作農業、牲畜飼養、干欄式建築、刻印陶器與拋光石製工具等新石器時代文化的標誌性特徵。相反的，資料顯示出相當大的區域多樣性，可用高地—低地的二分法（highland–lowland dichotomy）定義。[58]

雖然新石器時代雲貴高原西南可能確實存在這種跨區域的多樣性，但往後時代的西南沿海地區亦顯示出重要的連續性。往後的青銅器時代，冶金術從江西吳城文化（約公元前 1500 年）下

延至福建沿海（約公元前 1200 年），一路傳播至更遠的兩廣與越南北部沿海（約公元前 1200–1100 年），這支持了技術知識和風格類型皆來自沿海廣泛遷移的理論。[59] 顯然，海岸線是讓文化與物質商品流通相對快速的高速公路，且得以跨越族群。這條路線是一個廣大跨區貿易網路的前身，推動了各種青銅禮器的傳播與交易，早在秦漢時期之前就已存在於中國南方與西南沿海、越南北部與東南亞之間。[60]

區別西南（貴州、雲南）與中國南方、東南與越南北部，這並不是什麼令人驚訝的新鮮事。但有趣之處在於，在古代文獻中，華夏作者就已經想到廣東西部、廣西與越南北部的沿海地區，與其他西南地區有所不同。[61] 廣東西部、廣西與越南北部的沿海地區也是「百越」——特別是駱越或甌越（據稱是集中在現代廣西與越南北部的群體）所在地區。作者刻意將這些遠在南方的群體稱為「百越」，顯示出他們認為駱越、甌越與東南方的「越」有某些相似之處。直至目前為止，已能從資料中明顯看出沿海區域可能存在的語言與物質聯繫，然而，雖然這種物質與語言聯繫，可能是導致華夏認為所謂「越」群體之間存在相似性的部分原因，但我們仍不能遽下結論，武斷地認為這些群體在考察的時期中，真的存在文化或族群上的相關性。

在概覽與古代「越」一詞相關的主要地理區域內的一些關鍵考古特徵與發展之後，我們現在可以詳細審視「越」這個詞彙與古代越南北部之間的關係。紅河三角洲的考古顯示出東南亞與中國之間的廣泛聯繫，亦反映出河內以北多樣性的提高，以及一個獨立的金屬器時代中央集權國家。在新石器時代（公元前第一千紀之前），繩紋、鳥（或雞）紋陶器皆暗示兩廣與雲南之間存在聯繫，[62] 這不見得指向相同的源頭，但至少反映出這些不同地

區間的交流。值得留意的是，在越南北部流傳的新石器時代繩紋陶、刻印陶器，也是西南地區一些新石器時代陶器的典型特徵，雖然這種陶器與公元前二五〇〇年前後傳入廣東的幾何壓印陶器不同。[63]

在青銅時代，一組共享的青銅器反映了雲南（尤其是其東南、中南與東北部）與越南北部之間的進一步聯繫，包括靴形與鉞形斧，以及奢華裝飾的巨大青銅鼓，上頭描繪有戰士、俘虜、船隻與喪葬儀式（有時稱為東山銅鼓）。[64]東山銅鼓是西南最可觀的考古發現之一，其將越南北部的紅河三角洲與雲南東北的走廊連接起來。[65]雖然這些大鼓廣為分布於中國西南、南方沿海，以及東南亞大陸與島嶼，但其在空間上十分集中（考慮到已知起源的鼓），僅出現於兩個區域：河內盆地與位於雲南東北走廊的滇池和撫仙湖。姚輝芸用「兩個獨立但相互聯繫的區域」來解釋此一現象，用以區分紅河三角洲（現代河內附近）在西漢時期的中央集權國家「古螺」（Co Loa），以及位處雲貴高原滇池和撫仙湖一帶的政體。[66]

金南（Nam Kim，音譯）、黎文台（Lai Van Toi，音譯）與鄭黃協（Trinh Hoang Hiep，音譯）近來的研究審視了河內北部古螺一座廢棄防禦工事聚落的資料，試圖證明存在一個先秦（約公元前四至三世紀）的大型中央集權政體，其或多或少獨立於中國更北方的政體而發展。巨大的防禦土牆與防禦工事，包括護城河與壕溝、土墩與塔樓、外壕溝，以及三層牆（內、中、外牆）反映出需靠大量勞動力才能建造與維護的防禦結構。[67]以碳定年法測定在防禦土牆各個地層中發現的文物或木炭樣本之後，金南等人便能將之定年並描繪出從公元前四世紀開始的不同時期和建築階段，並衡量公元前三世紀後的發展。[68]值得注意的是，從箭

頭製造窯的垃圾坑中找到的一個木炭樣本，似乎能代表一些最早的遺物，可追溯至距今兩千一百九十年前（或公元前 180 年，誤差值為正負 35 年），約莫是南越王趙佗正欲擴大帝國範圍，並挪用北方的「帝」稱號之時。[69] 不管古螺政體的形成是來自北方的影響及壓力，還是獨立於本土勢力演進而來，古螺的防禦性遺跡依舊證明了社會的廣泛發展，以及有大量的當地人群生活在秦漢與南越時期（公元前三至二世紀）的紅河三角洲。[70]

小結

　　雖然僅在最一般的層次中，才能發現南方各種耐人尋味的語言與考古連續性，但是我們會在最後兩章對社會科學研究的討論中，指出至少有兩個可追溯至新石器時代的主要交流網路。一個是包括中國南方／東南亞大陸區域的複合體，主要涵蓋從長江上游到中國西南（四川、雲南、貴州）與東南亞大陸內陸的物質／語言移動或遷徙。這個大型的網路結構似乎與我們手邊史料中的「越」概念沒有關係。另一個網路結構則囊括一個島嶼／沿海的中國南方與東南亞文明體，牽涉到沿海人群──僅就東亞大陸及其鄰近島嶼而言──所帶領的知識、物質與語言遷移，從今日的上海一路往南沿海至福建／台灣、廣東，甚至可能還抵達海南島、廣西與越南北部。這個遍及沿海區域的複合體（須留意並非單一族群），涵蓋了太湖一帶的吳越古國與杭州灣地區，浙江南部與福建的閩越地區，以及兩廣與古代越南北部的南越地區，似乎能更合理地連結到史料中的「越」。

　　如果無法追溯到更早，至少早在青銅器與鐵器時代，就有證據顯示廣泛的跨區貿易與交流，橫跨整個沿海地區，最遠達到越

南北部，從而將紅河三角洲與雲南及兩廣地區聯繫在一起，公元前一五〇〇年前後，土墩墓首次出現在浙江一帶，這似乎將約莫是公元前六〇〇至三〇〇年的吳越兩國相關的「越」考古文化，與浙江南部、江西東部與福建聯繫起來。[71] 耐人尋味的是，在長江下游區域，就算墓葬的類型與土墩的類型不一樣，每種類型的喪葬聚集仍會與土墩墓的內容物相符。[72] 船形棺是這些墓葬的一大特徵，體現出海洋活動在居民生活中所占的重要性。

南方的青銅器時代墓葬反映出獨特的墓葬文化——當然還有當地的宗教信仰形式——似乎對應至古代中國人指稱「越」的核心地理區域。有鑒於公元前五至三世紀的著名越王墓——如紹興一帶的印山王陵，其形狀像一艘翻倒的船，據說葬著越王勾踐的兒子或孫子——考古學家時常稱呼杭州灣一帶的青銅器時代物質文化為「越」，這很有可能對應到我們所用史料中的「越」。[73] 武夷山（位於江西以東、福建以北）崖壁洞穴墓葬中發現的船形木棺，也反映出在所謂「吳越」與「閩越」文化區域之間，可能共同擁有一種更為普遍的儀式文化，如文獻傳統中的「越文化」。[74]

我們的探尋主要聚焦於關聯性與連續性，較少討論此區文化的物質多樣性，特別是與古代詞彙「百越」相關的內容。這是由於我們是透過考古學的視角，來探討古人是否真的有必要用「越」這個詞彙來把一個人群畫分在一起。對這些區域文化的更全面物質理解，肯定會顯示出本土、微觀層面的龐大差異，例如在古代詞彙中的「越」，或現代考古文化中的「越」，又或者在「幾何印紋陶層位文化」及「原始南島語系群體」這類的標籤之下，並未反映任何統一的概念。如果真的要說的話，微觀層面的分析所呈現出「百越」一詞之下所涵蓋的，是數百（甚至數千）個相異的文化與族群。[75]

第二部

越國與漢代諸越王國的
時間軸與政治史

Timelines and political histories of the Yue state and
Han period Yue kingdoms, c. 500–110 BCE

第四章

越國與漢代
諸越王國政治史

Political histories of the Yue state and Han period Yue
kingdoms, c. 500–110 BCE

在前帝國時期與帝制初期的東亞諸越國歷史中，並沒有多少蛛絲馬跡能將它們從本質上聯繫在一起，除了許多國名中皆有「越」這個字，這些王國與生活在南方的景觀與人群一樣各色混雜。各個群體中的一些政治菁英雖然在文化與／或生物學上有關聯，但難以確定古代人口與菁英有多大程度已經自我認同為「越」或被內外各種力量歸類為「越」。有鑑於位處相異時代、不同地理位置的諸越國之間，僅有微弱的聯繫，我們務必謹慎處理，牢記這些國家及其領袖的歷史只能代表越歷史的一小部分。尤其是如果我們將「越」視作一個族群名，而非局限於政治領域。接下來，我提出了與越人和越文化相關的早期主要國家的基本政治背景：（1）春秋時期的吳越兩國；（2）南方的百越與南越國；（3）漢代東南閩越、甌越、東越國的帝制初期史。長此以往，我的探尋都在於本土越人或領袖與非本土華夏之間，跨文化、跨族群互動的程度到底有多少。

吳越史：吳王夫差與越王勾踐

古越國或越國與同樣非周、非**中國**的鄰國吳國接壤，吳國的邊界大致相當於安徽南部經江西至最南端的地區。[1]越的領土則位於吳國以南、以東，從太湖周圍（可能在不同時期被吳越兩國輪流占領）到沿海、南至浙江省的杭州灣一帶（見地圖 1）。[2]儘管吳越的政局各有千秋，也不論兩國之間的歷史恩怨，一般仍將吳國的歷史視作越人的歷史，這是因為兩國被認為具備相同的一般性文化，即考古與史料中的「吳越」文化。

儘管吳越兩國表面上建國於春秋時期（公元前 770–476 年），但直至戰國初期（公元前 476–221 年），兩國才躋身重要國家之列。如羅泰（Lothar von Falkenhausen）所言：「越……

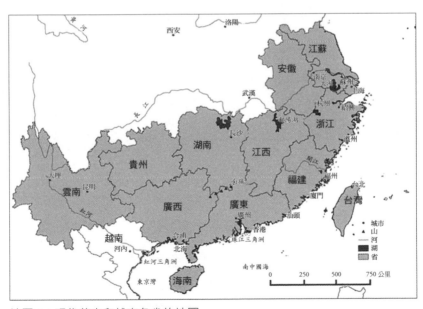

地圖 1：現代華南和越南各省的地圖

表 4-1 越國[*]政治時間軸

時間	事蹟
公元前 510 年	吳王闔閭伐越，為爭奪土地與良田，兩國爆發一系列戰爭
公元前 514–496 年	吳王闔閭在位時期，任用孫子與伍子胥為將相
?– 公元前 497 年	越王允常在位時期
公元前 496–465 年	允常之子越王勾踐在位時期
公元前 495–474 年	闔閭之子吳王夫差在位時期
公元前 482 年	吳王夫差攻越，並成為霸主
公元前 473 年	越王勾踐與吳征戰三年，最終滅吳
約公元前 470 年	越王勾踐成為霸主
公元前 464–459 年	越王鼫與（勾踐之子，又名「者旨于賜」）在位時期
公元前 333 年	越王無彊在位時期，楚威王吞越
公元前 333–223 年	亡國後，越王公貴族南逃，有的便於封地自立，並於楚廷任職
公元前 223 年	秦國滅楚，於越國故地設會稽郡，設郡治於吳縣

* 萬分感謝亨利製作的諸王列表，並與我討論這個時間軸中的眾多君王名稱。Henry, "Submerged History of Yue," *Sino-Platonic Papers* 176 (2007): 10–16.

在春秋時期幾乎無人知曉。」[3] 確實如此，在以此時期為名的《春秋》一書中，提及越的文字多半只出現在書末，記載從公元前六世紀中葉至公元前四七〇年的政治與軍事事件。[4] 公元前五一〇年吳國為搶奪長江三角洲稻作耕地的控制權而伐越，兩國因而結怨，進而爆發一系列征戰。[5] 公元前四八二年，吳王夫差（公元前 495–474 年在位）不僅大敗越國，更劍指北方，贏得至高無上的霸主地位。[6] 好景不常，公元前四七三年，越王勾踐（公元前 496–465 年在位）舉國之兵，歷經三年攻克吳國。[7] 勾踐旋即自封霸主，顯示越國勢力在東周史上達至鼎盛。[8]

講到這裡，不得不提一個證明了越王勾踐在位時期越國有多強大的重要考古遺址：位於現代紹興東南部的一座越王墓——墓

主的身分仍未確定，故簡稱為「印山陵」。[9] 一九九九年，《文物》期刊考古隊的報告宣稱，此墓的位置應與漢代文獻《越絕書》所稱的「木客大塚」土墩墓相符，墓主為越王允常。[10] 越王允常駕崩於公元前四九七年，為越王勾踐之父。然而這樣的判定存在一些爭議。[11]

一九九六至一九九八年出土的墓塚是座獨特的紀念碑，傳達出越獨特的宗教文化。王陵主要是一座面積超過一千平方公尺的龐大古塚，包括一座十四公尺長的長方形豎井坑，內有一座巨大的木船形墳墓，還有一條長四十六公尺的向外通道（見圖4-1）。王陵四周環繞一道寬二十公尺、深三公尺的 L 形隍壕。[12] 這座船形或三角形的墓，由許多相抵的木梁支撐，地面鋪有較大的木梁作為橫梁，畫分成前、主、後三個墓室。在主室內找到一

圖 4-1：印山越國王陵的船形墓

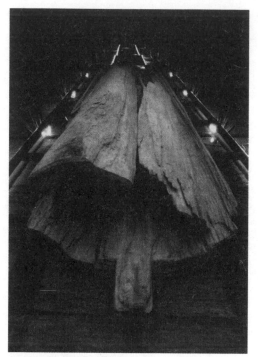

圖 4-2：印山越國王陵的獨木舟船棺

只六公尺長的特殊外棺，由單一樹種的樹幹製成，構成獨木舟的形狀。目前獨木舟已塌在地上，但考古學家推斷，其最初應該是從墓頂懸掛在空中的（見圖 4-2）。[13]

這座陵墓之所以驚人，不單單是因為它是同類型中最龐大的（廣東省亦發現幾座類似的墳墓），[14] 還因其反映出越國顯赫的國力，更十足顯露出越與北方**中國**文化之間的差異。中國考古學家幾乎一面倒地認為這體現出越傳統的喪葬習俗。這個墳墓如此龐大，還包含一座建有矩形豎井的金字塔形古塚，實際上可能反映出墓主的部分欲望——經由喪葬展示出與**中國**相匹敵的國力。姑且不論**中國**對印山陵有多大的影響力，這個遺址無疑是公元前五世紀初越國崛起的具體案例。

在越王勾踐被冊命為霸主後，史料對越國的記載卻相當稀少，直到公元前三三三年，楚國擊潰越國，終結越國作為正式國家的地位。如司馬遷所言，楚威王（公元前 339–328 年在位）「大敗越，殺王無彊，盡取故吳地至浙江，北破齊於徐州。」[15]《史記》繼續描述：「而越以此散，諸族子爭立，或為王，或為君，濱於

江南海上，服朝於楚。」[16] 司馬遷認為龐大又強盛的越國向南方沿海分裂成許多王國與諸侯國，由南逃的越國統治階級成員繼續統治。值得注意的是，成為這些王國與諸侯國領袖的越諸王，被迫向楚國朝廷宣誓效忠，從此時一直到公元前二二三年楚國覆滅，越的所有領導權都在名義上隸屬於楚國。公元前二二三年，秦國滅楚後，在越國故地設會稽郡，設郡治於吳縣。[17]

《史記》是楚國滅越後，關於越統治階級的第一份資訊，這也解釋了閩越等王國是在何時於福建以南建國。然而，並非人人都贊同此說法。亨利即指出，雖然多數學者認為越國此後不再是「一個強盛、單一、獨立的實體」，但亦有證據指向相反的方向——在戰國晚期的政局中，越國仍然舉足輕重。一九七七年出土的青銅器上銘刻的公元前三○○年的金文，以及《戰國策》、《越絕書》、《韓非子》等多部文獻，均稱越持續存在，抑或是從楚國手中奪回琅邪（越國於五世紀國力鼎盛時期獲得的北方權力中心）一帶的越國故地，亨利就此質疑公元前三三三年楚國伐越之後，越國是否真的喪失了國家地位。[18] 亨利指出，如果越國在公元前三三三年遭楚國徹底擊潰，那麼《戰國策》又為什麼會說越在整個公元前三世紀，都是楚國與秦國的威脅？[19] 無獨有偶，《越絕書》亦記載楚國在公元前二六二至二三八年之間的某時某刻，於琅邪吞併越國；顯示出在公元前三三三年楚亡越後的某個時間點，越人重新奪回了他們在琅邪一帶的土地，並在當地仍是一股活躍的勢力。[20]

亨利認為楚國滅越後，仍持續存在一個強大且獨立的越國政體的論點，我認為合理且令人玩味，但我仍懷疑公元前三三三年之後的越國，是否還稱得上是個「足以製造混亂的危險國家」（rogue state）。在這個情境裡，殘存的越國王公貴族在他們的

故土仍維持對某些較小地區的力量與權威,但他們不得不在口頭上向楚國稱臣,否則便無法保有「王國」的頭銜。不管怎麼說,值得留心的是,在楚擊敗越後的歷史出現了一個越的新分類,並非單單附屬於一個國家或地區,而似乎附屬在一個可能叫做「百越」的更大族群之下。

百越與南越史

「百越」這個詞彙是一種簡略的中文表達方式,指涉這些與昔日越國的人群與文化有關、但既分散又多樣的群體。[21] 可惜的是,我們手邊的史料未能提供具體的線索來反映「越」與百越之間的族群關係,我們獲得的唯一資訊是「百越」的普遍地理區域可能與楚滅越後越國菁英南逃的區域重疊。據公元前三世紀《呂

地圖 2:戰國時期諸國,公元前三五〇年

表 4-2 南越[*] 政治時間軸

時間	事蹟
約公元前 204 年	趙佗建立南越國，自稱「南越武王」；國境從今日廣東省延伸至越南北部，國祚延綿九十三年，直至漢帝國將其攻克為止
公元前 196 年	漢承認趙佗為治下藩王（陸賈為漢使）
公元前 183 年	呂后對南越實施經濟制裁；趙佗自稱「南越武帝」
公元前 181–180 年	趙佗攻打長沙的幾個邊境城鎮；呂后派遣漢軍討伐南越，但因病死傷大半，只能於公元前一八〇年撤軍；趙佗將疆域擴展至閩越、西甌、駱裸等地
約公元前 180 年	漢文帝再次派陸賈為使勸降趙佗；在面對漢時，趙佗雖已正式放棄帝號，但在處理南越內政時，仍使用皇帝名號並行使皇權
公元前 137 年	趙佗薨逝，孫子趙胡（趙眜）繼位為南越王
公元前 137–122 年	趙胡（眜）在南越內政中維持帝號與皇權，但表面上仍效忠於漢，派世子趙嬰齊至長安做宿衛
公元前 122 年	趙胡（眜）薨逝，諡號文王；趙嬰齊統治南越，立**中國**女子樛氏為后
公元前 113 年	趙嬰齊薨逝，諡號明王；世子趙興即位，樛太后與被派往南越的漢使兼舊情人安國少季私通
公元前 113–112 年	南越丞相呂嘉弒君與樛太后，並將前來問罪的兩千漢軍一舉殲滅
公元前 111 年	漢征服南越，將廣州至越南北部畫分為七郡

* 　根據司馬遷，《史記》，卷一百一十三，〈南越列傳〉與班固，《漢書》（北京：中華書局，1995），卷九十五，〈西南夷列傳〉對南越的記錄。

氏春秋》所稱，百越地區以「揚漢之南，百越之際」（統稱東南）為界。[22]

　　之後的文獻擴大了百越的位置，將其移至更遠的南方與西南。《史記》記載的一個例子中，百越指的是楚悼王在位期間（公元前 328–298 年在位），楚臣吳起攻克的楚國南方群體，[23] 這大概是長江以南的地區，至少跨越現代廣東省的長度。《史記》中的另一個例子，百越指的是現代廣東、貴州與廣西一帶。[24] 從這

些史料可以梳理出一個觀念，即百越的地理位置可能已從東南轉移至整個南方，且這個擴展的百越概念可能不單是對前南越藩國的簡略表達方式，事實上，它似乎成為一個更大對象的簡稱。

文獻中對百越地理範圍與周圍地區的描述，出現得稍晚一些。《漢書・地理志》中有一處稱百越「自交阯至會稽七八千里」（約 3,200 公里）。[25] 當然，我們也必須考慮《漢書》於公元一世紀成書時，百越早已歷經戰國晚期至漢初時的劇烈變化。不過，仍然可以知道在公元一世紀，時人認為越地幅員遼闊。這顯示出隨著百越概念的出現，越這個總稱已經不僅僅是對古越國的具體稱呼，而已成為當今中國整個南方和越南北部大部分地區的人群與地區的相關標記。

帝制初期的文獻有助釐清南方政局的模糊特性，因為其見證了越人政治實體的建立，這些定義（至少在中文史料中）遠比百越更為精確。由於秦始皇（公元前 221–210 在位）在百越的開疆拓土，使百越更廣泛地受到北方的影響。司馬遷的記載顯示，秦始皇曾派遣五十萬大軍南下征討百越，並在南方設郡縣。攻克閩越後，秦軍於中國東南設閩中郡。為接管南方，秦始皇下令修建靈渠，這條運河連接湘水和灕水，有助秦軍攻打百越的物資補給。

初期的證據顯示，秦軍對嶺南地區百越的進攻困難重重。首領譯籲宋遭秦軍殺害後，西甌（亦作嘔）人退入叢林，堅決不降。[26] 之後，他們持續突襲秦軍，並在一次夜襲殺死秦軍的統帥屠睢，並大敗秦軍。[27] 公元前二一四年，秦始皇以任囂、趙佗為統帥，誓師征討西甌。西甌潰敗後，秦開始了對嶺南地區的殖民統治，南海、桂林、象郡等三郡便於此時設立。

漢代百越諸國的歷史，就是漢的征服與收編史中的一章，漢

的文化及政治影響力也是在此時逐漸滲透這些區域。南越國由於幅員遼闊（名義上領有兩廣至今日越南北部的一大塊區域）、整合各種不同的政治單位，再加上位於漢帝國南方沿海的戰略位置，這個政治實體在這段歷史中可說是舉足輕重。在漢軍攻陷南越國之前，其國祚綿延了九十三年，之後才全面納入漢廷的行政控制之下。

在秦末楚漢相爭之際，南海郡尉趙佗以南海郡為根據地，於公元前二〇四年征服並兼併了周圍的桂林郡與象郡，他以南海郡的郡治番禺為首都，建立南越國，自稱南越武王。漢高祖劉邦（公元前 202–195 年在位）派遣陸賈出使南越，說服趙佗正式歸順漢廷，趙佗雖然讓步，但他多年來的所作所為顯示，他的稱臣充其量只是曖昧不清的表面文章。

呂后臨朝稱制時期（公元前 188–180 年）是漢—越關係最為緊繃的時期。據《史記》記載，呂后聽信長沙王對趙佗的誣陷，這可能是因為長沙國想吞併南越國。[28] 不論真正的原因為何，呂后關閉與南越貿易的許多重要關卡，與南越的戰事一觸即發。趙佗入侵長沙一帶，呂后則興兵征討南越。上天較為眷顧趙佗，由於漢軍水土不服，最後連南嶺都沒越過，就此撤軍，南越國得以避免一場代價不菲的戰禍。[29]

漢文帝劉恆（公元前 180–157 年在位）對南越採鎮撫政策。根據《史記》的記載，文帝不僅遣人至趙佗在北方的故鄉真定祭祀趙佗的祖先、修葺祖墳，還派陸賈再度出使南越。自呂后開始打壓趙佗，趙佗便一直以「南越皇帝」自居，陸賈巧妙地讓趙佗再次歸順，並正式放棄「皇帝」的稱號。縱然趙佗願意稱臣，並再次將南越降格為漢之屬國，但他在南越的作為依然故我，可見這些改變皆只是表面文章。正如本書之後的詳細分析，在不直接

與漢來往時（泰半時間皆是如此），趙佗在自己的王國中行事與皇帝無異。他薨逝於公元前一三七年，並將王位傳給孫子趙胡（亦稱趙眜，一般認為是廣州出土的宏偉陵墓的主人）。[30]

公元前一三五年，閩越王騶郢攻打南越邊境，趙胡向漢廷求援。漢武帝劉徹（公元前 141–87 年在位）迅速回應，派兩名將軍率軍從兩路征討閩越。但還未開戰時，閩越王騶郢的弟弟騶餘善便殺害了閩越王，並向漢投降。此事之後，趙胡承諾將親自前往漢廷朝覲，並會派世子趙嬰齊至漢廷擔任宿衛。不過可能是擔心自己一離開南越，漢便會趁機奪權，趙胡始終稱病留在南越，從未兌現諾言。從他的墓葬遺物中得知，趙胡也自號「皇帝」：在南越的世界裡，他是「文帝」，而非漢武帝因南越聯合對抗閩越而賜予的諡號「文王」。

趙胡於公元前一二二年薨逝，留在長安的兒子趙嬰齊便返回南越掌權。與趙佗和趙胡一樣，趙嬰齊繼承了祖業，公然藐視漢法，並與北方的大帝國維持狡詐的關係。司馬遷記載趙嬰齊好殺生自娛，所以不肯前往漢的首都長安朝覲，擔心自己的行為會受到漢法懲罰。《史記》的記載清楚顯示，趙嬰齊的統治是南越的覆亡的開端。公元前一一三年，趙嬰齊薨逝，他與**中國**女子樛后（之後的南越樛太后）所生之子趙興即位。趙興年少，國政大權便掌握在南越權相呂嘉手中。但樛太后仍讓趙興上書漢武帝，乞求讓南越重新臣屬於漢的治下。雖然第八章還會進一步討論這個行為的意涵，但此處只要點出這成為兩年後南越覆滅的決定性因素就夠了。

丞相呂嘉反對南越歸順於漢，決定反叛自己的君主與太后以拯救王國。樛太后於一次宮宴上試圖刺殺呂嘉，於是呂嘉便召集私兵發動政變，年輕的國王趙興、母親樛太后，以及宮廷中所有

漢使皆遭殺害。之後呂嘉改立趙嬰齊之子趙建德為王，趙建德是趙興同父異母的兄弟，他的母親是越人。至此，漢武帝已洞悉南越的動亂，派遣兩千大軍至南越「維和」。居住於通往番禺道路兩旁城鎮的親越人士，為呂嘉的軍隊貢獻良多，他們為漢軍開道，並為軍隊提供食物，讓漢軍放下戒備。遭誘入圈套的漢軍，在距離番禺四十里之處，被伏擊的呂嘉軍隊一舉殲滅。此事使漢廷震怒，遂向南越宣戰，導致南越於公元前一一一年亡國。

「維和」部隊失利後，漢持續派遣約十萬大軍征討南越，但當中許多其實並非中原人士。漢軍兵分五路，多數沿河而行。其中，馳義侯（選擇與漢同一陣線的越人）率領一支由西南巴蜀罪人組成的軍隊參戰，故被漢武帝赦免。[31] 番禺城周圍的另一名將領楊僕縱火燒城，使越軍與百姓紛紛歸附漢。漢軍拿下番禺城後，呂嘉與趙建德乘船西逃，漢軍持續追擊，趙建德與呂嘉先後被擒。此次南方大國的軍事失利標示了華夏南方殖民史上的一次重大勝利。南越亡國後不久，漢派遣官員南下，設儋耳、珠崖、南海、蒼梧、鬱林、合浦、交阯、九真、日南九郡，在之後的漢代，南越故地皆受殖民統治。[32]

東越諸王國（閩越、東海／東甌）

關於現今福建一帶在漢初的越人事宜，我們掌握的資料大多出自《史記》卷一百一十四的〈東越列傳〉。本節將介紹西漢各個時期的閩越、東甌與東越國的簡史。早在秦征服福建地區之前，南越以東似乎就已存在兩個政體：閩越與東海。如前所述，兩國君王——閩越王騶無諸及東海王騶搖——均是越王勾踐的後裔，也就是說他們很可能是公元前三三三年楚滅越後南逃，繼而

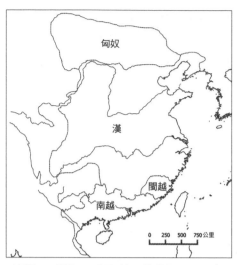

地圖 3：漢初，公元前二〇〇至一一一年

統治「百越」的王室菁英的一分子。

我們無法從史料中得知秦漢以前這兩個王國是如何建立的，許多考古學家認為，福建地區的物質紀錄有力地反映出，先秦時期此處存在一個相對強大的國家，稱為「閩越」。[33] 據《史記》的說法，秦統一天下後，將閩越與東海改置為閩中郡，並任命騶無諸和騶搖這兩個前君主為君長。[34] 這段敘述證實了先秦時期此處至少有兩個重要的越人國家。

秦覆亡之後，漢高祖在公元前二〇二年重新冊立閩越國，並只封騶無諸一人為王，統治閩越故土，都城設於東冶。十年後，昔日的東海王騶搖也在爭取漢廷官方的認可。公元前一九二年，漢廷肯定意識到當地所發生的領導權之爭，漢惠帝劉盈（公元前195–188 年在位）便正式冊封騶搖為東海王，定都東甌（此後他的王國也稱為「東甌」）。《史記》記載了「閩君搖功多，其民便附，乃立搖為東海王」，當中稱騶搖為「閩君」。[35] 這在在顯

示出，閩越（浙江以南／福建）固有的區域勢力仍然存在，並繼續在當地引發權力鬥爭。此外，地方酋長與領袖顯然仍是實際上的統治者，不需得到漢廷的正式承認，不過他們似乎仍看重並追求朝廷的冊封。

公元前一五四年，七國之亂爆發，吳王劉濞遊說幾名藩王起兵對抗朝廷，閩地的兩個王國中，只有東海（定都後也稱「東甌」）響應。眼見漢廷即將得勝，「『東甌』受漢購，殺吳王丹徒，以故皆得不誅，歸國」（此處司馬遷的「東甌」可能指的是當時

表 4-3 閩越、東甌、東越 [*]政治時間軸

時間	事蹟
約公元前 221 年之前	閩越王騶無諸統治閩越地區；東海王騶搖統治越東海一帶
公元前 221–210 年	秦始皇改閩越國為閩中郡，二王為君長
公元前 210–202 年	騶無諸與騶搖助吳芮推翻秦帝國；之後兩人在楚漢相爭中支持漢王劉邦對抗項羽
公元前 202 年	漢高祖劉邦復立騶無諸為閩越王，統治昔日秦的閩中郡，定都東冶
公元前 192 年	漢惠帝立騶搖為東海王，定都東甌，也被稱為東甌王
公元前 154 年	東甌王騶搖參與吳王劉濞領導的七國之亂，反抗漢中央朝廷；漢廷遊說東甌人刺殺劉濞，劉濞薨；東甌人安然返國
公元前 138 年	閩越圍攻東甌，漢軍馳援，閩越撤軍；（部分）東甌人內遷至長江淮水之間地帶
公元前 135 年	閩越王騶郢攻打南越，被弟弟騶餘善廢殺；騶丑受封為越繇王；之後漢武帝立騶餘善為東越王，與越繇王丑雙王共治
公元前 112 年	漢征討南越，東越王騶餘善上書請戰，卻遲遲不肯出兵
公元前 111–110 年	東越王騶餘善起兵叛漢後被殺，東越臣服於漢治；騶丑之子騶居股受封為東越侯；武帝令東越人大舉遷徙至江淮之間的中國地區

[*] 根據司馬遷，《史記》，卷一百一十四，〈東越列傳〉與班固，《漢書》，卷九十五，〈西南夷列傳〉對東越的記錄。

的東甌王與麾下最高將領）。[36] 東甌人收賄後，平安返國，此舉激怒了吳王之子劉子駒，於是潛藏於閩越國。司馬遷將劉子駒的復仇視為公元前一三八年閩越國進攻東甌、包圍都城（東甌），並耗盡其資源的導火線。接下來，東甌王請求漢廷相助，漢武帝從會稽城派兵自海路馳援東甌，但漢軍抵達時，閩越國已經撤軍了。司馬遷沒有解釋原因為何，推測是因為閩越想避免與漢的水軍交戰。從閩越撤軍後，東甌仍備感威脅，並「請舉國徙中國」的事實來看，這種解釋的可能性極高。[37]《史記》雖記載東甌「乃悉『舉眾』來，處江淮之閒」，但這個「舉眾」主要是指王國菁英的大規模北遷，而非所有人口。[38]

閩越國持續對鄰國虎視眈眈。公元前一三五年，閩越王騶郢攻打南越。出兵原因並不明朗，但《史記》中有跡象顯示，這與閩越王的擴張政策有關，騶郢想讓閩越獨立，並鞏固在南方大部分海域上的勢力。騶氏一族的齟齬似乎與漢廷內部一樣激烈，而且從表面上看來，閩越宮廷中並非所有人都認可閩越王的做法。漢決定出兵馳援南越後，騶郢的弟弟騶餘善認為閩越王的舉動不僅會害閩越亡國，還會賠上自己的性命、權勢與利益，故而決定殺害手足、廢黜騶郢。騶餘善成功阻止了漢軍與閩越之間一觸即發的戰爭。

但漢武帝並未封賞騶餘善，反而立騶丑（前繇地首領，騶無諸之孫）為新的「繇王」，讓騶丑主掌對閩越先人的祭祀，這表示閩越內部將有一個主要的權威，壟斷祭祀越王室祖先的宗教行為。雖然這個政治籌謀成功削弱了閩越的勢力，強化閩越對漢廷的忠誠，但新任君主騶丑只是一個傀儡，騶餘善此時暗地裡自立為王，相當程度削弱了騶丑的權力。漢武帝並未訴諸武力，念及餘善曾幫助漢廷刺殺兄長，故「立餘善為東越王，與繇王并

處」。[39] 從此東越王與傀儡繇王雙王共治。越地的危局暫時解套，但由兩名欽定統治者同時治理，並不足以確保該地的穩定。

公元前一一二年，漢攻打南越，東越王餘善上書請戰，但餘善率部眾始終停駐在揭揚（現今廣東省東部），以海上天候惡劣為藉口，遲遲不肯推進。司馬遷指出，東越王同時與南越及漢軍聯繫，並明確指出漢廷已意識到餘善的兩面手法，只是礙於將士對南越作戰已是疲累不堪，才無法立即發作。[40]

直至公元前一一一年，漢廷打敗南越且有餘力整頓軍隊後，東越王餘善察覺到漢廷討伐東越只是早晚的問題，便起兵反叛，封他的將軍為「吞漢將軍」。[41] 漢軍兵分三路，卻被餘善斬殺了其中三名校尉，餘善隨即「刻『武帝』璽自立」，篡奪當今漢帝之稱號。《史記》對漢軍攻打東越的描述既冗長又複雜，細數武帝所派來的至少四路將領的名姓、軍階甚至背景（無論他們是否出身「越」地）。[42] 最終，漢軍利用越地三個親漢的酋長、領袖密謀反叛餘善，餘善被刺身亡後，他的軍隊被迫投降。公元前一一〇年，在閩越國宣稱成為漢藩屬的九十二年後，當地非漢人的領袖受到沉重打擊，東越國至此滅亡。

刺殺餘善的繇王騶居股（騶丑之子），因功受封為東成侯（東越侯），統轄萬戶；但不同於南越國在覆亡後，迅速被分設為九郡，據說漢武帝認為「東越狹多阻，閩越悍，數反覆」，故不宜繼續治理。與公元前一三八年東甌人的舉眾內遷相似，武帝下詔命令漢的軍吏將東越人民遷徙至江淮之間的（**中國**）地區。高潮迭起的〈東越列傳〉便結束在司馬遷的寥寥數語：「東越地遂虛。」[43]

張磊夫（Rafe de Crespigny）主張只有東越的王室宗親才可能被漢廷強行遷徙：「他們的離去等於消除了對當地人群的文化

與政治領導地位，從此漢廷治下的郡縣便足以阻擋未來發生任何政權獨立的發展。」[44] 但若真如此，為什麼戰後漢廷會願意讓地方酋長裂地封侯？像騶居股這種剛受封的漢廷忠臣，會輕易離開他新的封地嗎？雖然「東越地遂虛」的結論稍嫌武斷，但我們確實能從字裡行間看出另一種可能：被迫遷徙的不僅未包括所有越國貴族，而且本地的越人政府也持續了整個漢代。

到了公元前一一〇年，整個南方越地（以南越與東越為代表）的接連失利標誌了漢人對南方人群的影響力在政治、行政及文化層面上皆開始增強。雖然很多原本的統治者都繼續維持對地方的控制，但他們不得不歸順漢廷，還得在漢人官員前來監管商貿、維繫貿易網路時，和後者共享權力。[45] 因此，在漢征服後受封於越地的親漢人士就很有可能留在封地內，以地方貴族的身分進行統治。所以漢有段時間沒有花心思在東越設置郡縣，可見在漢征服東越之後，當地依然有本土的領導權。

物質紀錄暗示當時存在一個充滿活力的區域文化，在帝制初期，福建一帶的各大都城皆與秦漢初期相對應。物質證據顯示當時至少有兩個都城，一個位於內陸流經武夷山市區的閩江支流崇陽溪河畔（城村漢城遺址——早先是崇安地區的城鎮）；另一個位於閩江三角洲內的現代福州。這或許能支持司馬遷所稱，存在兩個不同的都城——東冶（閩越國）與東甌（東海國）的說法。福州市新店古城遺址的田野考古學家認為這裡就是閩越古都東冶，[46] 但其他一些著名的福建考古學者認為證據不足以支持這個結論，更有人認為東冶的中央宮殿實際應位於福州市冶山西北側的一處稱為屏山的遺址。[47] 還有學者認為閩越的都城東冶應位於更遠的內陸武夷山遺址。這座出土的城市遺址可追溯至公元前二世紀左右，是中國南方保存最好的城市，也是漢代福建最大的

圖 4-3：武夷山出土的閩越漢代城市微縮模型

聚落。[48]

　　考古學家挖掘出一道巨大夯土城牆的地基、五座城門——其中三座是水門——以及一座宮殿的清楚遺跡，宮殿內設有精密的渠道系統、一座室內浴池，且至今仍運作良好。[49] 所有學者一致認為，這個「武夷山城村漢城」，肯定是帝制初期的都城（見圖4-3）。[50] 但對於它是哪個都城，以及是哪個年代的行政中心，學者卻莫衷一是。武夷山及福州屏山一帶的遺址，都發現過刻有「萬歲未央」、「萬歲」、「常樂萬歲未央」等字眼的帝國瓦片，都是非常制式的祝願，反映出這些地區的高品質建築是為皇室所用。

　　根據司馬遷筆下的線索，再結合考古資料，就能推測出此區地政景觀的幾種可能情境。當今考古學家的癥結點在於閩越是否

有兩個都城：一個在武夷山、一個位於現代福州附近。從文獻中可知，在東南區域的歷史長河中，同一個時期至少受兩個王統治。首先，我們知道先秦的「東海」國不同於閩越國，因為「東海」之名即暗示了這個王國亦靠海，位置可能在浙江省東南的大陸最東界（甌江流經此區）；正如「南海」位處珠江三角洲的沿海地帶，其都城番禺相對離海岸較近。考古學家開始懷疑，東海都城東甌很可能位於現代的台州，當地出土了一座城市遺址，當中有一些大型墓葬，年代皆可追溯至西漢早期。

雙王共治的時期始於公元前一三五年，漢武帝封昔日「繇」國當地的君主騶丑為「越繇王」。不久之後，武帝便承認騶餘善的王權，冊封其為「東越王」，與騶丑平起平坐，即司馬遷所謂的「與繇王並處」。昔日的繇國可能位處武夷山內陸，當公元前一三五年騶丑受封「越繇王」時，他的居住地便成為閩越的都城，由此可以猜想，武夷山的宮殿可能是為了新扶植的親漢君主所建造的。[51]

一九五九年，畢漢思在研究中國早期歷史中的福建殖民議題時假設，至少在公元二〇〇年前後的東漢末年之前，當地基本上處於政治真空期。[52]「由於福建並未有中國的城市建立，也沒有殖民者滲透，因此所謂中國的郡縣不過徒有虛名。」[53]畢漢思主張，由於福建水路交通不便，軍隊不容易抵達，中國主要的河流貫穿南方其他地區（如江西與廣東、湖南與廣西），因此對來自北方的殖民軍隊來說，進入南越或更往西的越人城市與港口（駱越）要容易得多。[54]

從福建的考古挖掘──包括武夷山的漢代都城，以及福州市屏山與新店等遺址──便可知這種說法站不住腳。首先，現代福州的港口城市（可能是古代的東冶）可藉由沿海路線抵達，且自

閩江上溯至武夷山都城並不像畢漢思所說的那麼困難。武夷山都城的格局顯示這座城市的主要門戶是三座水門，圖中標明要如何乘船進入（見圖 4-3）。未來，學者應將焦點擺在古代南方人群與外部的接觸，可能是經由海上航路進入閩越，這是相對容易的路線。若僅從南遷華夏移民的角度來思考古代閩越地區的歷史演進──畢漢思基本上就是用此種方式──似乎忽略當地歷史中充滿活力的重要面向：位處交通要衝的沿海一帶，也是各類海運商品的轉運站。

我們現在也已經明白，在漢代，閩越／東海區域很有可能延續其政治代表性（political representation），因為東漢時期的器物亦出現在福州與武夷山周圍各個遺址的庫藏中。[55] 因此，畢漢思所謂閩越的郡縣徒有虛名的說法並不正確。此外，在當地出土的宮殿顯露出漢帝國的影響力非常強大──或更具體地說，展示了當地領主是如何試圖模仿皇權、並運用皇權象徵來影響本土人民。[56]

第三部

展演華夏、銘刻越：
修辭、儀式、標籤

Performing Hua-xia, inscribing Yue: rhetoric, rites, and tags

第五章

文化優越感與
族群概念化的修辭

The rhetoric of cultural superiority and
conceptualizations of ethnicity

介紹了「越」的概念，探討了其議題、地理範圍以及針對古代南方各族群的一些歷史政治與社會科學研究後，接下來我將轉向古代中文文本，探索「越」所流露出的自我感受與身分認同。「**第三部：展演華夏、銘刻越：修辭、儀式、標籤**」更深入地審視了華夏自我的語言——書寫方式、形成論點、使用修辭、世系分類（血統分類）、地理印記（geographic imprinting）和比喻——這些語詞有助於創造華夏認同和越認同的各種表現形式。由於這些文本的視角會隨作者與時代而改變，因此我盡可能呈現出它的背景和脈絡，強調作者在表述自我、思考自己的認同與南方他者之間的關係時有何種發展或重要改變。

　　本章考察戰國時期與漢初的文獻中，古代菁英在描繪越他者時所用的辭令策略與概念結構，所用文本的年代可追溯到戰國晚期（約公元前五至三世紀），但也有可能延伸到更晚的秦漢之初（約公元前 220–100 年）。我將比較這些文獻作者自身（主要源於中原文化）與越國、越國統治者與人民、越文化在規範、習俗

與認同這三個不同領域的異同，著眼之處是在於「越他者」的種族、政治與文化表述。

古代文本傳統及其偏誤

在深入分析古代文獻之前，對早期「越」相關史料的一般範圍與性質加以概論，會更有助益。雖然早期的中文史料有助於我們從中一窺位於現今中國南方與東南亞的越地，但它們並非完全可信。戰國時期的作者經常談及越國在公元前五世紀迅速崛起、並稱霸於**中國**這個歷史事件，但是他們的著眼點落在關鍵的政治主角及其活躍的軍事策略與政治交鋒上，對於實際被指涉為「越」的人群及文化，這方面的記載稍嫌不足，如同第三部所闡述的，更多的是一些比喻與簡短的描述，呈現出這些人群是誰及他們可能的生活，給我們留下一個普遍的、儀式化的、肯定有偏誤的印象。

除了中原菁英作者的偏誤與資訊不足所造成的曲解以外，史料在時序與空間上也存在巨大的斷層。各種稀疏散亂的評論文字可能來自廣大而多樣的地域，折射的是不同地區知識分子的微觀文化（micro-culture）與身分認同感。史料中的另一個重大偏誤是意識形態，關乎支配一切的漢化標籤及華夏自我的優越。例如司馬遷的《史記》，它也是關於越的知識的一大早期來源，但《史記》體現出的觀點除了越與漢之間的關係外，對越及越的身分認同幾乎付之闕如。我們從史料中處處可見越國與文化實際上更趨向自治的暗示及線索，即便如此，以漢為中心的書寫取徑依舊將「越」描繪成「漢」這齣劇本的配角。

《漢書》、《越絕書》、《吳越春秋》等東漢時期的史書與

歷史傳奇（historical romance）所提供的內容及書寫方式同樣有其局限。東漢時期編撰的《漢書》中，對越的記載多承襲《史記》，有時還試圖增加一些對話及故事，偽造原本沒有的內容，這可能是基於作者的私心，目的是與東漢對「越他者」的態度保持一致。

《越絕書》盡可能以更本土的視角來檢視古代的吳越文化、及歷史事件的本地實際遺址，作者很有可能是東漢時住在吳越地區、但具有華夏血統的菁英，因此反映出的看法比本書所研究的大部分內容的時間都要稍晚。[1]而《吳越春秋》是成書於東漢時期的野史傳奇，講述公元前七至五世紀間吳越兩國的爭霸。[2]考量到此文本以政治事件為主軸，而且將吳越的菁英與王室視為與**中國**菁英相似的一分子，因此本書對華夏與越的身分認同的早期概念依舊有其局限；《越絕書》與《吳越春秋》確實都將重點擺在吳越之間的競爭，以及越在公元前五世紀躍升為**中國**霸主的政治事件，故這些作品就如同是符合華夏認同模型的野史傳奇版本，彷彿這些國家及其主要行動者都已經完全融入華夏的信仰體系中。由於這些文本尚需深入研究，而這遠遠超出了本書的範圍，故我們只會在本章末尾簡單討論。

深受傳統儒家價值與規範薰陶的古代思想家有時會用純粹單向的文明計畫和目標——即所謂的「教化」、通常也被翻譯為「漢化」——來論述文化交流。孟子、荀子、韓非子、賈誼等許多儒家思想家的專著，以及王充（公元 27–100 年）的《論衡》，更能彰顯出儒家的意識形態，同時對「越他者」與華夏關係的曲解也奉獻良多。[3]如當前分析顯示的，與越相關之最不偏不倚的資訊可能出自非儒家的作者，他們出於某種原因，在對「越他者」的觀點中更強調或支持具有文化相對論（cultural relativism）的

視野。諸如墨子與莊子，他們對越他者的描述有時更為客觀，雖然也難免有視角的偏誤，這可能是因為對越他者的理解與興趣有限——故仍以華夏自我的想法來假設。

古代作家與思想家運用何種辭令策略、概念結構與分類技巧來描繪越這個「他者」？為回答這些問題，不妨更仔細分析古代文獻中，華夏作者是如何比較自己與越國及越人、越文化的規範、習俗與身分認同。古代文獻經常以族群、政治與／或文化標準來呈現自我與他者。雖然並非總是如此，但他們通常顯露出一種支配—從屬的關係。因此，要想更有成效地分析以下段落，不僅要注意作者表現自我與他者的方式，更要留心在與越的關係中，他們誇人或削弱自我的角色和作用的程度。

考量到戰國時期與帝國初期（秦漢）留下的史料具有斷簡殘編的性質，難以判定其中對南方他者的態度是否真的能代表整個**中國**地區（Central States region）。此外我採取的證據主要是軼聞類型，在統計學上無法構成實質樣本，所以我並不打算構建出一個廣泛性的明確論述，對當時的情況提供一套包羅萬象或最為普遍的看法，而僅僅試圖從手邊的文獻中，分析其修辭的類型或普遍程度，以及這些修辭如何隨時代而變遷。因此，以下的分析可能會顯示出某些歷史趨勢，至少，我們也可以從中一窺它們在早期中國的不同時空下被記錄時的某些態度。

早期的華夏／諸夏族群

在所有古代中國的文獻裡，幾乎都能找到對自我與他者的明確表述或隱晦想像。然而，我認為「華夏」或「諸夏」這個中國人的自我概念，象徵了政治立場或氏族血統，而最明晰提出此族

群名的文獻便是《論語》，當中有些篇章可追溯至相當早的時期（公元前五世紀末、四世紀初）。我們合理推測《論語》提供了一個「中國人」的最早表述，他們自視為一個族群，而不僅僅是一個像商、周那樣的王室或王族血統。

《論語》的某些篇章比較了「諸夏」與面目可憎的「夷狄」群體，認為「夷狄之有君，不如諸夏之亡也。」[4] 到了這裡，人們已經感受到，政治秩序並非區別「諸夏」與東方異族鄰居的唯一因素。根據這種觀點，文化模式（文），自周文王的時代以來便僅由周的傳統承繼。以下兩段敘述表現得尤為明顯：「周監於二代（指夏和商），郁郁乎文哉！吾從周。」[5] 及「文王既沒，文不在茲乎？」[6]

孔子崇尚周禮之完備，強調周對夏、商兩代的承繼與發揚光大。他暗示了文化成就可以從一種文明與一個偉人之處傳承到下一個、並更為充實。因此，孔子提倡的，並非是局限於家族的或生物性的祖先遺傳的神話，而是從夏到商一直到當今周的文化傳承，這最符合我們在導論中對族群的定義。

《論語》中提到的「諸夏」、「周」的族群似乎也與特定的地域聯繫在一起。[7] 例如，孔子認定非周的九夷族群，並沒有歷經從夏到周這樣的歷史、也不是擁有禮儀與文明的周文化的後代，他們應該是住在更居中的周邦國（Zhou states）——像是魯、宋、魏、鄭、鄧、晉——以東的地方。雖然不清楚《論語》中孔子及其弟子所指的「諸夏」疆域究竟為何，也不確定他們是否認為秦、楚兩國亦為此文化領域的一員，但周邦國肯定聚集在黃河、渭水流域一帶或相鄰的地區。[8]

孔子的族群意識有一個重要層面，即它是可以依靠後天獲取的，重文化傳承、輕血緣遺傳。即便那些不幸身在粗劣文明（陋）

的人，也能以君子為道德楷模，學習並承繼周禮。《論語》的其中一篇提到，孔子「欲居九夷」，並認為「君子居之，何陋之有」。[9] 在另一篇中提到，孔子接受了一個來自「互鄉」的異地男童作為學生，弟子都感到困惑不解，孔子便表示「與其進也，不與其退也，唯何甚！人潔己以進，與其潔也，不保其往也」。[10] 這些例子都呈現出早期儒家以後天標記區別不同人群的族群概念。

以上敘述顯示，孔子不僅將更大的周政體成員與周文化聯繫在一塊，他們也等同於所謂的周人，並可以把文化上的祖先追溯到夏。這就是華夏族群。孔子用「華夏」來描繪一個假定人群的世系，一脈相承的並非血緣關係，而是文化模式，而這些文化模式必須不惜一切代價延續並傳至後世。此種觀點建構出華夏——或之後被稱為「中國人」——的早期共同血緣神話。這滿足我們在導論中所提到族群構成的三個標準：共同的血緣神話（夏文化後裔），與特定領地的共同聯繫（周所據的中原地區），以及共同的文化認同感（周，源於夏而接續商）。

因此結論是，孔子與其弟子提倡一種族群概念，區分出「在文化上遭驅逐的他者」及「承繼文明化文化模式的自我」。此族群概念宣告了周文化傳統與掌握此傳統的人群，無論是靠後天獲取還是繼承而來，都優於其他異族傳統與人群。那麼，按照定義，不行周禮的人群在接受周的風俗習慣而得以文明化之前，仍是不值一提的。於是「華夏」與「諸夏」這兩個族群名，便定義了那些承繼、獲取、接受、維繫並傳承這種文化的人群（*people*）。

政治與外交脈絡中的黃道修辭

韓瑞在論述歐洲如何描繪西方文學與想像中的中國人這個題

目時，採納天文學專有名詞「黃道」（ecliptical 或 ecliptic）來形容如何「以一個特定視野來想像宇宙，其地方性由其所聲稱的普遍性（universal）來命名與定義。」[11] 換句話說，黃道指涉宇宙的構建「與虛妄的自我中心感有關，而與普遍性無邊」。[12] 我認為，此類型的表述特別關乎古人如何將邊陲的他者描繪為世界裡的政治行動者。以下，我將展示「黃道修辭」（ecliptical rhetoric）如何將「越他者」塑造為已知世界裡極邊陲的普遍性夥伴。雖然他們並非總是直接貶低「越他者」，但某些作者利用這個修辭，經由對他者的普遍化描繪，隱晦刻畫出自我的中心地位。

在戰國中期（公元前四世紀）的一些早期文獻中，大多數提及「越」的例子在使用這個詞彙時，並非是表述文化或族群他者的名稱，而是指涉一個位於已知文明世界之邊陲的強大政體。有趣的是，在這些牽涉到越的辭令例子中，與其說是為了顯露出文化偏誤與族群或文化優越感，到不如說是對這些事務興趣缺缺。雖然此時期留下的史料有限，但提及越的例子卻不少，因此可採集到一些資訊，以理解**中國**視越為一個政治實體的視角。

作為政治行動者的越往往與作者自身明顯不同，但他們並非次要的或可憎的「他者」（亦謂「蠻族」），而經常扮演不同的角色——或者作為自我的誇張投射，抑或是作為存在於世界與個體心靈（individual psyche）之偏遠一隅的人類例證。尤其是在未對華夏文化與政治概念提供有力論述的脈絡中，「越他者」似乎是用來批判或闡明本土化自我本質的陪襯。在某些案例中，越是黃道視角定義「普遍性」的重要組成，換句話說，經由一種以自我為中心的隱晦敘述，來宣稱其視角具備普遍性。

在墨家留下的文本史料中，出現許多誇大其詞的例子。在字

裡行間中，越王勾踐及其人民的一致形象令人吃驚，他們是成功地在政治上運籌帷幄與在軍事上無法抵擋的強有力行動者。《墨子》（約公元前 350 年）早期篇章中所記載的一則軼事，明確顯示出越王勾踐喜愛勇猛的將士。[13] 為了考驗他的勇士，他要求焚燒他自己的船隻。

> 試其士曰：「越國之寶盡在此！」越王親自鼓其士而進之，（日）〔其〕士聞鼓音，破碎亂行、蹈火而死者左右百人有餘。[14]

此段軼事出現在《墨子》早期篇章中的〈兼愛〉，點出統治者嗜好的相關問題。越王勾踐的偏好與士兵討好君主的願望，導致將士的行為混亂而失控。作者指出，越是眾多例子（文中還舉楚靈王和晉文公為例，兩者皆被視為**中國**文化的邊陲）當中的一個，闡述出不管何地的人類都有類似越王勾踐那樣的偏好，也都有像越的將士那樣喜好取悅當權者的一面。值得注意的是，越王勾踐與其下屬是人類普遍行為的一個極端事例。因此，墨家的作者只是利用彼此的距離與差異來強化自己「權力如何普遍作用於人類欲望」的觀點。此外，越國處於當時政治互動的邊陲這個事實，被證明是重要的辭令選擇：作者藉此表達，這些遙遠的人群不僅同樣容易落入政治失序（political disorder）的陷阱，而且為已知世界邊陲的極端案例。這個案例中的修辭的使用——無論是地理還是道德層面——涵蓋了光譜上的所有象限，顯示出介於兩端之間的所有一切仍受制於相同的普遍規則。[15]

越位於周的文化和政治象限的極端，似乎也與共同理想（common ideal）的極端聯繫在一起，尤其是政治方面的、以及

涉及政治的外交和戰爭。在《墨子》早期〈非攻〉的篇章中，作者指出齊、晉、楚與越最為好戰。[16] 在《管子》中亦然，「越」顯然是比**中國**更為強大的勢力。

> 桓公曰：天下之國莫強於越，今寡人欲北舉事孤竹枝離，恐越人之至，為此有道乎？[17]

這種說法因為時代錯置（anachronistically）而顯得十分怪異，越在公元前七世紀時就強大非常，反映出對該地及其政治實力的曲解想像。[18] 這個故事顯然缺乏史學的精確性，或許更好的理解是，作者出於自身的時代與文化記憶而對越的相對勢力或重要性做出評論，它也可以解讀為作者對潛伏於遙遠邊陲之危險勢力的誇張感受。由於作者強調的是極端的差異，所以越與其他**中國**的真正差異，似乎是程度上的，而非種類上的。

《墨子》的其他篇章支持了這種對越的黃道修辭，將越描繪成在道德與物理上可能或可及的遙遠、邊陲、極端的案例，以確立普遍性。在〈魯問〉篇中，越王讓墨家弟子請墨子前來教導，為表酬謝，越王願將吳國故地分封給墨子。墨子的回應反映出**中國**對越與重大事務之間差距的典型印象：

> 抑越（王）不聽吾言，不用吾道，而我往焉，則是我以義糶也。鈞之糶，亦於**中國**耳，何必於越哉？[19]

這段引文強調了一個事實，即越不被認可為**中國**的一部分，但越仍參與了列國間的外交與交流。這清楚顯示，**中國**和任何地方都可能會發生墮落敗壞的行為與外交活動，但若同樣如此，**中**

國仍然比越更可取。與本土的惡棍打交道，勝過與遙遠的惡棍打交道。

　　雖然目前為止所討論的大部分引文都出自《墨子》，但用「越」作為極端模型，以建立出所謂「普遍性」的邊陲案例，《墨子》當然不是唯一一個。《孟子》中有個例子特別貼切，我們可以將越人想成韓瑞所指涉的「巴爾扎克的假想中國人」（Balzac's hypothetical mandarin）的古代對應物——他與日常生活是如此遙遠，導致他被人殺了也根本無人在乎：[20]

　　　　有人於此，越人關弓而射之，則己談笑而道之；無他，疏之也。其兄關弓而射之，則己垂涕泣而道之；無他，戚之也。[21]

　　如同十八至十九世紀初的歐洲人認為中國與中國人超出了道德相關性（moral relevancy）的範圍，越同樣也超出了戰國時期中國更「中心」區域的典型人物的道德關注範圍。在這個思想實驗（thought-experiment）中，孟子所假設的這個越人被證明是有效的，正因為藉由這樣的人，才能發現一個人的道德關注會有等級的差異。「越」在這裡意味著處在邊陲、無關緊要的他者，有助定義「普遍性」，並且因此反映出與某人親密而且相關意味著什麼。在概念與修辭上，它是對所有中心、本土的、值得關注的、且對自我有價值的事物之必要的補充。

　　就連《莊子》較為後面的一個篇章中也強調了「越」徘徊於身體、文化與情感邊陲的感受：「子不聞夫越之流人乎？去國數日，見其所知而喜；去國旬月，見其所嘗見於國中者喜；及期年也，見似人者而喜矣。」[22] 中國人會被流放到越國的這個事實，

也暴露出**中國**認為越是遠離文明中心、不欲前往的窮鄉僻壤。這個寓言暗示了它的發生地（北方的**魏**）和南方的越地的人群之間可能存在明確的物理差異，暗示了二者的距離與差異，而非親密與團結。所有線索都顯示，越在戰國時期作者的想像中占有一個清晰的位置，用以定義遠近親疏，有價與無價。

在這些例子中，越國在形式上雖不屬於「**中國**」的地緣政治範疇，但卻被視為東周列國間的有力角逐者。這些敘述不僅證明了越國的合法性，更進一步想，越國在眾多角逐者中是最具侵略性或最強大的，這點著實令人驚訝，而且往往不具備史學的精確性，尤其是在這些文獻成書的公元前四世紀時。[23] 因此不妨用身分認同及其如何形塑歷史記憶來解釋這種對越之霸權的曲解：對公元前四世紀的許多**中國**作者來說，越向來是已知世界邊陲的威脅性勢力，其位於極端的存在，挑戰了自我中心感以及自我認同的安全核心。

對地理極端性的感知很容易轉化成一種文化極端感、失控感，因而帶來危機感。越國那令人生畏的政治與軍事勢力，威脅了列國間的秩序，因此可與其在**中國**想像中的位置聯繫在一起，超出了熟悉的邊緣，有助於一種黃道宇宙觀的成型與成熟。作為已知世界與心靈邊陲的典型符號，「越他者」所扮演的角色，其功用是作為華夏自我的極端版本、或是互補的版本。

文化與族群修辭

如上所述，從《論語》中孔子所言可看出一個相當明確的族群認同概念。其中相關的族群標記是「諸夏」，基本上與本書中主要採用的族群名「華夏」相同。令人玩味的是，此族群並未按

照生物學與遺傳血緣來定義，而是經由文化的獲取來定義並傳承。它們與周王室緊密相連，但又超越周王室，亦包含自己文化上的祖源，此族群更需獲取某些文化上的約束，例如儀式傳統、家族價值與倫理規範等被認為是定義為文明開化的面向。以下將判斷這種對華夏族群的普遍感受，在多大程度上影響了作者在文化與族群層面談論越的方式。我會強調指出某些類型的修辭手法與謀略，它們用宣稱華夏優於越，或利用這種假設的優越感，來顛覆越人首領的文化習俗。

文本傳統中經常出現針對邊陲人群的文化毀謗，這導致當代學者會用「蠻族」一詞來形容中國或華夏以外的所有人。但這樣的翻譯並不總是準確和恰當的，尤其當「蠻族」在古漢語中用以指稱某個與更具體的地方相關的族群時，對其古代政體或部族名稱的描繪，並未突顯或甚至影射其文化上的劣勢。[24] 與其把「蠻族」一詞無差別套用在華夏或中國以外的所有文化或族群上，我認為應翻譯每個群體的專有名稱，因為它們確實存在於古漢語中，而且應基於每一個族群深入研究它的語言文化或族群偏誤。因此，下文中我僅聚焦於文本證據中與南方的文化或族群類型似乎最為相關的兩個詞彙：越與蠻夷（因其可聯繫至越）。

在一些儒家文獻中，越被拿來與受過道德教化的本地人士相比，這意味他們並非孔子在《論語》中所言的華夏族群的一員，而且隱晦地受到貶抑。以《荀子》中的一段話為例：「譬之越人安越，楚人安楚，君子安雅。」[25] 此處的越和楚都是居住於南方邊境的人群；重點在於作者以「安」（居住）於某處來進行類比與操弄。前兩句以越與楚為例，讀者多半會照字面上的意思來理解，但在最後一句，荀子以「君子安雅」的隱喻挑戰了一般人的理解方式，而把「安」這個詞理解為超越了居住於某處的實際行

為。這樣的修辭在道德上非常有效，利用了實際居住的行為來強化一個人應如何致力於自我的道德教化。但這是否顯露出當時對越（與楚）的看法？

雖然有些人認為舉「越」與「楚」為例，可能不過是無心插柳，但我認為並非如此。這段話強化了荀子對自我道德教化觀點的有效性，正是因為他選擇的地區是非華夏的邊陲，當地的人群通常不會被認為是道德高尚的君子；換言之，相對於華夏，他們的身分、居住地與文化上的道德敗壞，才更有效襯托了皎皎君子的形象。如果荀子選擇以魯國——儒家道德價值、儀禮與教育的中心——為例，所造成的對比就不會那麼強烈，他的觀點也因此無法清楚顯露。這是因為說到魯國人，讀者會聯想到君子，但講到居於越楚之人，就不會把他們與道德教化聯想到一處。由於已經隱約明白南方文化在道德上的劣等，因此，荀子的讀者更容易感知到「安」這個詞的實際用法與比喻用法之間的對比。

非儒家的作者也可能會表現出對越，或與越相關的南方人群的蔑視。[26] 例如，《呂氏春秋》中有位作者將多數來自揚州、漢水以南的百越人描述為與禽獸無異，「揚漢之南，百越之際多無君。」[27] 這些人群缺乏聖人與道德秩序，來限制暴戾之徒欺凌平和溫順之人：

> 其民麋鹿禽獸，少者使長，長者畏壯，有力者賢，暴傲者尊，日夜相殘，無時休息，以盡其類。[28]

雖然作者是直接描述越人還是描述越周邊的眾多群體，這點目前仍然存疑，但毫無疑問的，他貶抑了已知世界邊陲的文化與道德價值。而以道德為中心或與自我的平衡相關的價值觀，則呼

應了自周所傳承的儀式規範。與此相反，南方蠻族的特徵是獸性而失衡，他們不僅外表如「麋鹿禽獸」，而且行為上也與這些動物相似，道德淪喪、目無尊長、價值觀扭曲。在用貶抑他者來強化自我文明本質的過程中，作者將邊陲人群比作具破壞性、無道德的野獸，從而給予致命的一擊。

應區分《論語》所定義的「文」與周傳統下的文化概念，以及我們常藉由一地的風俗、慣習、民德、語言等當代標準來定義的「文化」。現在應釐清的是，儒家以身為華夏為榮，因為他們獲得、保存並傳播了「文」的文化傳統（包括「道」）；但是，當我們從更廣泛、更現代的西方意義上，來審視文化的相關陳述時，就難以確認是否所有早期的中國作者都認為自己優於異國他者。現在，我要轉而討論戰國時期那些表面上為非儒家的作者，實際上駁斥了上述以優劣、是否開化的價值觀來區分的二分法。這些作者以不同的取徑來處理此議題：有的人選擇對不同人群的慣習與風俗進行簡單的比較，而不關注整個傳統與血統的優劣；有的選擇讚美他者某些理想化的特徵，藉此隱晦地嘲諷自我，來駁斥華夏文化與道德教化的至高無上。這些針對越的異質性問題的不同策略，顯示出如何用諷刺、自我意識與批判的方式，來質疑並顛覆傳統價值觀與優越感。然而，這些取徑的批判性本質，卻反過來強化了以華夏為中心、教化與道德規範等在當時占主導地位的修辭。

《莊子》（公元前四世紀）中的一個例子證明了該文本如何提倡平等的文化規範：「宋人資章甫而適諸越，越人斷髮文身，無所用之。」[29] 這段文字將越人描述成一個遵守不同行為制度的外部群體，他們計算效能與必要性的方法亦有所不同。典型的莊子風格從來不去評斷文化差異，而是呈現相對性。引用異地的他

者，將傳統習俗移動至相對的價值位置，有助莊子嘲笑自我的根深蒂固的假設與視角，因此對莊子而言，越與宋的習慣與價值觀稱不上孰優孰劣。

在上面的篇章中，莊子顯然並未訴諸周的傳統，以區分出更大的族群「我們」與「他們」，而專門指稱宋、越兩國的人。他的這種不加評斷的風格並不會傳達出文化優越感。他也不會期待自己的讀者認同宋人，並採取使用儀式和器物的規範，莊子對地政單位的關注，使讀者遠離了華夏與野蠻這種族群認同之間的價值分級。

在《莊子》比較後面的一個篇章中（公元前三到二世紀），莊子甚至以「道」稱呼南越國內（公元前 204–111 年）遙遠城市人群的生活方式：

> 南越有邑焉，名為建德之國。其民愚而朴，少私而寡欲；知作而不知藏，與而不求其報；不知義之所適，不知禮之所將；猖狂妄行，乃蹈乎大方；其生可樂，其死可葬。吾願君去國捐俗，與道相輔而行。[30]

此處描繪的是位於遙遠南方的道家烏托邦——處於原始與文明化之前的早期浪漫化（romanticization）狀態。人民與道和諧共處、不知禮義、不拘常規，更不行周禮制度。南越國的邊陲位置為《莊子》提供了足夠的距離，使作者的描繪既有童話般的風格，但又真實存在於已知世界中。這個奇幻之地同時位於實際地理與想像的邊陲，自成世界，如同其他篇章文獻中所描述的蓬萊仙島。

除了《莊子》，還有其他作品也不認同這種華夏自我與「越

他者」間強烈的文明—野蠻二分法。戰國晚期至漢初成書的《戰國策》記載了一封獻給燕王的匿名信，其言：

胡與越人，言語不相知，志意不相通，同舟而凌波，至其相救助如一也。今山東之相與也，[31]如同舟而濟，秦之兵至，不能相救助如一，智又不如胡、越之人矣。[32]

從這段文字可以看到外來的文化習俗如何被用作批判自我的陪襯。作者公開讚揚胡、越之人的智慧、忠誠與同舟共濟，特別是他們團結對抗共同敵人（秦軍）的能力。然而，這樣的溢美之詞顯然有其限度：它建立在一個胡、越之人常被認為不如作者的讀者（可能是山東的盟友）的假設之上，因為唯有體認到自己甚至連這樣的人群都無法超越，才有辦法意識到自己的愚蠢，並有動力起而改變。

在《戰國策》這個例子中，作者並未像《莊子》那般，試圖顛覆對越他者的態度與價值觀。不過話又說回來，如此露骨地讚美他者，顯示出他對人性有一定程度的認識，因此很難說那些以自我為中心認同的人，一定總是蔑視他們的南方或北方鄰居。這些**中國**的主流作品幾乎都以自我為中心，這樣的例子顯示出其中對越的複雜態度與修辭使用。在多數情況中，越既不是成熟的蠻族，也並非熟諳、精通文明的人，而是介於兩者之間。

對孔子、其追隨者與其他受過教育的**中國**菁英來說，周文化傳統是族群認同的真正標記，以區分出何謂文明，何謂非文明。這一觀點在儒家文獻，以及在與嚴格的儒家思想譜系並無特殊聯繫的作品中，都得到了迴響。然而，並不是每個人都認同華夏優越論，也並非每個人都依照族群界線來詮釋越的差異性。譬如莊

子就試圖超越華夏與他者、文明與卑劣這種簡化的等級差異，而提倡一種相對、具有同等價值的風俗——或更恰當地說，誰都沒有價值。莊子描繪了大量多姿多樣的風俗，並多半根據地政邊界、而非極端的族群界線來區分。其餘作者更進一步有意識地採取自我批判的立場。他們用不同的方式來達到這一點：莊子之後的一位作者勸戒他的讀者超越自己的有缺陷的文化——實際上是超越「文化」本身的概念，另一位作者則是凸出胡、越在征戰中的德行，來貶低他的讀者。兩位作者皆用「越他者」來駁斥對自身文化優越感的不容置疑的禮讚。

祖先與以環境為基礎的族群之創造

自我與越的框架不斷變化，在漢代（公元前 202– 公元 220 年）作者的著作中表露無疑。與戰國早期的著作不同，這些作者並不以政治和文化標準來區別自我與他者，而是改以其他標準來討論越，這個標準是物質環境與以祖先為基準的族群。接下來，我會借助於他們新創造出的世系分類與地理印記，來強調這種對自我與南方他者的新書寫方式。這些描繪與思考越他者的每一種方法，都是一種更系統性的思考自我與他者的方式，包括畫一道血統界線或將人群放進一個特定的以氣候與自然環境為特徵的地理空間。這些方法的採用，導致了基於氏族或環境決定論（environmental determinism）的有趣形式，可區別於更簡化的文化差異的主張。既不將群體差異定位於後天習得的文化產物，亦非後天的社會慣習，而定位於更具固著性的自然環境。

司馬遷尤其善於利用氏族隸屬以及地理環境，來喚起基於越族群的氏族與環境意識。在他對秦漢初期的南越與東越國的描述

中，有時會將南方的自然地理與／或氣候與其人群的文化屬性與／或價值聯繫。從以下南越王趙佗的一席話中，可隱約看出此種關聯：

　　且南方卑溼，蠻夷中間，其東閩越千人眾號稱王，其西甌駱裸國亦稱王。[33]

　　這段文字將這片土地的地理、氣候與物質屬性，與居於當地的固定人群聯繫起來。雖然司馬遷並未建立環境與人群之間的因果關係，但兩者的並列卻展露無遺。這意味著一對一的關聯性、類別的固著性以及一種不可避免的意識，即環境中物質屬性在定義這些人群時發揮了作用。

　　《史記》中的其他例子也提出了環境與人群之間可能的因果關係，顯示出環境決定論的一種簡化形式。公元前一一一年，漢武帝「詔軍吏皆將其民徙處江淮間，東越地遂虛」，據說漢的行政機關亦撤出當地。[34] 這個大規模行動背後的意義就十分明白了，據稱漢武帝認為：「東越狹多阻，閩越悍，數反覆。」[35] 武帝這番對閩越土地的言論中將地理與人類行為連結起來，可能是出自一種政治上的緊急狀態：道路狹窄多險，方便當地人群抵抗，並在選定政治盟友後維持其自主性。另一種可能的解釋則強化了地理（狹多阻）與人群性格（悍）之間的因果關係。根據這樣的解讀，武帝因此可能歸咎於自然棲息地對當地族群的影響。但由於武帝言論的模稜兩可，故無法靠這段話證明他相信環境決定論。

　　對漢代政治家晁錯（死於公元前 154 年）的記載進一步顯示出人群特徵與其環境間的因果關係：「楊粵之地少陰多陽，其人

疏理，鳥獸希毛，其性能暑。」[36] 在此處，與楊粵人群相關的整個動物界（楊粵也是另一個簡單指涉「越」或越人子集合的方式）與少陰多陽的炎熱氣候有因果關係。楊粵人群具有被環境所決定、很可能是與生俱來的特徵，這些特徵將他們定義為不同的他者。[37]

這類環境決定論的例子也可在《管子》〈水地〉篇中找到，其成書時間雖不詳，但推測可能是在帝制初期。[38]「越之水濁重而洎，故其民愚疾而垢。」[39] 這整段話是在描述各地人民與當地的水之間的關係。雖然作者將決定論範圍限制在水的品質上，但他仍認為人類的差異是直接而固定的，並且與居住的地區與環境相關。

目前為止，我舉的例子顯示漢代興起了一股聯想，把固定的環境、行為與文化特徵，或是與生俱來的人類與動物特徵連接起來。我舉這些例子是想強調在早期帝制時期對越人的書寫中，似乎出現了一些新的想法：一種與環境相關或對他者的決定性想像。在之前對越的表述中，作者對識別固定、確定或與生俱來的特徵興趣缺缺，往往聚焦在文化的力量如何影響其人群。我也點出一些漢人作者是如何開始用不同的方式，通過尋找地理與人性間的一對一關係，來將他者標籤化。這類型的行動不算修辭的一種，而是一種經由系統分類來銘刻他者的方式。藉由將固定的特徵指配給更為固定的地理或氣候，反映出一個區分自我與他者知識的過程。自我與他者的映射，我稱之為「地理印記」，它基於空間與固定性，而不同於上一節所研究的越──更傾向對話與展演性的、較不系統化的表述。

隨著地理印記或環境決定論概念的發展，作者逐漸顯現出對找出環境或地理與人群之間固定連結的興趣。這些文獻可追溯至

帝制初期，顯示出作者正尋求一種更系統性的方式，來解釋他們所生活的日益縮小的世界中明顯存在的多樣性。他們對已知世界及其視野的刻畫，很可能只是殖民者試圖通過地理分類與設計出一套理解他者的固定格式，來獲得控制權的一個環節。

這種環境決定論的觀點對越這個族群有何影響？地理印記是根據族群標準與地理標準區分人群的一種方式嗎？可惜以上篇章能提供的資訊實在太少，我們無法下結論。然而，從司馬遷的筆下，我們發現另一種明確構成族群認同的決定論觀點。值得注意的是，司馬遷強調一種基於祖先世系的族群概念，而非像某些戰國時期作者是根據「文化血緣的神話」。不過，基於祖先世系來區別不同族群也可說是一種神話，因為它用單一的氏族血緣將顯然無關的整個人群聯繫起來。[40]

司馬遷將越人置於夏代開創者——大禹的世系中，而禹恰好也是周人的祖先（因此得名「諸夏」）。[41]這出現在他對越王勾踐的紀錄中：

> 越王勾踐，其先禹之苗裔，而夏后帝少康之庶子也。封於會稽，以奉守禹之祀。文身斷髮，披草萊而邑焉。[42]

在這段話中，司馬遷連結了通過慣習和風俗定義的「越」與通過他者血緣傳承定義的「越」。這種族群概念不同於孔子的族群文化觀，孔子認為的世系是基於文化的傳承與獲取，而不是僅僅基於祖先。[43]此外，司馬遷對越的定義方法，構成一套適用於越以外群體及華夏自我的世系分類法。儘管孔子希望為華夏定義出一個文化血緣的神話，但他並不像司馬遷一樣，熱衷於以一種普遍化的方式，按照血統世系對各類人群分類。

司馬遷為〈東越列傳〉所下的評語，強調了這種以祖先為基礎的族群認同。他指出：「越雖蠻夷，其先豈嘗有大功德於民哉？」[44] 考量到司馬遷在《史記》中廣泛使用了「越」這個詞彙，他似乎不太可能有辦法將越局限於一個統治者的氏族內。過往祖先的功德，賦予整個國家現今人民的價值，從而定義出一種群體的世系，這種關係比闡述共享的文化血緣——可藉由知識傳承或引導、研究獲取[45]——更進一步，假設了一種與生俱來的、根據祖先世系來定義血統的族群。因此，此願景與漢代對他者的願景相得益彰，傾向於將群體認同與先天或環境決定的特徵聯繫起來——這些特徵並不完全可靠個人能力而改變。

儘管司馬遷所用的「蠻夷」一詞多多少少帶有貶義，但他還是明確讚揚了某些越人及其祖先。在〈越王勾踐世家〉卷中，司馬遷將主要人物越王勾踐與臣下范蠡描繪成值得讚揚的偉人。[46]司馬對東越所下的評注，也並未將其統治階層妖魔化，或隱晦地將這個人群妖魔化。像上面舉出的許多例子一樣，他希望突顯其長處、讚揚其德行，甚至提醒讀者東越有個備受尊崇的祖先。如此一來，司馬遷對其他族群的判斷就具有微妙的差別：雖然越人沒有時常表現出來，但至少具備以文明的方式行動的潛力。與《論語》不同，司馬遷的觀點是越不需為了成為權力的合法管理者，而將自己轉化成周文明的成員，憑藉其族群祖先的功德，他們可以倚靠自身能力達到文明化。

東漢歷史傳奇

《吳越春秋》、《越絕書》等東漢的歷史傳奇，以小說的筆法講述了史詩般的征戰、謀略與復仇，杜撰出自漢代以來讀者所

熟知的吳王夫差與越王勾踐故事。[47]然而，這兩部作品成書於東漢時期，並未記載更多華夏對越他者的描繪，而是展現出華夏特別喜歡那些彰顯德行（如辛勤工作與忍耐之心）的弱者，特別是忍辱負重以成功復國的人物。[48]除了強調政治事件與戰爭外，這些文本亦著重於杜撰部下與王之間對國家相關事務的討論，以及對征戰、資源與扶助、女性、經濟論述等決策。

當作者將事件加以渲染時，其手法是更多的將越王（特別是越王勾踐）融入華夏自我的一員，而非越他者。換言之，越王的異質性仍能得到華夏讀者的認同，尤其是他被剝奪王權並且忍受侮辱的時候，因為他已經被表現成一個完全屬於漢帝國統一自我（unified self）的人物。勾踐在策畫對夫差的復仇時，所承受的艱辛與屈辱，讓他成為後世特別喜愛的角色。這是中國人身分認同的歷史上幾大諷刺之一：一個非華夏的越王只花了幾世紀，就成為中國人想像中的中心人物。這種轉向——從外到內，從異邦人到本土人的移動——一如中國南方的歷史，在公元第二千紀的後幾個世紀，南方地區（特別是杭州等城市）成為華夏文化與傳統的中心。這些文本所突顯的議題並非越王本質上的他者性，而是他受苦時的臥薪嘗膽與成功後的王者歸來。

以這樣的筆法同化過去的越王自有其道理，由於古代越國的遺緒及其位於太湖與浙江省一帶的土地，在公元前一五四年西漢平定七國之亂後，便被納入漢帝國的領地。這些故事在事隔一百五十多年後編纂而成，或許正是通過這些故事，部分地實現了漢代同化越他者的過程。

小結

　　中國史上許多研究自我與他者關係的二手研究，都假設文明化的中國人或漢人與蠻族間存在簡單明瞭的分歧。雖然無法否認許多文獻中——特別是重要的儒家著作——都想當然爾地流露出華夏優越感，但在當時的傳統中，擁有文化優越感的極端儒家通常沒有這麼強烈；多半是處於較溫和、適中或更複雜的狀況。分析戰國與帝制初期的菁英著作後顯示，文明與野蠻那種簡單且帶有價值觀的二分法並不總是存在，一些早期的作者會根據不同的動機，以更複雜的方式來區分自我與他者。

　　雖然在早期的文本傳統中，確實有些例子能證明「文明與野蠻」的話語合理存在，但大多數的作者把「越」當作自我批判的手段（有時還會稱讚）。我已經指出這種策略之所以形成，是希望讓自我批判更具信服力，有時，這些對越的批判性文章，正是基於華夏文化應更優越的信念。

　　持中國文化優勢論的作者公然發表了以華夏族群為中心的主張，斷定了自己相對於他者的優勢。但我的分析表明，他們雖然顯露出作為本質的一種華夏偏誤與優越感，但這種極端、公開的族群中心思想，也僅限於某些立場，可能是與儒家思想體系相連結，堅持華夏、周的文化傳統為優質文明特徵。一些菁英作者以溫和且微妙的方式來揭露偏誤，然而，他們的書寫通常著重在用越來批判自我，所以內容很少論及越，更多是對越的普遍無知或缺乏關懷。

　　在政治層面，我們發現作者經常將越國描述成在東周時期列國互動領域中，一個平等卻遙遠的政治參與者。我採用「黃道修辭」來點出一種建構宇宙觀的特殊方式，反映出中心自我與邊陲

極端他者的關係。以這種方式談論越他者的行為，顯示出在本體層面上的某種貶抑，一方面是「本土」、「中心」與「熟悉」，另外一方面則是他者的「遙遠」、「邊陲」與「陌生」。因此，即使是將越視為具有某種重要性的政治實體，這種貌似中立的討論中，我們也可以看到越身為極端他者的地位，有助華夏建構出一個以自我為中心的黃道宇宙觀。

針對越政治地位的討論之所以有趣，不是因為作者們對族群的具體表述（因為他們沒有明確的族群傾向），而是因為他們揭露了一種對遙遠他者的態度，使越是個徹底的蠻族這一概念變得複雜了。為賦予所有人類普遍特徵，這些作者顯露出他們對於誰適合畫分至「人類」類別的信念。他們接受越和其他人一樣是人類。他們時而將越描繪得比自我更極端或更強大，因此認為越是亟需克服的潛在威脅；時而對處於他們世界邊陲的這個族群的人性，表現出漠不關心的道德態度——彷彿越他者只是道德思想實驗中的假設人物。

我們還看到莊子等作者如何推論有據地將他者（包括越）的文化差異相對化，賦予外部群體人性後，莊子暗示他們具備同樣有效的認識論與行為模式。他對越這類他者的描繪，並非出於儒家的文化觀——與族群認同緊密包覆在一起——而是從風俗習慣，或是國家隸屬的角度。這些技巧皆有助於莊子將讀者從習慣的分類方式，轉向更平等的價值平台。

到了漢代作者，似乎已發展出看待與談論越他者的不同方式。論及越的史料出現變化，出現了諸如先天或環境決定論等更明確的概念。司馬遷創造的世系分類法或明確的血緣界線將「越」拉向過去的特定祖先、而且這些祖先備受尊崇，從而賦予一種與華夏模式相似、以祖先為基礎的族群意識。在其他漢代文

獻中，也有作者根據地理座標與環境決定因素來定義越他者，更具更大的特徵系統、及通常本質上的決定論，來賦予異國他者特色。

這些文獻中的某些段落反映出一種新興觀念，即自然環境如何影響、甚或有時能決定當地人群的特徵。因此他們發展出針對自我與他者的新書寫技巧，與過往的技巧相比，具備更全面、系統與銘刻的特徵，並試圖映射出銘記在當地人群身上、無法去除的地理與環境。這種對他者的映射，可能構成網格狀的形式、一方面是對環境及其影響的空間解釋，一方面是祖先及其不同後裔的時間軸。有趣之處在於，這兩種方法——基於空間與基於血統的——都試圖解釋文化差異，但並非像戰國時期儒家作者那樣基於文化因素，而是基於更物理性或生物性的事物，例如自然環境與祖先。這種銘刻方式，伴隨對人類的地理定位或分類，可能確實關係到漢代作者的帝國目標。

第六章

野蠻之喻：
越身分認同的身體標記
Tropes of the savage: physical markers of Yue identity

魂兮歸來！南方不可以止些。

雕題黑齒，得人肉以祀，以其骨為醢些。

蝮蛇蓁蓁，封狐千里些。

雄虺九首，往來倏忽，吞人以益其心些。

歸來兮！不可久淫些。[1]

　　對身體外貌的解讀通常可根據一個人的身分認同，將其視為對社會規範、文化價值觀或環境的回應。古代中國的社會特別講究儀禮，儀禮是中國倫理體系的骨幹，一個人的儀容舉止在教化論述中是不可或缺的。在儒家的體系中，對儀式的論述確實占大宗，尤其是涉及道德價值觀、規範與行為時。如第五章所言，戰國時期儒家知識分子的筆下往往流露出華夏與周相關的風俗優於邊陲人群的意識，這或許是他們較少與外來者比較的原因。

　　在《莊子》或《淮南子》等反偶像崇拜者的作品中，我們發現作者試圖將自己的文化規範與異族的習俗做對比。舉例來說，

《淮南子》的一個篇章指出，中原人士的標誌包括「皮弁搢笏之服，拘罷拒折之容」。[2] 與儒家對儀禮、態度與裝束的冗長論述不同，在這裡我們看到一種過於簡化、浮泛的自我客觀化（objectification of the self），也是一種近乎諷刺漫畫般的表述。

世上雖沒有純粹無偏誤、客觀的自我表述，但各種視覺資料與文獻史料顯示出，上述對菁英服儀舉止標準的描述雖過於簡略，但卻可信；也就是說，就算此段落描述的只是理想化的標準（皮弁搢笏、拘罷拒折），但既然有那麼多對周人與周文化的敘述，故我們多半可以確定這個描述是在可信的範圍內。但若我們將注意力轉向東方與南方的越，又會怎麼樣呢？他們是否也具備精密的儀式與規範？文獻中的記載十分稀少，其中又有多大程度的真實性或偏誤？而這種對他者的描述，是否回過頭又說明了華夏希望如何看待與表述自己？

本章嘗試一窺文獻作品中在描述外來族群、特別是吳越與百越的文化起源時，所用的慣用語、形容其身體與風俗用語的主要意涵。這些描述皆是以華夏外來者的角度出發，所以必須加以審視，才能從華夏世界觀中突顯更深一層的涵義。我特別梳理出以某種手法呈現「越」的可能意涵與動機，並著眼於這些表述如何反過來映照出華夏的自我；此外，我將探尋頭髮、服裝與舉止等文化標記，有多少可能是流於刻板印象、誇飾與／或討論所有類型外邦人的習慣用語。後一種分析能得出一種衡量標準，以理解華夏在涉及南方他者事務時，所創造出的特定身分認同，以及對於越，這些作者究竟擁有多少相關的知識與經驗。

抽絲剝繭：髮型與越身分認同

髮型標誌各種社會區別（social distinction），並充斥著文化意涵。陸威儀在追隨李區（Edmund R. Leach）與歐比西可（Gananath Obeyesekere）等人類學家的研究時，極具說服力地證明了頭髮「在多數文化中，是關鍵的社會標記，彰顯了性別、階級、年齡、性格、社會角色與文明程度。」[3] 在周文化中，隨著進入成年這個生命階段，需舉行束髮的成年禮，並改變自己的髮型，男性實行冠禮，女性則有類似的笄禮。[4] 而異族他者的髮型在文字紀錄中經常被忽略，這當然毫不奇怪。

本節將爬梳異族人群三種髮型的涵義，特別是源自吳越或百越文化的髮型：被髮、斷髮與椎髻／魋結。

▶ 被髮

「被髮」與「斷髮」是與東夷、南越聯想在一起的兩個標記。「被」這個語詞的含義與早期用法是「加衣於身而不束帶」，意指頭髮垂散在肩頸上，如同身穿長袍或披風，與表達頭髮不長於脖頸的「斷髮」完全不同。[5] 儘管這兩個用詞各有不同，但斷髮的風俗似乎與被髮相關，而且這兩個用詞在描述某些越人的慣用語中時常交互使用。我們先分別檢視這兩種髮型，然後才會探問，這兩種風格的緊密交織意味著什麼。

在周文化中，被髮或不束髮有什麼弦外之音？《論語》記載了孔子對公元前七世紀、春秋霸主齊桓公的宰相管仲的著名評論：「微管仲，吾其被髮左衽矣。」[6] 雖然這句話很可能是指齊國對處在西北方的非周他者（有時以「戎」稱之）的成功討伐（尊

王攘夷），但孔子的觀點——管仲將他們從這種不合乎禮儀的野蠻慣習中拯救出來——卻是再明顯不過。此處族群的他者性，以及伴隨的對自我與自己生活方式的文化優越感，也部分的經由不束髮而傳達出來。

從《禮記》得以確認，東西方（夷）的部族的特色皆為「被髮」：

> **中國**戎夷，五方之民，皆有其性也，不可推移。東方曰夷，被髮文身，有不火食者矣。南方曰蠻，雕題交趾，有不火食者矣。西方曰戎，被髮衣皮，有不粒食者矣。北方曰狄，衣羽毛穴居，有不粒食者矣。[8]

從此處可知，「被髮」並非用來識別越人的特徵，也是識別戎的特徵；但當「被髮文身」這兩個特徵結合在一起使用時，就肯定是越人的識別標誌。值得注意的是，在整段文字中，唯一一次將頭髮作為識別標記的是「被髮」，似乎沒有其他髮型引發議論。對待頭髮的行為關係重大，因為這隱含著需要用額外的心力與技巧加以整理，而非任其自然散落。相對於**中國**（或華夏）人群各種不同方式的束髮，暗示了「不束髮」具有僭越、牴觸規範的本質。

史料中的被髮與不束髮不僅作為族群標記，更經常代表僭越或打破文化規範的行為。正如陸威儀所言，被髮「總是代表人類社群之外的人：蠻族、瘋子、鬼神。」[9]不束髮所隱含的僭越內涵與戰國時期文學中對越他者的看法有明顯的聯繫，在傳奇人物伍子胥的故事中，這種情況屢見不鮮，[10]他從楚逃到吳國時，常被形容為「被髮乞食於吳」。[11]這段文字明顯運用了吳越人不

束髮這一常識，並用髮型迅速點出伍子胥如何一腳跨進異國文化與社會階級（乞丐），描繪出一個落魄男人的形象：不僅踏入新的地理空間，還產生了身體上的物理轉型。在他的新形象中，伍子胥被迫接受一種怪異、也許帶有羞恥意味的風俗，就像他必須接受自己的潦倒。這個形象確實強大，因為同時指向文化與社會層面的雙重轉型。有意思的是，這並不代表伍子胥的德行就此墮落，誠實與正義的倫理規範在轉型的過程中獲得了保留。

《孟子》中的一段話透徹點出反面的觀點：被髮不僅不合乎禮儀，在德行上也同樣敗壞：

> 今有同室之人鬭者，救之，雖被髮纓冠而救之，可也。鄉鄰有鬭者，被髮纓冠而往救之，則惑也，雖閉戶可也。[12]

據孟子的說法，唯有自家中有人亟需援手，才可以在這種場合不束髮──但即便如此，仍需戴上帽子；其餘任何情況都不能以被髮的面目示人，即使打鬥就發生在屋外，也不需出門解救。簡單來說，被髮不僅是嚴重的社交失誤，更意味完全破壞儀禮，因此，以孟子的看法就是喪失德行。

如同陸威儀針對中國古代的髮型的評論，「束髮標記了文明社會中的成員，不同的風格也代表不同的地位。」[13]只要隨便一瞥秦始皇陵兵馬俑那上百款的髮型，都證明了髮型可彰顯出階級與文化出身上的差異。據我所知，沒有哪個兵馬俑是不束髮的，雖然也有人認為這眾多的髮型代表了秦始皇治下人群的多樣性。[14]據推測，秦始皇要求麾下的士兵在執行任務時，需遵守最低標的髮型規範；當然，要求束髮的軍事規則應該不同於平民的禮儀，但兵馬俑中之缺乏披頭散髮的士兵，仍支持了這種普遍觀

點，即不束髮在周的脈絡中標記著失序與僭越。

將不束髮與不受拘束的思想相聯繫，並不需要多大的想像力跳躍。傳說中的人物箕子，是末代商王：紂王的太師，在故事中經常以「被髮」的形象出現。為避免遭受極刑，據稱箕子「被髮而佯狂」。[15] 漢代文獻《吳越春秋》對伍子胥、《越絕書》對越臣范蠡，亦有同樣的描述。[16]「被髮而狂歌」之類的用詞在文獻中屢屢出現，提醒人們須留意何謂瘋子的僭越行為。[17]

在古代中國，瘋子的形象並不見得都是負面。在《老子》（亦稱《道德經》）、《莊子》與《淮南子》等早期道家文獻中，都對被髮的行為有特殊的共鳴。在這種脈絡中，瘋子同時也是有智慧、完整且有成就的人——可說是擁有一種自由的精神，師法自然而沒有任何鑿痕。被髮與自然界鬼神之間聯繫的例子，也屢屢出現於文獻中。例如，有人夢到一個被髮的人，結果是隻神龜；[18] 又或者夢到「被髮及地」的魅影。[19]《山海經》最奇幻的篇章中，甚至有些例子以不束髮描繪那些生活在熟悉地域之外的神話人物與生物。[20]

在周文化中，年輕男女都必須等到冠禮後，才能使用成人的禮儀特權；因此可說青春期前的男女應該是被髮，這個標記也代表青春無邪的社會地位。《史記》曾提到「被髮童子」在占卜時表現出如聖人般的能力，[21] 這雖讓人聯想到上述道家文獻中對聖人或瘋子的描述，但值得注意的是，《史記》在這個案例將青春與超感官、聖人般的智慧融合在一起。有人可能認為，道家思想中崇尚原始的青春之氣，故這個童子的形象就足以反映聖人的境界（sagehood）。雖然如此，「被髮」仍加強了這種形象，並為此增添了另一層意義，這個童子擁有純樸的青春且精神失常的——因此是無限的——意識狀態。[22]

最後，史學傳統中的某些人物也偶爾會不束髮，這不僅象徵對公共儀禮的屏棄，也象徵對他人的責任之放棄。上面所提到的伍子胥，他的被髮象徵其轉向效忠吳國（以及吳越文化規範）。公元前七世紀的霸主齊桓公也曾在某些場合不束髮。《韓非子》就記載了齊桓公曾讓兩位名士掌管國事，而自己「被髮而御婦人」。[23] 這種僭越顯然是對公務與責任的放棄。齊桓公的被髮意味一種怠忽職守的狀態，缺乏對更大社會利益的道德義務。

這些例子顯示出，不僅是剛正不阿的臣子（如伍子胥）、還是異人、神靈、童子、理想化的原始人，都能用被髮來描繪，那些自私、不道德的逾越法律者（如齊桓公）亦然。這些不同層次的含義，無疑都涵蓋在古代對吳越與百越人群不束髮的描述中。

▶ 斷髮

「斷髮」一詞也是古代文獻中對越的身分認同的刻板標記。《莊子》、《左傳》、《韓非子》等戰國時期典籍及部分漢代史料，都曾以「斷髮文身」的特殊用法來指涉東夷，有的文獻也會更具體地指涉生活在今天江蘇、浙江、福建的吳越人群。在討論為什麼斷髮與被髮皆可聯繫至古越人群之前，我們先簡單思考一下斷髮在文獻中的使用及其涵義。

在《莊子》的第一章（較早成書的段落），有一個提及越人斷髮的例子特別值得留意：「宋人資章甫適諸越，越人斷髮文身，無所用之。」[24] 作者似乎是不經意地使用「斷髮文身」一詞，彷彿每個受過教育的讀者都知曉這件事。這顯示出從相當早期的文學紀錄開始，就已經出現這種既快速又簡便的用語，用易於識別的身體標記來區辨出越人與周人；雖然尚無法確定，這種用語儘

管可能帶有諷刺意味，但這種區別仍具備相當的事實基礎。稍後將繼續討論那個時期的視覺證據，其定能證實東南方的一些人群有此身體習俗，因此這不只是對蠻族一些想像的比喻。

與被髮不同，斷髮似乎更頻繁地使用在與越相關的人群身上。被髮可用來形容超自然的存在或形容不同的族群群體；「斷髮」則多與「文身」連用，並與吳越或「東夷」文化密切相關。例如，漢代《淮南子》中的一段史料便記錄了霸主越王勾踐的斷髮文身：

> 越王勾踐劗髮文身，無皮弁搢笏之服，拘罷拒折之容，然而勝夫差於五湖，南面而霸天下。[25]

由於這段文字出自更大篇幅論述中的一部分，將各國不同人群的儀式與風俗相提並論，所以在提及越王勾踐的外型時，作者刻意不顯露出自身的優越感。在同一段落之後的篇幅，作者畫定出一個界限區域，指出「鄒、魯」盛行華夏之禮，從而和華夏的規範進行對比。[26]故而，此處的斷髮雖然是與越習俗相關的標記，但有助支持作者的漢帝國疆域中的風俗應是平等的這一主張。

其他的傳說則提到「斷髮文身」，而非像伍子胥那樣的被髮文身。在周文王祖父古公亶甫的長子吳太伯建立吳國的故事中，用「斷髮文身，為夷狄之服」來形容太伯與二弟仲雍遷徙至吳的行為。[27]此描述可追溯至漢代，但與《左傳》中的一個段落相矛盾：《左傳》認為太伯仍遵循周禮，但二弟仲雍與其繼承人則接受吳越風俗「斷髮文身，贏以為飾」。[28]無論太伯本人到底有沒有採行當地的習俗，兩個故事都明顯反映出，斷髮與文身在吳越是結合在一起的，而周禮並未延伸至當地。

在某些脈絡中，斷髮不僅象徵越的風俗與人群，更意味一種服膺於完全不同邏輯的宗教情結。早期有些作者聲稱，斷髮文身是用來抵禦疾病或傷害的某種驅邪儀式或措施；在漢代相對晚期的篇章中，可看到相關的解釋，像是《漢書》：「帝少康之庶子云，封於會稽，文身斷髮，以避蛟龍之害。」[29] 作者用位於今日浙江紹興一帶的會稽越地的宗教信仰，來證明文身斷髮這種當地文化習俗的合理性。這種習俗的驅邪功用是否屬實已無法得知，但反映出作者欲突破表象，試圖解釋與不同文化相聯的另一種世界觀，而不止於用身體外貌來區別自我與他者。

文獻中大量提及「斷髮文身」的有趣之處在於，不同於「被髮」所指涉的更為普遍且多元，關於斷髮的文獻中都描述了一個特定的族群或地區採行的宗教和習俗。此外，文獻中的「斷髮」與其變體「剺髮」，遠遠少於「被髮」。[30] 除了《左傳》與《莊子》中各出現一個「斷髮」的例子外，漢代以後的文獻也偶有這種用法，且更常與文身連用。此外，當斷髮與文身連用時，指涉的就一定是「越」，而不是鬼、理想化的人、原始人等。回到上面提及的《莊子》，會發現莊子其實毋須提到「文身」，就足以說明越人不需要帽子；他之所以提到「文身」，反映出只要連用「文身」與「斷髮」，讀者就能明白所指為何。

但畢竟斷髮與被髮有實質上的差距，為什麼要形容越的時候，有的作者使用「斷髮」、有的人則用「被髮」？考慮到戰國時期與帝制初期的大多數華夏作者，可能並沒有親眼見過越或百越的人群，所以我們或許可以這樣解釋：不管他們使用斷髮或被髮，都只是隨機選用當時對「越他者」的流行說法。或者，即使這些作者中的某些人親眼見過越人，可能也只是當時被視為越的一個特定分支或分群。不難想像，有些越群體會披散頭髮，也有

些人會將頭髮剪短。最後一個可能的解釋是越人既不束髮又是短髮。如果越人只剪去前方的頭髮、任由後方的頭髮披散——如同披在肩上的斗篷——那不管是斷髮與被髮的形容都不正確。

這樣一來，與越人和越文化相關的第三種髮型「椎髻」便浮上檯面。最後這種髮型也會聯想到越，此一事實似乎使文學紀錄變得有些矛盾；畢竟，不管是哪種髮髻，都跟被髮或不束髮有衝突。同樣的，在思考為什麼要用三個看似互斥的髮型來象徵越之前，應先大概了解一下椎髻的基本使用範圍與涵義。

▶椎髻／魋結

有意思的是，除了上述的文獻內容，在涉及越的時候，椎髻（有時作「魋結」）仍然會和斷髮與被髮同時出現。[31] 如同斷髮，椎髻的出現似乎也相對晚近，但大概可確定是在漢代。椎髻通常與南方的越或百越聯想在一塊，但這種描述卻不僅限於越。與被髮一樣，椎髻可用來形容許多其它地域的異邦人，像是西北、遙遠的西南、山東沿海一帶，包括朝鮮半島，甚至日本本州的部落。[32]「椎髻」所指涉的空間範圍值得探索，更方便我們判斷其是否適合拿來描述越人。

《史記》與《漢書》稱朝鮮（朝鮮半島上的一個地區）第一任統治者衛滿（韓語：Wiman）在漢初異姓王叛亂時期，集結一千多人的軍力，「魋結蠻夷服」，越過當時的漢的邊界鴨綠江，建立聚落。[33] 在《日本書紀》中，有兩處用「椎結」來描述當地人或本土的風俗：第一個是對居住在本州東部人群的描述，或可追溯到景行天皇二十七年二月或公元九十七年（時代可能有誤）：「其國人，男女並椎結文身，為人勇悍」。[34] 這精確切合了對越

人的描述，讓人不禁好奇《日本書紀》是否挪用了中國早期史書的流行說法來描繪本土的原住民，抑或本州是否真的有勇悍的人群，採行跟越一樣的身體慣習。[35]第二個例子可追溯到神功皇后攝政元年三月或公元二〇一年，此時期涵蓋了日本史上未經證實的一段事蹟，敘述武內宿禰藉口召開與當地叛逆部落的「和平談判」。「椎結」在此處的意義重大：武內宿禰命士兵將弓弦藏在自己的椎結中，其他人則帶著未上弦的弓參加談判。原住民受騙後遭到屠殺。[36]《史記》另一個有趣的段落講述一位來自山東的難民程鄭「亦冶鑄，賈椎髻之民」。[37]

從漢代開始，不僅山東、韓國與日本（本州）的人群在早期文獻中以椎髻描述，這種髮型有時也和西北方的西狄有明確的聯繫。以下引文出自漢代的《說苑》，林既告訴齊景公（死於公元前490年），有些人雖然出身邊陲或表面上看來不文明，但依舊成為著名的臣子：

> 越文身剪髮，范蠡大夫種出焉；西戎左衽而椎結，由余亦出焉。[38]

這個特殊的例子令人困惑，因為它顯示出並非越，而是西戎也梳椎髻。對於誰梳椎髻，史料出現了不一致的聲音。

由於這是第一次明確提到西戎梳椎髻，人們可能會懷疑《說苑》的作者只是出於文化刻板印象而隨口談論，並不在乎其是否準確符合現實。畢竟，這篇文章的主旨並非傳達邊陲人群的重要戰略資訊，而是要表達任何文化背景都能栽培出優秀的臣子。然而，狄人左衽的觀點可能有幾分真實性。上面提過孔子曾云，幸好管仲打敗戎，不然整個華夏都必須「被髮左衽」。[39]但《論語》

中的戎是被髮，而非《說苑》提及的椎髻。

　　《史記》與《漢書》也提到南方以外另兩處梳椎髻的地區：北方的匈奴，以及西南位於滇地主要王國以北的邛都國。邛都人皆「魋結，耕田，有邑聚」。[40]此外，東漢學者王充的《論衡》列舉了南方與西南人群的髮型，其中與所謂「越」人群的現實相符合，還有許多其他人可能的髮型：

> 夏禹倮入吳國。太伯採藥，斷髮文身。唐、虞國界，吳為荒服，越在九夷，劖衣關頭，今皆夏服，褒衣履舄。巴、蜀、越嶲、鬱林、日南、遼東，[41]樂浪，周時被髮椎髻，今戴皮弁；[42]周時重譯，今吟詩書。[43]

　　這個段落的方方面面都令人驚訝。王充的言論不僅把南方、西南（包括日南，位於今日越南中北部）與東北（遼東）地區的人群都聯繫起來，更把「斷髮」和「椎髻」的習俗也一股腦地加以聯繫。如果王充沒有錯，那他就幫助我們解決了部分的椎髻之謎：漢代時，斷髮與椎髻都會令人聯想到南方以及西南的越、巴、蜀人群的髮型，以及居住在大陸東北的原住民的髮型。

　　到目前為止，最常被提及的椎髻歷史與一個我們熟悉的人物有關：南越王趙佗，本書之後也會再詳加討論。這段歷史中最具權威的說法非《史記》莫屬，其記錄了漢初陸賈出使南越會見趙佗的故事。在這段著名敘述中，趙佗「魋結箕倨」來接見漢使陸賈。[44]這個故事自漢代起便在文獻中不斷出現，這個行為也意味他「為當地人所同化」。有人可能會發現，「椎髻」通常不會與「文身」連用（除了上述的《日本書紀》）。

　　椎髻所連結的應該是一種行為，因為它普遍存在、四處擴

散，是野蠻、本土、他者性的描述性標記。這點在稍晚一點的《列女傳・梁鴻妻》中得到證實：東漢隱士梁鴻，在拒絕了無數有權氏族的聯姻要求後，最後選擇娶一位「乃更麤衣，椎髻而前」的女性。[45] 雖然我們可以推測梁鴻與妻子皆為華夏人士，但未婚妻頭上梳的椎髻表明了兩人共同的願望，即如隱士般在野外生活。

最近，中國學者彭年提出論述，認為椎髻並非發源自越人，華夏的祖先也梳這種髮型。[46] 若真如此，那麼諷刺的是，在漢帝國時期，這種髮型不僅在華夏人群中變得罕見，更被轉化成異族原始狀態的標記，特別用來指涉「蠻夷」，也可指涉北方或西南的原住民。

考慮到椎髻是用來形容蠻夷與戎狄的，要成為能定義越的特徵似乎就不太恰當；但這種流行比喻，如果拿來形容未採用華夏與周文化的精密、文明化生活方式的人群，可能更為實用。

到了這裡，大家可能會質疑，為什麼三種看似不同的髮型都會被用於描述越的常用簡寫；我們的分析顯示，早期的**中國**作者可能只是憑印象混合並配對他們的文化刻板印象。如若他們之所以使用同樣的比喻，只是為了指出誰是「他者」，那就沒有必要考究現實的民族；大多作者之所以提及越，很可能都是因為這個目的。然而，考量到文身這個身體標記的獨特性，且通常還跟「斷髮」連用，我發現這種標記很可能具備某種現實的基礎。若真如此，我們就應該要去思考**中國**作者在形容越的髮型時，為什麼會有這麼多種可能性。

另一種解釋是，對自己所知的異族「越」，這些**中國**作者的形容並沒有錯，但在使用「越」這個詞彙時，遭遇到一些問題。毫無疑問，族群名「越」指的是個體文化和族群群體的廣大多樣性，而每個群體都有自己的習俗與歷史。或許有些越人在語言、

基因或物質文化等層面上有所聯繫，但這並不排除每個分群有不同的習俗與宗教，並反映在髮型等標記上。**中**國作者所指出的只是越的某個分群的典型慣習，但他們以為已經準確描述了整個越。這樣一來，不同的作者，在不同的時間寫作，指涉不同的越群體，描述越的方式當然也會有所不同。按照這個邏輯，或許並非所有越都被髮；也許某些人斷髮、某些人梳椎髻。考量手邊史料中在時序上有不小的斷層，且不同的越群體也可能在歷史上的某些時刻改變了髮型，因而讓事態更加混亂。

最近在浙江省博物館看到一尊所謂「越」人的古代形象，讓我想到王充看似混淆了斷髮與椎髻，但很可能並沒有說錯：一種髮型可能需要運用兩種方式才能描述。圖 6-1 是個跪著的男人，應該是越人，全身都有文身；從正面看，整齊的瀏海從中分成兩側，貼著臉梳下來。圖 6-2 則是從側面看，顯示下方的頭髮剪短，其餘頭髮則往後梳成某種髮髻。也許在作者特意將越人與「斷髮文身」及「斷髮椎髻」相聯繫的時候，心中所想到的形象就是這樣。

我們可能會問，文獻上的不一致，以及用髮型來表現差異，隱含了什麼意義。在將「被髮」當作所謂的越的標記時，我們同時爬梳出與不束髮相關的許多文化意涵，諸如聖祕性（numinosity）、瘋癲、青春、純潔心靈或接近自然或真理。將「被髮」置於更廣泛的文化脈絡後，除了異質性、卑劣，以及不文明與原始的感覺之外，還反映出上述的價值觀如何形塑出越他者的概念。

一些據稱是越人獨有的髮型，結果卻並非如此。尤其是椎髻，似乎讓作者找到一個普遍的標記，用最簡化的方式表明一個人作為外來他者的地位，椎髻也因此很適合作為蠻族之喻。因

此，《史記》在講述趙佗的這段歷史時，椎髻便因運而生，這迫使我們重新思考司馬遷（或敘事者）對南方越人的聯想，進而體現出虛構「北方人為當地越人所同化」的敘事隱含什麼意義。

　　對越的不一致描述與刻板印象都再再表明，**中國**作者對越他者並不具備足夠或準確的理解。又或許，無論戰國時期與帝制初期的作者能否掌握對他者的準確資訊，他們之所以提及越，很可能帶有其他動機；因此，除了髮型與文身等簡化的刻板印象，根本沒有興致去深究越的其他差異。最後這種解釋可能就是實情，即**中國**作者對越的簡化描述雖然可能具備民族學上的準確性，但

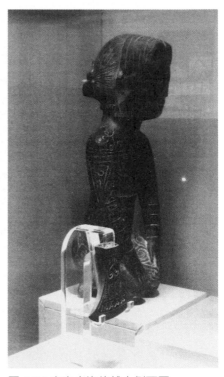

圖 6-1：文身坐姿的越人正面圖。　　圖 6-2：文身坐姿的越人側面圖。

他們與越的交往既不深入也不持續，便無法或沒有意願去跨越表象，了解越的不同分群之間更細微的差異，或某些習俗背後隱含的原因與信仰。

箕踞／倨

儀態是定義儀式與專業知識的一大指標，坐姿也是需要仔細觀察的行為。宋代中國已不再席地而坐，思想家張載（公元一〇二〇一一〇七七年）便提醒讀者，古代席地而坐有何作用：「古人無椅桌，智非不能及也。聖人之才豈不如今人？但席地則體恭，可以拜伏。」[47] 從戰國時期與帝制初期文學中的敘述來看，適當的坐姿在周文化中體現出恭敬、謙遜與尊重的態度；悖禮的坐姿不僅代表冒犯與有失尊重，更是文化偏差（cultural deviance）與缺乏文明的標誌。

「箕踞」（箕倨）指的是「臀部著地、兩腿彎曲或舒展，形如奮箕」的坐姿，我將在本節探討這種坐姿背後的含義。[48] 「箕」這個詞彙也十分重要，因為會讓人腦中浮現垃圾渣滓的樣子，故而這種坐姿肯定會讓華夏人群覺得這個人卑劣低下。這種坐姿會聯想到「夷」這種他者，《論語》中較後面的章節中也可以看到這樣的說法：「原壤夷俟。子曰：『幼而不孫弟，長而無述焉，老而不死，是為賊！』以杖叩其脛。」[49] 令人玩味的是，「夷俟」這個用語的字面意思是「夷箕踞以坐待」，後世的評論家將其翻譯並理解為「箕踞」。這是否是「夷俟」的正確解釋，我們無法得知；但由於故事裡孔子為了糾正原壤，故用手杖打他的脛骨，可見原壤應該是用某種姿勢蹲坐。不過，重要之處不在於「夷俟」的真正涵義，而是後世的學者，很可能受東漢鄭玄（公元

127–200 年）或何晏（公元 190–249 年）的影響——將夷的坐姿
與「箕踞」聯繫起來。

回到南越王趙佗的著名敘事，他在迎接漢使陸賈時「魋結箕
倨」。[50] 陸賈不卑不亢，款款而談，不僅動之以情，還威之以兵，
讓趙佗這個可憐的傢伙只好認錯，更為讀者提供了一個透過展示
花俏辭令、讓漢成為合法權威的的案例。《史記》接著提及趙佗
如何回應陸賈：

> 於是尉他乃蹶然起坐，謝陸生曰：「居蠻夷中久，殊失禮
> 義。」[51]

從趙佗的體態舉止看來，無疑便是「蠻夷」。這令人不禁浮
想聯翩，如葉翰（Hans van Ess）所指出的，趙佗接見陸賈的故
事發生在《史記》的〈酈生陸賈列傳〉，而在同一個篇章中，漢
高祖第一次見酈生的時候，也是呈現「箕倨」的姿勢。葉翰認為
司馬遷刻意在同一章中加入趙佗事件，是為了巧妙、間接地批評
劉邦的舉動如同蠻族，畢竟就連趙佗本人也在之後承認這樣的姿
勢如同蠻夷。[52]

在另一段漢代文獻中，我們看到不僅蠻夷，有些北方人也箕
踞而坐：「胡、貉、匈奴之國，縱體拖發，箕倨反言」。[53] 故而
我們也開始懷疑不僅越箕踞而坐，所有其他非周文化的人群是否
也都這樣坐。如李濟所言，周代時確實十分鄙夷箕踞這種坐姿，
不僅因為它與東方的夷狄異族有關，更因為它不符合大多數公開
場合需實行的文明化周禮。[54] 周禮的傳統坐姿「跪坐」強調對人
的尊重，是非常正式的坐姿，意思是將臀部坐靠在腳踝上，類似
現在日本仍然風行的跪姿。[55]

華夏認為這種跪姿在警戒與謙遜之間取得了適當的平衡。[56]但是我們可以想像，臀部直接坐在地上應該是很舒服恣意、不受拘束的，故而可用來簡易識別出不諳周禮之人。[57]

如果看一下這個用語還能在哪裡找到，會發現這種坐姿甚至出現在周文化中。在《莊子》晚期的篇章中，蔑視周禮的大師——莊子也這樣坐：「莊子妻死，惠子弔之，莊子則方箕踞鼓盆而歌。」[58]在這個例子中，莊子的所有言行均透露出對傳統周禮的悖離：妻子去世後不僅毫無悲戚，還放浪形骸地肆意慶祝。雖然難以將「箕踞」與此段落所呈現的莊子形象的其它意涵明顯區隔開來，但上下文清楚流露出，「箕踞」連結到反儀式與隨興，而且很有可能代表全然的野蠻。

除了——但肯定與之相關——「箕踞」反映出與周禮的對立，這種坐姿也被解讀為有失尊重。《史記》有兩個令人印象深刻的故事也傳達出這一點。第一段是荊軻刺秦土（後來的秦始皇）而不得：荊軻意識到大勢已去，難逃秦王侍衛的毒手，故在死前「倚柱而笑，箕踞以罵」。[59]荊軻接下來的言行舉止，反映出對另一個人的極度不尊重；這種坐姿所傳達的詛咒不亞於言語，不僅適用於不文明的異族，也適用於刺客。

另一段故事的主角是位出身**中國**的「游俠」，也很適合此處的主題：

> 解出入，人皆避之。有一人獨箕倨視之，解遣人問其名姓。客欲殺之。解曰：「居邑屋至不見敬，是吾德不修也，彼何罪。」[60]

我們雖不知道箕踞之人的出身為何，但可以發現一個事實：

在某些情況，箕踞是種侮辱人的舉動，其罪甚至當誅。英雄郭解不懲處此人，反而解除了他的兵役，這個人於是前往拜見郭解並「肉袒謝罪」，反映出郭解的德行非凡。[61] 郭解的行為如同貴族著重內省，而非懲罰冒犯自己的人。

在**中國**文化領域，並非只有莊子和郭解以這種坐姿聞名；到了漢代初年，劉邦接見趙王時，也曾有「高祖箕踞罵」的舉動，被解讀成新皇初登基時仍欠缺儀禮。[62] 不過，皇帝以這種坐姿示人，便代表他想羞辱這個人；顯然箕踞在周文化規範領域內自有其涵義，這些涵義可能與這個姿勢所隱含的「蠻族行為」並行不悖。可以確定的是，無論這種坐姿源自哪裡，處於任何文化或地位的所有人都可以利用它來傳達厭惡、輕蔑與憤怒的訊息。

在**中國**區域之人群的認知中，箕踞代表文化上與周禮的顯著差異與悖離，但它並非越所獨有。這種坐姿有多種涵義，既表明粗魯、欠缺尊重、厭惡，也表達了對觀者的羞辱這種心理。除卻趙佗接見陸賈的敘事，對越人的記載中都沒有提到箕踞；由此看來，箕踞可能根本不是越的特殊慣習。如果之前便懷疑《史記》為何將趙佗描述成與當地越人一樣，現在這種質疑就更加有憑有據。

文身雕題

有些學者將文身等文化習俗與南島語系人群聯繫起來，據此主張這些習俗是沿著東南亞與太平洋島嶼的特定歷史軌跡散播開來。[63] 我們當然有充分的理由將古代中國人口中的「東夷」與越人和之後的南島語系連結。古代中國的早期與中古文獻在談論南方的時候，也多半會提及東夷與越人身上的文身。

無論是短促含糊的提及，還是對他者的長篇大論，文身幾乎總是和東方與東南方的異族相提並論，而這些異族通常被稱為「荊蠻」、「東夷」、「吳越」、「吳」、「越」或「甌越」。有鑑於文身時常與「被髮」或「斷髮」連用，因此這種對蠻族的特殊比喻似乎奠基於他們真實的文化慣習。髮型讓人聯想到的形象，已遠遠超出蠻族或族群他者，還包括精神失常的聖人、鬼神或不染塵埃的童子等；但在提到文身或對某些身體部位的烙印——尤其是前額的時候，則似乎指涉特定的人群及其文化慣習。出於此原因，有必要關注與這些習俗相關的地域與族群名，因為它們對民族志來說可能有其價值，尤其是我們這裡所要思考的，正是這些習俗與越文化的關係。

前述《禮記》曾提及：「東方曰夷，被髮文身……南方曰蠻，雕題交趾。」[64] 而在《說苑》中斷髮文身的，其實是位於吳國東南的越國。[65] 這與前述《左傳》中的故事相似（王符〈潛夫論〉亦重複了這個論調）：太伯仍遵循周禮，但二弟仲雍與其繼承人則接受吳越風俗「斷髮文身，贏以為飾」。[66] 王充的《論衡》也提到了這一點：在討論吳越的時候，都強調了他們「禹時吳為裸國，斷髮文身」的相似慣習。[67] 不過《論衡》在另外一個段落的描述則略有出入，說太伯「入吳采藥，斷髮文身，以隨吳俗」。[68] 這些佐證的史料主要都來自漢代，但可追溯至《左傳》，都將吳越文化的人群與族群名「夷」以及斷髮文身的風俗相連結。

對蠻族的比喻最有趣的面向在於，作者會根據華夏人群較容易接受或理解的論調，來證明或解釋所謂的原始慣習。例如《說苑》中有個迷人的故事，講述一位名叫諸發的越人，堅持自己的文化慣習：「是以剪髮文身，爛然成章以像龍子者，將避水神

也。」[69] 韓嬰的《韓詩外傳》也提到類似的故事，把「劗墨文身翦髮」等極端的慣習都一股腦地歸越人所有：廉稽曰：「夫越，亦周室之列封也，不得處於大國，而處江海之陂，與魷鱔魚鱉為伍，文身翦髮，而後處焉。」[70]

《說苑》中諸發的例子，認為越人把文身視作能抵禦邪惡水神的護身符，所以他們身上的彩色文身是在模仿水中之王——龍，藉以保護自己，這種習俗既實用也合乎宗教信仰。《韓詩外傳》中越人之所以文身則是出於不同的原因。其解釋援引了一個如烏托邦般的國家：「與魷鱔魚鱉為伍，文身翦髮，而後處焉。」人們的外表需和一同生活的海洋生物類似。這不僅讓越人變得原始，更透過文學去想像生活在人類文化邊陲的境況，鼓勵華夏讀者接受另一種截然不同的文化現實；「文身」呈現出兩棲類的一種生活方式，挑戰了完全成為人類的意義。[71]

在《淮南子》中，「九疑之南」的人群也因為需水路兩棲而被髮文身，但原因並非是要與海洋生物為伍：

> 九疑之南，陸事寡而水事眾，於是民人被髮文身，以像鱗蟲；短綣不絝，以便涉遊；短袂攘卷，以便刺舟；因之也。[72]

為論證人類對不同自然環境的適應力，作者從生活於特定氣候帶的人群下手，討論斷髮文身等越人相關的典型特徵。這些南方人不再是與海洋生物為伍的邊陲群體，而是足智多謀的人類，知道如何適應並充分利用水中環境。賦予他者人性後，有助作者推演出一個重要的修辭目標：不認為這是怪異的風俗，而是針對所有人類的適應力提出令人信服的觀點——這完全符合第五章所

提到的針對他者的批判、修辭手法。

另一種裝飾身體的方式是「雕題」。對「雕題」的描述更具體地指向某些越人，不太可能是對越的總稱。我們在賈誼《新書》中找到如下描述：「是故堯教化及雕題蜀越，撫交趾」。[73]《史記》中的一個段落將「雕題」與東方吳越文化連結，進而說明這種習俗可能並不局限於西南的蜀、與南部地區的交趾：

> 夫翦髮文身，錯臂左衽，[74] 甌越之民也。黑齒雕題，鞮冠秫絀，大吳之國也。[75]

之前已經看過斬釘截鐵認為吳越人群皆文身的說法；但為何有些段落，比如上述的《史記》，卻將文身與更南方的人群相連結，而將「雕題」與吳越人群聯繫？可以想像，「雕題」也可能被華夏人群理解成一種文身的習俗，所以這個作者筆下的文身，可能就是另一位作者口中的雕題。畢竟，不熟悉人體藝術習俗的人，將不同類型相混淆，或認為所有形式都並無一致，這都是有可能的。雖然本書將文身的英文翻成「刺青」（tattooing），但它更字面的意思指的是「身體的裝飾」或「讓身體裝飾華麗」。許多作者可能用文身指涉各種不同的身體裝飾習俗，例如烙印；用刀之類的器物雕鑿；穿孔、刺青等，這些可能的方式都存在於當時南方、西南與東南的不同部落與人群。[76]

儘管如此，仍必須考慮「雕題」與「文身」是不同的習俗，而且會連結到極為不同的群體。本章開頭所引用的楚辭「招魂」反映出極南之地與越相關的習俗：「雕題黑齒，得人肉以祀，以其骨為醢些」。[77]文獻通常會在同一個段落中提及「文身」與「雕題」的不同群體，反映出作者已經意識到這是對兩種不同群體習

俗的觀察。值得推敲之處在於，除了廣義的「南方」，似乎沒有一個固定的地理位置可以連結到這兩種習俗。

「雕題」在史料中出現的頻率遠低於文身——在漢代與前漢時期文獻中僅出現了十到十五次，但可以從東方與東南的吳越，連結到極南之地的交趾，甚至到更遠的西方。[78] 文身所涵蓋的範圍更廣，不過主要仍與越和南方有關。考量到此種地理上的差異與不精確性，似乎無法靠文本紀錄來清楚定義出這類習俗的明確界線；最多能提供一個憑藉印象的形象，描繪出一個大範圍的、擁有各類人體藝術的南方非華夏人群。

「交趾之國」: 交趾與交阯郡

對南方特定越人的另一種描述是「交趾」，意思是腳掌往內旋。有趣之處在於，這個用語也是漢對其在遙遠南方所設之郡的另一種名稱。這個區域的名稱原先叫做交阯（越南語：Giao Chỉ；字面意思是「交會點」），所用的字較為罕見。交阯郡位處南越國被稱作「甌越」的地區，靠近今日廣西西南部與越南北部（亦稱「東京」，延伸至紅河三角洲流域）。交阯郡以南是漢代所設的九真郡（越南語：Cửu Chân，與現代越南的清化地區相連），交阯與九真兩郡的範圍涵蓋了昔日甌越國境。[79] 接下來我將探討此身體描述與地名間的潛在連結；雖然這兩者之間的關聯似乎很明顯，尤其作者本來就會用「黑齒」、「雕題」等描述來指涉諸國，但我們不能將之視為理所當然。畢竟，趾（腳趾）與阯（地點）這兩個字符確有不同，與「交」連用時，所代表的涵義也大相逕庭。這兩個複合詞都各有其意義，顯示出「趾／阯」並非彼此的借用。（在古典書寫中，字符常互為借詞，特別是該

特定字符在上下文中沒有任何意義時。）在史料中也並未找到明確將兩者聯繫起來的解釋，雖然這仍無法排除它們存在聯繫的可能性。

交趾這個地域代表遙遠的極南之地，如同作為北方極地的幽都。在帝制初期的文獻記載中，傳說中的古代聖王堯、禹（或大禹、舜、顓頊），在不同時期平定並統御五方人群。在所有文獻中，交趾都是代表南方之地。[80] 如之前提到《禮記》對五方人群的描述，「南方曰蠻，雕題交趾，有不火食者矣」。[81] 而在《墨子》核心篇章〈節用〉中，同樣提到傳說中的堯帝統治的土地極為廣袤，一路延伸至南國：「古者堯治天下，南撫交趾，北降幽都，東西至日所出入，莫不賓服。」[82]

這段文字可能早在公元前四世紀就已寫成，顯示出極南之地名為交趾，對應極北之地幽都，這種地理觀在中國很早便形成。「交趾」這個地名的出現可能早於把特定南方群體與「交趾」的連結；因此將「交趾」地名與南方「交趾」人群連結在一起的描述，可能並不是巧合，而是玩弄複合字符，藉雙關語刻意為之的毀謗。

引用自《呂氏春秋》的一段文字，提到的聖王是大禹，同樣描述了四方人群與環境。有些對東方與南方的描述，會讓人聯想到某些越群體；即東方的「黑齒之國」，還有「南至交趾」的「羽人、裸民之處」。[83] 此處的交趾似乎是地名，而非對人群的描述；但基於交趾與交趾的發音相同，我們要探究的是，當時的人們是否已經開始將此地名胡亂安在此區居民的實際形象上（儘管他們可能從未與「交趾」居民有過任何接觸）。

也許這種隨機的語言學聯繫——古老地名結合巧妙雙關語與有趣的人物特徵——被之後的作者拿來描繪想像已知世界的邊

陲：怪異、昏暗、反常與全然的異想。以下《呂氏春秋》的文字似乎確實影射出這一點：「西教沃民，東至黑齒，北撫幽都，南道交趾。」[84] 這裡寫的是「交趾」，而非「交阯」。作者似乎希望用這些地名所引發的對當地人群與環境的生動描述，拓展華夏讀者對四方之地的想像。

將邊陲人群與奇異或可怕的特徵相連結，這個舉動顯示出**中國**作者如何藉由將他者排除於中心之外，來讓自我居中。他們想像中的邊陲未知區域，正是這些描述中所隱含的反常、失衡與偏離中心之外。正如《山海經》所述，離中心愈遙遠，奇異的人類與類人的生物就愈多；「交趾」等地名就意味差異與對規範的偏離，對應的則是恐懼、反感與厭惡。當華夏人群在想像生活於世界邊陲的人群時，必定會感到一絲快意。

簡而言之，鑒於戰國時期對古代聖王的討論已有悠久的歷史，故很可能是「交阯」這個地名出現在先，隨後才根據發音的相同，將越人描述成「交趾」。若這個推論為真，那某些對他者的刻板印象就欠缺現實基礎；而完整的交趾王國也可能從來都不存在。可見真實的情況應該是，某些人群生活的地區，其地名的本地讀音聽起來有點像中文的「交趾」；**中國**作者便開始在這兩個同音字上大做文章，進一步貶抑他者，並強化自我的中心性與他者的差異性。

第七章

野蠻景觀與
魔幻客體

Savage landscapes and magical objects

華夏針對越風俗的怪異與野蠻的評論並不限於身體特徵，也包括了越他者的整體景觀。由於野蠻標記實在太多元，只靠少數的身體特徵紀錄難以一一討論，我們現在將研究擴展至身體以外的事物，像是景觀與器物／擁有物。思考越標記的各種相關涵義，並評估這些標記反映出多少現實，有助我們洞悉華夏如何通過對他者的描述來想像自我。

　　與身分認同構建相關的地理空間是接下來分析的核心，特別是探究這些比喻的空間元素，如何將自我與他者畫分在一個清楚的等級關係中，而這個等級關係立基於對「內─外」與「中心─邊陲」的極端定義。這些空間元素有助解釋華夏中心性的邏輯──這差不多就是早期中國族群與自我整體概念的基礎。水與海洋生物、兩棲類、疾病、刀劍等各種主題，皆有助確立華夏身分認同的中心性與基本特質，對比之下，越身分認同的輪廓模糊且流動，並逐漸退居次要。正如前景的創造仰賴背景的襯托，越必須成為一種次要、潛意識的現象，才能突顯華夏自我的主要

地位。

南方景觀由崎嶇山地組成，河川谷地和狹窄山隘散布其中。漢代之後，越、巴蜀等極南或西南地區成為官員貶謫或罪犯、戰俘流放之所。如同張磊夫所言：

> 唐代將西江峭壁間的狹窄通道稱為「鬼門」，東漢大將馬援所立的石碑依舊聳立，此處被視為是通往異域瘴氣的入口，故有諺語稱「鬼門關，十人去，九不還。」此現象早在漢朝就已出現，合浦向來是罪犯及其同黨的流放地。[1]

如此原始、野蠻的景觀——是鬼、罪犯與邊緣人世界的界線——讓人不禁浮現恐懼、不確定、遙遠與化外之地的感覺。由於以水或海洋維生的經濟活動與中原以土地為本的農業有著本質上的差異，故這種越人與水或海洋生物的連結便十分切實地傳達出這些情緒。下一節將深入探索這種奠基於海洋之上的液態性感知，如何有助於將對越的感覺指涉成具備根本差異的文化與人群。

水、游水、船舶以及海上生活： 越作為海洋生物

戰國時期，吳越文化的人群以通曉水性備受稱譽，海軍實力不容小覷，至少讓作者理所當然認為吳越是水生文化（aquatic culture）。在文獻中，越王勾踐的軍隊經常在船上出現，如之前提過《墨子》中記載的一則軼事：「焚舟失火，試其士曰：『越國之寶盡在此！』越王親自鼓其士而進之。」[2]《莊子》則將吳

越之間的戰事以「水戰」稱之。[3]而在《管子》中,我們看到齊國在對壘善海戰的越國時,居然獲得出其不意的大勝:

> 齊民之游水,不避吳越。桓公終北舉事於孤竹枝離,越人果至,隱曲薔以水齊,管子有扶身之士五萬人,以待戰於曲薔,大敗越人,此之謂水豫。[4]

《管子》這段文字所傳達的寓意是:只要對症下藥,就能克服困難。這符合中國古代知識分子作品中大部分哲學篇章的意識形態,即不管一個人有多擅長某項技能,靠著周詳的計畫還是有可能以智取勝,或者更諷刺的往往是,「善遊者溺,善騎者墮,各以其所好,反自為禍」。[5]但為了正確理解這一古訓與管子謀略的精要,讀者仍須把越的海軍想像成無堅不摧,並讓**中國**望塵莫及。作者顯然是要刻意強化管子的文韜武略,沒有理由需要誇大越的海軍實力。但是我也因此看到並沒有理由不接受「越是一種非常關注水及水上移動能力的文化」這一觀念的字面意義。

《韓非子》也藉「越善遊者」的比喻來強調「適才適所」的重要性:

> 夫待越人之善海遊者以救**中國**之溺人,越善遊者矣,而溺者不濟矣。[6]

雖然表面上看來,這段話是在誇讚「越善遊者」與其救人的能力,但實際上並非如此;這是在表達應審時度勢,而非一味考慮天賦(在越地游泳的越人,無法去救在遠方溺水的人)。在這些越善遊者或越海軍的案例中,讀者似乎早就知道這個眾所皆知

的事實：越人花很多時間與資源培養各類水上活動，他們通曉水性及其海軍都天下聞名。

　　雖然文獻中有很多例子認為越是一種水生、海洋的文化，但絕大多數的作者卻很少認真看待此一事實，也不願深究。因此，這種標記的修辭目的在於其為普遍接受的事實，讓作者能迅速運用這種既定事實來證明自己對策略、邏輯、功效性等更廣泛、通常帶有教育意義的觀點。

　　但這種對越人通曉水性的描述又有多少真實性？前引史料並沒有太多的評論。並不是說每次提到越人的水上或海洋活動，都是指實際發生的事情，而是說這樣的形象即便不是刻板印象，但至少可看作是華夏作者憑藉對越他者特徵的了解、與相對內陸的周文化比較之下而產生的形象。

　　雖然上述的引用似乎顯示出對越海上技能的敬畏，但作者有時也暗示這種能力的範圍與功用實屬有限，可以靠著戰略克服通曉水性的越。藉由提出這種論述，華夏作者似乎解決了他們對越的水上優勢的恐懼，並利用這個已被普遍接受的事實，來強化以謀略、練習與準備來克敵致勝的宏大觀點。因此，針對越這個位處邊陲、既危險又強大的敵人，強調他們在水上具有優勢的刻板印象，有助達到**中國**作者的修辭目的。

「南蠻蛇種」：龍與蛇

　　除了認為越是海洋生物的想法，越人與爬蟲類也具備某種重要的連結。越與某些巨蛇之間的聯繫，華夏的想像可能並不完備。如下所示，視覺紀錄中有很多資料顯示蛇是某些古代南方文化的圖騰。可惜早期文獻並沒有對越與其宗教習俗之間的關係多

加著墨。除了《史記》中提到漢武帝正式認可南方的雞卜習俗之外，對於宗教風俗、技術和信仰，我們只得以窺見一二。[7]除了前一章提及文身習俗時，說到有些作者嘗試指出文身可能的驅邪功用，我們對這些信仰的內容知之甚少。

到了東漢時期，已有文獻將南方人群與蛇圖騰、蛇神之間聯繫起來。漢代字書《說文解字》的說法便頗具代表性，《說文》用「蠻」這個字的部首，賦予這個字所指稱的人群一種普遍性的特徵：「南蠻，蛇種。」[8]字源當然不能作為南方人群與蛇關係的確鑿證據，但《說文》之所以特別提到蛇（而非「虫」這個部首所隱含的其他害蟲或爬蟲類），似乎顯示出東漢的作者開始認為這些人群與蛇之間具備某種儀式上的連結。

從其他層面來說，考古學已經貢獻了許多古代南方宗教文化習俗與可能的概念基礎之資訊：整片南方的新石器與青銅器時代的文物上都有蛇紋裝飾。吳春明全面概觀了整個南方地區——包括湖南、江蘇及遠至西南方的雲南——的新石器與青銅器時代的文物，指出早期陶器、青銅鼓、劍、錛與匕首上大量出現蛇紋，甚至蛇形。[9]而從幾個南方少數族群的民族起源故事中，現代人類學家也留意到裡頭出現的蛇祖與蛇神。[10]吳春明舉出現代廣西省武鳴縣和藤縣的石像為證據，一般認為這些石像是當地土著所崇拜的蛇母或蛇祖。[11]連同古越文化的其他地理溫床（海南、福建與台灣原住民等）的蛇紋文身、工藝品與房屋裝飾的證據，我們有充分理由認為，崇蛇習俗在中國東南與西南的許多群體中廣為流傳。

雖然蛇形象普遍出現在古代中國南方，但尚不完全清楚為什麼當時物質文化中要描繪蛇——是特定氏族的神靈或圖騰？是心靈力量的護身符？抑或是祖先神話不可分割的一部分？還是有其

他意圖？同樣未明的是，蛇的形象是否標記越或越的某個分群的獨特文化或宗教特徵，或者這個形象是否融入了此區域數十個迥異的族群群體。如果接受本書的立論，即認為「越」應該是由許多不同族群社群所組成，散布在古代中國／東南亞的東方與南方景觀中，那麼說蛇的形象與越人有關，就自然不會有太大的問題。

　　克拉克概觀了東漢時福建地區與蛇的關係，這與吳春明認為的漢人移民到福建後對蛇的「鎮壓」相對應。[12]四世紀的《搜神記》中有個著名的故事，講述東越閩中（即閩江流域）的人祭習俗──每年都要獻祭十二、三歲的童女給一條大蛇。[13]到了第十年，一名自願被獻祭的女孩用計將蛇殺死，並帶回前九位童女的頭骨。[14]是否該將這個故事解讀成中古時期，漢人殖民福建部分地區後所出現的小說，或應照字面上所見，認為其反映出當地人群對蛇的恐懼，我們實在難以判斷。不管怎麼說，東漢時期對南方人蛇互動的故事記載，明顯比西漢殖民時期要多。奇怪的是，即便古越相關文物上蛇紋蔚為流行，我們手邊戰國時期與帝制初期的史料中，卻並沒有對此有太多著墨，且對兩者間的聯繫幾乎隻字未提。早期文獻中這段令人喟嘆的空白，再次證明了當時文學中刻意為之的修辭學性質，以及華夏對越他者感興趣的類型。

　　至於龍，已經出現在很多古代越南或其他南方神話中，它們都將龍視為族群的起源與族譜的源頭。[15]因此，我實在沒必要老調重彈。龍也是華夏人群的符號，至少可追溯至戰國晚期，經過刻意、精心地重述後，邊陲人群也經常會出現這些創世神話。這證明了部分華夏作者與某些群體希望用共同源頭的概念，與北方的華夏建立譜系的連結。在第五章中，我們已經看到史家司馬遷如何將越王世系與傳說中的大禹聯繫──大禹也是華夏人群的祖

先。由於大禹與龍似乎早有關聯，故越與大禹的這層聯繫也意味與龍的連結。郭璞（公元 276-324 年）對《山海經》的評注便坐實了此說法：「鯀（禹的父親）死，三歲不腐。剖之以吳刀，化為黃龍。」[16] 意思就是，禹父親鯀的屍首變成黃龍——讀者應該已經猜到了——從中剖出了大禹。因此，華夏視大禹與龍為祖先，也將越人與這些傳說中的人物／生物聯繫在一塊。

人迹所絕、疾癘多作的南方

漢代在談論「南方」、「長沙國」、「江南」、甚至「印度（身毒）」等整片區域或特定王國時，多半以「卑濕」概括。[17] 這個概念將南方視為卑濕之地，嚴重戕害當地居民的生活品質，助長華夏將南方視為「人迹所絕、疾癘多作」的看法。

現代人認為低窪潮濕的地區一定會有蚊蟲孳生，因此便造就瘧疾與登革熱等熱帶疾病，但對古人來說，氣候與疾病之間的連結並非是鐵律。雖然中國後來的史書出現許多南方疾病與煙瘴叢生的記載，但值得注意的是，這種特殊的聯想可能要到晚一點才普遍見於文獻，於帝制初期逐漸成形並日益流行。或許這代表戰國時期的作者並不住在南方，所以不太會想到副熱帶或熱帶環境與瘧疾疫情間的關係，不過仍有一些公元前三世紀的篇章論述了異邦人、士兵或移民到了南方後的大疫。這些想法何時成為大眾對南方普遍認知的一部分，以及南方瘴氣的比喻為什麼在之後的文學中變得普遍，很值得深入探究。

在先秦的文獻中，只有一處能找到「卑濕」這個詞，不過是用來形容南方人群的氣性（humor），而非土地。這段文字出自《荀子》，其中討論「氣血」如何定義一個人的情緒、性情與傾向：

「（若一個人的氣血）卑濕重遲貪利，則抗之以高志。」[18]荀子提及這些低下或失衡的人，雖然本身沒有生病，但當然也稱不上是健康、協調或道德上完滿的典範。

第五章所引用的〈水地〉篇，可以找到管子對越地及其人群疫病的指責：「越之水濁重而洎，故其民愚疾而垢。」[19]由於整段文字還提到其他幾個地區，故此敘述並非專指南方之水最為汙穢，文中還訓誨了生活在其他水地的人群：「楚之水，淖弱而清，故其民輕果而賊……秦之水泔最而稽，滯而雜，故其民貪戾，罔而好事。齊晉之水，枯旱而鉉，滯而雜，故其民諂諛而葆軸，巧佞而好利。燕之水，萃下而弱，沈滯而雜，故其民愚戇而好貞，『輕疾而易死』。」[20]除了燕人「輕疾而易死」外，只有論及越的時候提到土地與疾病之間的因果連結。這樣看來，《管子》可能最早提出南方環境會引發有害疾病的言論。

第五章時曾提到漢代政治家晁錯認為越人的身體「少陰多陽」，但有趣的是，這種失衡導致的並非疾病，而是對環境的適應力——身在這種環境中皮膚變薄，便能忍受暑氣。[21]這種對氣候與人群之間連結的描述，並沒有像多數漢人在提及南方時，會從煙瘴或疫病下手去討論土地；而是將陽氣較盛與人體對氣候的適應力聯繫起來，焦點並非疾病，而是解釋世上人群間的差異。

隨著帝制初期的侵略與殖民，愈來愈多外來人口湧入南方，兩漢的作者似乎逐漸意識到潮濕與疾病之間的連結。有些漢代文獻對瘴氣與氣性之間的連結有非常具體的論述；另外一些作者則並不關注德行或氣性，而是將土地與病弱身死聯繫起來。這體現在對南方「卑濕」的各種敘述中，諸如「丈夫早夭、壽不得長、疾癘多作」等說法比比皆是。[22]

公元前一八一年至一八〇年，呂后派兵入侵嶺南，卻因漢軍

染疫、死傷大半而未果，司馬遷的解釋是，「會暑溼，士卒大疫，兵不能踰嶺」。[23]《漢書》在提到南方時，也提到不適人居的環境與疾病，這段文字出現在對南方邊境越人軍力的長篇論述之後，是少數能讓讀者覺得作者的說法是基於實際經驗的論述，或者是出自更深入理解當地及其人群的視角：

> 限以高山，人迹所絕，車道不通……南方暑濕，近夏癉熱，暴露水居，蝮蛇虺生，疾癘多作，兵未血刃而病死者什二三，雖舉越國而虜之，不足以償所亡。[24]

從上述的討論來看，戰國時期的文學似乎不流行將南方比喻為「人迹所絕、疾癘多作」，因此或許可以推斷，這代表漢代之前與漢代的大多數作者靠的主要是想像，而非商旅、士兵、定居者與移民的親身經歷。幾乎只有《史記》與《漢書》在論及土地與疾病之間的連結時，會奠基於事實——取材來源可能是前往越地作戰的軍隊對當地的描述。在書寫軍隊的遭遇時，有些漢代作者指出南方不僅地理位置不適人居，從病理的角度來看也會傷及性命。

但其餘帝制初期的作者卻僅抱持南方與陽氣關係的一般五行概念，對於南方景觀對人類影響的論述通常更不實事求是，顯露出對南方潮濕氣候的致病力欠缺認識。代表這些通常進行哲學著述的作者，依賴的是本土哲學解釋和他者理論，而不是從南方一手資料與實際經驗中得到的帝國知識。對這些作者而言，南方始終是宏大華夏想像中的一部分——一個符合五行宇宙觀的世界，而非現實世界的重要組成。因此，南方有助於這些作者的修辭與理論目的，即在人群與宇宙力量的概念化對應世界裡，南方位處

偏離中心之外的空間。這個角色滿足了華夏作者以中心—邊陲的地理觀和宇宙觀，來表述對自我與他者的畫分。

刀劍之國

越文化的另一個特徵是出產寶劍，以及與龍和其他兩棲類的出世有關的避邪刀具。這種越與專業技能的連結，類似越善海戰、具有水上優勢及能力的比喻。但不同之處在於，在提及越與劍的聯繫時，並沒有強調極端的文化、環境差異或是生活方式；此外，關鍵處在於專業技能，這種連結暗示了華夏與越在文明程度上的勢均力敵。

與其他對區域和特長的描述一樣，對於越鑄造的劍，華夏的欽羨更帶有一絲敬意，這種敬佩源於對越人、越文化與越地出產寶劍的上好材料與精良工藝的欣賞。因此，雖然劍的內涵為暴戾及危險，使劍之人亦頗具威脅性，但相較於其它對他者的討論，這個立論完全不涉及野蠻。事實上，華夏認為越的才能足以打造兼具品質與價值的器物，而且這些器物符合世界概念的模式化（conceptual schematization）及商業上的對象化（commercial objectification）。依照這樣的模式，世界上的每個不同地區都有一項商業上的專精技能，可為整體、尤其是中心貢獻它的價值。[25]

越劍受到重視的時間，至少不會晚於戰國後期。公元前三世紀後成書的《莊子》〈外篇〉即清楚流露出對越地所鑄造劍器的珍視：「夫有干越之劍者，[26] 柙而藏之，不敢用也，寶之至也。」[27] 到了漢代，越不僅以打造寶劍著稱，更以劍術聞名。《吳越春秋》記載了一段「越女之劍」的軼事，提及越國南林一名年

輕女子所使的一種特殊劍法。故事中，有人向越王勾踐引薦一名善使劍的女子，女子表示自己掌握劍道的祕訣。親眼見識過女子高超的劍術後：

> 越王大悅，即加女號，號曰「越女」。乃命五校之隊長，高才習之，以教軍士。當此之時皆稱越女之劍。[28]

這段文字的前一些篇幅詳細描述了越女的劍術，雖然讀起來很像論述陰陽之道的宇宙觀專著，但仔細觀察便會找到一些針對越及越女的特殊態度。例如，據稱越女回答：

> 凡手戰之道，內實精神，外示安儀，見之似好婦，奪之似懼虎。[29]

「好婦」與「懼虎」的對照，一方面代表現實與表象的分歧，另外也展現出周禮的價值觀及野蠻凶殘的他者想像。就現實與表象來說，這段文字引導讀者思考一個人所潛藏的內在現實，不僅與外表截然不同，還隨時可能會釋放至外在世界。不同於傳統周禮或儒家的道德寓言，這段文字的目標並非敦促一個人需內外如一──不論是道德教化還是表裡一體，都沒有必要。精確來說，它想傳達的反而是外在表象與內在現實的斷裂賦予了劍術力量。

那這名女子非得是越人不可嗎？她與越的連結可能並非巧合，當然，這個故事可能是真實事件，記錄一名武藝高強的越女劍術大師。但越女與越王勾踐的對話為什麼會被一字不漏地記錄下來？越女優雅的談吐頗有斧鑿之嫌，讓人不禁懷疑這個創造於事後的趣聞，不僅僅是為了解釋人們將此劍法稱為「越女之

劍」的原因。劍法以非屬華夏文化的女子為名，這點似乎情有可原。我們已經探究了邊陲是如何被賦予這種特殊的力量——一股與生俱來的極端力量。有什麼比削鐵如泥的寶劍與文化異常（culturally anomalous）的女劍客更能表達極端性？

與越女劍聯想在一起的形象，失當卻又合理、驚人卻又平凡，既意味深長又微不足道。之所以失當、驚人又意味深長，在於文明社會中女性的行為舉止應當像個「好婦」，不該打鬥或懂劍法，更不用說要與男性比劍。此外，提到「越女」也可能是指西施等越國美人，美人與女性劍術大師的形象並列，肯定會引發令人驚愕的概念反差。

但這段文字也合理、平凡又微不足道，因為華夏女性本來就應該是「好婦」，但這名女子既然是越人，那麼她如猛虎般的僭越行為就比較容易讓人接受了，況且越人既然握有寶劍，便該有懂得使劍之人。

無獨有偶，越這種「懼虎」的形象，也可理解為內在的野蠻雖然可怕但價值無窮，應當要馴化、控制並利用——而且應等待良機向世界釋放。因此，「越女之劍」的寓言不僅代表華夏對越的敬畏，更歌頌了控制與利用每個人內心凶殘野蠻的重要性。

將劍法以文明邊陲的女性為名，無疑是種諷喻，用意想不到的對比造就認知失調（cognitive dissonance）：女性／劍；好婦／懼虎；美人／雌性猛虎；華夏／越；周禮的價值觀／異族的野蠻力量。越的鑄劍技術被轉化成位處社會與自我邊陲的僭越凶殘女性的故事，越國美人的文化聯繫則幻化為狡詐女劍客的駭人形象。如此一來，越國精湛鑄劍技藝和高超劍術的暴戾內涵，不僅被拿來描繪並對比自我與他者，更被用來挑戰自我，以回應南方他者的優勢，並駕馭、馴服這股凶殘和狡詐的力量。

小結

　　雖然還有更多描述南方或越人野蠻、怪異的慣習、外表、棲息地與相關器物的比喻，但最後兩章要討論的是早期文獻中最常見且最重要的比喻。學者常從字面意義上看待對越他者的文字描述，卻未嘗試用批判性的方法來揭開偏誤。上述對越的描述，試圖爬梳華夏作者所創造的修辭、他們的幻想或偏誤，藉此探尋其潛在動機和基本假設。經由這樣的審視，我強化了華夏自我如何用簡化的、但切中要害的他者形象來將自我居中，並創造一種固定且統一的自我意識；另一方面，也藉由相對多元的文化慣習和民德，讓華夏中心自我的優越感產生動搖。這些對自我與他者的表述，無疑是一扇窗口，讓我們得以窺見華夏對自我的再現、願景與勸戒。

　　探索既定比喻中存在的更廣泛詮釋脈絡，我們得以更深入了解南方他者如何有助於華夏自我批判與自我激勵（self-congratulatory）的完成。在將「被髮」當作所謂越的標記時，我們也同時爬梳出與不束髮相關的許多（華夏）文化意涵，諸如聖祕性（numinosity）、瘋癲、青春、純潔心靈或接近自然或真理。將「被髮」置於更廣泛的文化脈絡後，反映出越他者的概念很可能受到上述價值觀的渲染，所有這些皆有助於強化越的異質性。

　　文獻中對越他者的描述常有相互矛盾之處。一些據稱是越人獨有的髮型，結果卻並非如此。尤其是椎髻，似乎讓作者找到一個普遍的標記，能簡單表明一個人作為外來他者的地位，因此椎髻也很適合作為蠻族的比喻。《史記》如何講述趙佗的這段歷史，便值得我們留意，特別是在考古或文本傳統中幾乎沒有跡象

顯示趙佗周遭的南越人群梳這種髮型。因此，椎髻出現在這段歷史中，讓我們不得不重新思考司馬遷（或敘事者）與南方越人的連結，進而質疑歷史的共同詮釋（common interpretation）：北方人接受越的風俗和行為進而「本土化」（gone native）。此外，文獻中「交趾」所指涉的極南之地既耐人尋味又令人費解。這個情況可能是將對遙遠人群的幻想或誇張描述轉成了地名，抑或如同我所質疑的，這個地名之後不但與其他同音字混淆，似乎還與描述人體的諧音用語混淆。這顯示出有多少與邊陲人群相關的比喻是基於想像或隨機的創造，這些比喻的當務之急是實現華夏的中心性、明確性及常態性。

我們同時會看到某些所謂越文化的標記亦可作為**中國**下層階級、坐姿隨意或蔑視周禮的人群的通用標記。「跪坐」特別用於問候他人、參與儀式或展演，「箕踞」則是對傳統周禮坐姿「跪坐」的特殊回應。這個標記的出現雖與越有關，卻並未反映出多少越文化特徵；我們反而應將「箕踞」視為是**中國**對粗野或不文明之人的簡稱，這個坐姿亦可用於羞辱他人，抑或表達自己對周文化習俗的反抗。

在討論南方的景觀與環境時，我們所看到的似乎多半是想像的地理，而非真實的地理。再者，這些與越相關的空間比喻要用華夏中心性的邏輯才能理解，即華夏試圖藉中心與邊陲的分類來同化差異，並藉由南方與中心的距離來表述南方的野蠻——藉由一個空間的界線，其不確定性隨其與中心自我的距離而增加。截然不同的生活條件被投射至南方景觀上，而景觀的實際特徵被視為標記，用來定義——有時以全然決定論的方式——當地生活與人群。在這樣的視線下，我們看到南方形象神祕、如蛇一般，並且疾病與瘴氣叢生，這樣的南方形象既表現熱帶地區的具體現

實，也出賣了華夏對遙遠未知領域的夢一般的感受和恐懼。

　　儘管對越的成就與通曉水性帶有潛在的敬畏感，但**中**國作者在作品中始終維持中心自我與邊陲他者的結構邏輯。這種自我—他者的心理空間（psychospatial）邏輯仰賴對何謂中心的內在評估，即中心是安全、規範、可識別，甚至健康的，而中心之外則是危險、反常、含糊與不健康的。在心理學術語中，他者的外化（externalization）實際上是從「中心—邊陲」景觀對他者的映射中彰顯出來的，這種景觀同時為遠方增添了神祕與恐懼。

　　南方環境與致命疾病之間的具體連結可能直到秦漢時期後才逐漸成熟，特別是在對南方征戰的紀錄中。我們已經看到有些作者利用南方炎熱潮濕的氣候描繪當地人及其屬性，另一些作者通常是在軍事脈絡裡敘述來自**中**國的兵力遭受疫病的摧殘。哲學式的猜測有時似乎仰賴純粹想像中的資料，有時可能也會基於軍隊與南方遊人對當地的描述。儘管如此，這種推測往往與作者支配一切的目標糾纏在一起，試圖將世界組織成界線明確的地理區塊，各區塊都有其明確的規範特徵——雖然很可能與現實大相徑庭。

　　古代越國、鑄劍與劍法之間的連結，體現出華夏對南方邊陲某些技藝成就的欣賞。我們對「越女」劍法的討論呈現了華夏對異國女性藝術的迷戀本質，顯示出「越」與「女性」的價值觀為何能造就一種神祕、驚人與敬畏的巧妙結合，讓作者或倡議者試圖以此吸引讀者。

　　最後但同樣重要的是：龍與蛇。戰國與秦漢時期的史料並未細述越人的具體宗教傾向。一些誘人的跡象表明存在其他形式的占卜（雞卜）、文身的驅邪功用，以及越對龍蛇等爬蟲生物的圖騰信仰。單靠這些蛛絲馬跡，也足以讓人感受到南方被視為與**中**

國截然不同的文化。同樣地,南方的宗教文化也是有界限的、水性的,且浸淫在對華夏人群來說全然陌生且難以理解的習俗中。

　　瀏覽中國史上漢人知識分子描述外來者的方式,我們可能會認為儘管文化偏誤、修辭目的或風格習俗等依舊會影響作者對自我與他者的表述,但隨著與邊陲他者的接觸日益增加,對他者的描述可能會更精確或帶有些許真實的元素。但本書所探究的關於越的比喻中,對越的不一致描述與刻板印象都再再表明,戰國時期與帝制初期的華夏作者對「越他者」並不具備足夠和準確的理解。[30] 抑或是,有些作者可能掌握了他者的一些精確資訊,但除了髮型、文身、水、劍等簡化的刻板印象,根本沒有興致去細究越的其它差異。最後這種解釋可能就是實情,即**中國**作者對越的簡化描述雖然可能具備某種準確性,但他們與越的交往既不深入也不持續,便無法或沒有意願去跨越表象,了解越的不同分群之間更細微的差異,或某些習俗背後所隱含的原因與信仰。最後,我們也不能忽視一種可能性,許多**中國**作者本來就對書寫他者的真實情形興致缺缺,之所以提及越他者,只是為了投射出對自我的再現與形塑。

　　由於缺乏廣泛且意義深遠的民族志書寫,可見多數**中國**菁英與越他者之間的跨文化接觸與交流可能少之又少。因此對於此時期論及越的文字,我們應抱以質疑的目光,認定當中的大部分內容都涵蓋幻想、傳聞與想像的偏誤,而非對越的深入探究與理解。但這並不代表文學紀錄無用武之地,正如本書所顯示的,這些文字缺乏深度,反而透露出華夏對自我與他者的看法與表述方式,以及在文學菁英階層之間,**中國**與越有多大程度的交流。

第四部

展演越：
政治大戲、密謀與武裝抵抗

Performing Yue:
political drama, intrigue, and armed resistance

第八章

越的身分認同作爲
政治僞裝與儀式典型

Yue identity as political masquerade and ritual modeling

第四部「展演越：政治大戲、密謀與武裝抵抗」將討論越對漢帝國的抵抗，分析越對族群與身分認同的認知。我們將歷史的聚光燈打在人物之上，看他們在國家建立與存續、政治反抗或動盪之際，如何形塑出特定類型的越身分認同，繼而深入理解當地人群為自身原因、目標與權力，如何挪用與使用「越」這個詞彙。若一個人試圖將自身區別出來，並建立自主感（sense of autonomy）或自主度（degree of autonomy），往往必須比任何時候都要清楚闡述身分認同的各個層面。起而反抗的正當性與漢批評者的蔑視言行形塑出我們所研究的這片沃土，並認可這段正逐漸成形的越身分認同史。

　　本章以南越國統治者趙氏形塑的越身分認同的政治模式為研究案例。我主要根據《史記》與《漢書》對南越的記載，敘述從公元前二〇〇年左右的漢初，一直到公元前一二〇年代的漢武帝治下，此時漢的擴張政策正逐漸增強。並使用越國王陵及漢與南越之間經濟與政治聯繫的資訊來強化我的論點。[1]

雖然一般對這段期間的越身分認同所知甚少，而且當時的主要人物——南越國王／皇帝趙佗與趙胡（或作趙眜）——既不代表、也無法代表當時一般的越人民。但這個分析仍將揭露越的身分認同是如何透過外部帝國權威的儀式典型（ritual modeling）被援引、形塑和強化。要想達到這一點，只要有一絲可能，我就會將越文化與身分認同的具體表現，還有個別越菁英行為背後的具體歷史與政治動機連結。

　　乍看之下，學者可能會認為文化變遷的最可靠證據應當出自於「原始的」平民之中，因為他們必須以某種方式應付一個殖民化的新身分認同。另一方面，一般認為菁英遭受殖民文化的汙染——或者應該說，他們從一開始就更熟悉殖民文化，或他們也出身於此文化，抑或出身於一個文化混合區，他們在其中與其他菁英交流和聯姻。不同於此種假設，研究菁英與菁英文化的行為，也可能是最有效理解跨文化交流與身分認同混合的方式。正如新考古研究顯示的，位處邊境的菁英與貴族，不僅不是漢人霸主的傀儡，更是社會與文化變遷的先鋒。[2] 此外，這些菁英闡釋出一種既不全盤接受、亦不全面抵抗漢的能動性，嘗試為維護自身利益而創造原始、混合的身分認同，並回應漢的影響力與壓力。[3]

　　本章欲檢視的是南越世系與王室人物，當中的某些人是南方邊境文化變遷的先鋒。南越趙氏雖出身**中國**，但弔詭的是卻顯露出採納越的文化與身分認同的嘗試。在對這些文化邊陲人物的分析中，我展示了西漢廷臣與南越國領導人之間各種類型的跨文化衝突、談判與對身分認同的表述。我要強調的概念在於，南越貴族為一己之私，熱衷於採行漢帝國的控制工具以滿足自身所需與／或為自身、氏族、王國及其支持者圖謀利益。爬梳他們的活動與可能的動機後，繼而深入理解這些菁英向自我與他者展現身分

認同的新方式。

　　但在嘗試找出這些菁英形塑越身分認同的模式時，我遭遇瓶頸：針對這些人的個人身分認同或文化認同，我手邊的漢代文本能提供的資訊有限，也就是說，這些人的身分認同可能與他們身為王國統治者與大臣的政治認同有區隔。因此，我的分析需考量這些人在建構身分認同時，還存在更高層次的公共與政治性質。因為不管這些人可能擁有哪些個人身分認同或文化認同，與史料中呈現的公共人物形象基本上無法區分，我們只能被迫接受強調政治偶發事件與權力角逐的文獻紀錄。如此一來，在我們希望看到的政治代表性和地位面前，這些人物宣稱的文化認同往往會崩塌。在檢視特定統治菁英如何向臣民與漢帝國朝廷展示自我的同時，還需探問他們選擇以此方式表述自我的可能原因或政治利益為何。換句話說，我們的分析還需要連結身分認同的建構過程與特定的地方、歷史、政治、經濟偶發事件。事實上，我們常無法從特定的政治認同或建構中分辨出何謂「越」。

南越帝王趙佗

　　我們對身分認同建構模式的探詢，從趙佗（公元前 230–137 年）──亦稱趙尉佗──開始，他不是土生土長的越人，在秦亡後建立了南越國。[4] 趙佗──身兼國王與皇帝──是南越歷史（建立於公元前 204 年）的關鍵人物，南越國立國九十三年，亡於公元前一一一年漢武帝入侵南越，南越的統治菁英或被殺、或被迫投降。趙佗與其王室後裔的歷史很好的說明了西漢時，漢與南越的交流、以及漢最終入侵並征服南越的時期，越與**中國**的身分認同如何相互交織、混淆，並作為政治價值的象徵。

趙佗出身真定，即今日中國北方的河北省。秦時任南海龍川令，秦的南海郡管轄中國大陸的南方與東南方的大片區域，涵蓋現代的廣東省。目前已知此區在當時被認為是越的所在地，正如司馬遷所言，秦時平定「楊越」。[5] 公元前二一〇年左右秦亡後，趙佗起兵剷除了當地僅剩的秦官員，指派自己的人馬擔任要職以鞏固勢力。最終建立了南越國，幅員橫跨中國南方的大片土地，約莫是秦代南海、桂林（包含湖南與廣西省大部分地區）與象郡（涵蓋廣西省大部分地區、雲南省部分地區與越南北方）三郡所在地。[6] 趙佗隨後自稱「南越武王」，定都番禺（今廣州）。[7] 在接下來的歲月中，雖然始終維持最高統治者的地位，但隨著時空背景轉換，他的政治認同也會隨之轉變。起初是獨立南方王國的國王，接下來成為依附漢帝的君主，之後的角色如同「無賴皇帝」（rogue emperor），最後則是具有雙重性格的「皇帝／國王」，與漢的關係詭譎多變。[8]

漢高祖平定天下定都長安後，於公元前一九六年派遣陸賈至南越，「立佗為南越王，與剖符通使」。[9] 為避免與漢的優勢兵力正面衝突，趙佗接受了任命，《史記》記載劉邦令趙佗「和集百越，毋為南邊患害」。[10] 換言之，漢以優勢軍力威脅趙佗正式歸附，為漢保衛邊防。臣服漢帝國帶來的好處對趙佗及其繼承者來說，當然也是一大誘因，漢與南越持續互派使節、互市互利，漢甚至提供軍援。譬如當閩越入侵時，趙佗的孫子趙胡直接上書漢武帝，請求朝廷派兵支援。與漢保持良好關係無可厚非，畢竟南越的西（巴蜀、夜郎）、東（閩越）、北（長沙）三面均有強敵環伺。[11] 趙佗與其繼承人以大漢藩王的地位，於公元前一九六至一一一年實際統治南越國，約莫八十五年之久。

然而，從趙氏一族的角度、而非漢廷的視角來看，單憑一個

官方稱號無法反映出形勢之難測。趙佗對漢的公開讓步——或更確切地說是稱臣——打從一開始就疑點重重。首先，司馬遷提及劉邦原本因趙佗不願服從漢的統治，堅持建立自己的王國，而欲將其處斬。但劉邦後來反而宣布趙佗無罪，因為——如《史記》所記載——漢軍當時已沒有多餘的精力處理這件事。[12] 這顯示出在面對該把趙佗當成叛亂者還是潛在盟友的問題時，劉邦審時度勢後決定了後者。考量到劉邦「非劉氏不得封王」的著名政策，這樣的決定無疑是權宜之計。當然，有理由認為趙佗可能只是受到哄騙才歸附，畢竟他根本不是越人，原本是秦的官員。他的資歷與個人背景，都表明他理解一個作為中央政權之下的偏遠屬國會有什麼下場。但趙佗的所作所為真的是一個大漢藩王該有的樣子嗎？

證據表明，趙佗亦有自己的帝國野心。在面對北方巨大鄰國的種種挑釁時，這種野心變得路人皆知。劉邦駕崩後，趙佗雖然向新皇惠帝稱臣納貢，但他很快就於公元前一九二年叛變，頻頻騷擾兩國邊境。[13] 呂后臨朝稱制期間，對南越設下貿易禁令，禁止出口金屬器、鐵器、農具與某些家畜（馬、牛與羊）。[14] 呂后明顯是想剝奪南越在軍事、農業與畜牧上的自給自足，有學者認為呂后如此咄咄逼人，顯然是想削弱南越勢力，並讓長沙王吳芮攻打並「收復」劉邦在無奈之下讓予趙佗的南越三郡（南海、桂林、象郡）。[15]

面對呂后的公然挑釁，趙佗派使者向中央朝廷陳情，並針對他沒有返回真定祭奠祖墳這件事請求原諒。[16] 隨著使者沒有返國，且傳聞其父母之墓遭掘、手足被害，趙佗於是決意造反，向北攻打長沙邊界，並自稱南越武帝——而非只是國王。[17] 根據《漢書》的記載可以知道這些事件的時序：據稱趙佗在公元前一八三

年的春天自封為「帝」，但直到公元前一八一年的秋天，才攻打長沙。[18]

趙佗能在南越自立為帝，自然是因為軍事實力，但也有部分原因是南越與中央朝廷相距甚遠，漢軍光是要穿越國土的南方，行軍到達南越國都很困難。呂后剿滅趙佗失利就是個典型的例子，由於南方氣候導致大部分漢軍都死於時疫（可能是瘧疾，但史書只將原因歸咎為當地的暑溼氣候）。[19]

從幾個層面看趙佗自封「南越武帝」這件事都十分弔詭。首先，在此之前，「帝」這個頭銜主要用於秦的皇帝與漢高祖，所以可以說趙佗是在模仿相對新穎的北方大一統願景。在這當中，帝或最高統治者並非出身於他所統治的土地，帝與神界——尤其是商代的至上神（High God）或諸神（Gods）——發生聯繫，也與古聖先賢產生連結，這些都賦予統治者超越本土時空的光環。

趙佗可能也知道在戰國晚期曾有過的幾次嘗試，特別是公元前二八八年齊國與秦國的國君曾分別自稱「東帝」與「西帝」。[20] 從歷史上「帝」這個頭銜的運用，顯示出強而有力的君主可宣稱自己擁有與特定方向相關的大片土地，從而刻畫出與星宿聯繫的跨地域、絕對統治的空間，並獨立於例如周等任何王家世系之外。因此，藉著自封為帝，趙佗試圖將普遍主義（universalistic）、天朝權威（celestial authority）、跨地域利益（trans-local interests）以及他對漢的獨立性，深植於眾多越菁英的腦海中。他採用這樣一個外來的頭銜，或多或少也是在承認自己非本土出身，同時仍欲以至高無上的帝位來維護自己對當地的權威。

若舉淮南王劉長的例子來比較，會更令人不禁玩味再三，因

為據稱他雖然僭越了皇帝的儀式特權，但卻沒有在自己的封國中自稱為帝。身為皇室宗親，如此公然的反叛，自然立即招致漢廷的懲處。此外，劉長的謀反是在漢文帝年間，因此趙佗可說是漢代第一個在中央之外稱帝的人。[21]

從另一個角度看趙佗自稱皇帝，也十分耐人尋味。無論內外，「帝」都賦予擁有者一個臨界的狀態，帝身為商代的最高神（神祇），會與王室中最偉大的祖先聯繫在一起。因此，可以把帝理解為一個世系中最初的成員，這會讓人們將其視為特定區域偉大的當地人。因此，雖然帝的神格化造就了帝與百姓之間的時空隔閡，但也將帝表述成完美的典型。因此趙佗認為「帝」這個稱號既是他與越身分認同的連結，也能維持他（尤其是他的王室宗親）與越菁英和百姓之間的隔閡。

以下的史實影射了趙佗在漢國土之外所擁有的相對自由：縱使新登基的漢文帝迫使他放棄稱帝，恢復漢「臣」的頭銜——等於承認南越為漢的屬國，漢為南越的最高統治者。雖然趙佗在每半年向漢廷納貢的時候自稱為臣，但在漢帝背後，趙佗在統治南越時，仍公然採用帝制的術語，讓越的臣民繼續稱呼他為帝。

這代表即使在對漢的直接關係中稱臣，趙佗也未必承認南越是完全歸附漢的屬國。早期多位南越君主都不遵守身為大漢屬國的朝貢規定，常常故意稱病，一再推辭進京朝見。[22] 此外，漢初與邊境諸國的經濟外交關係也十分複雜，隨著新皇繼位及各區領袖的更替，各國間的關係也不斷變化。余英時探討了漢對外的經濟與政治關係，包括一般意義下的朝貢體系，以及外藩或內屬的情況，他指出中國西南的靈渠（連接湘、灕兩江）是南越都城番禺與長江流域間的主要渠道，舶來品抵達南越後，便能走靈渠送往漢的核心區。[23] 余英時的看法支持了南越是漢與南亞、東亞其

他重要區域間的樞紐的觀點，如同威尼斯是歐洲其餘地區通往中東與遠東貿易的門戶。有鑑於南越對漢具備一定的制衡能力，這就影響了對趙佗「臣子」或南越「屬國」地位的實際詮釋。

只要自命為帝，趙佗就能與漢廷威望競爭，如同他在辯詞中所證明的：

> 吏相與議曰：「今內不得振於漢，外亡以自高異。」故更號為帝，自帝其國，非敢有害於天下也。[24]

在漢文帝就此事質問趙佗後，趙佗向漢稱臣無疑十分務實，從而避免與遠在千里之外、但更強大的帝國鄰居產生齟齬。趙佗在儀式上歸順於漢，很可能只是名義上的效忠，僅付出很小的代價就能換取相對的自由與可觀的經濟利益。畢竟在漢初，漢廷貿然出兵南越的風險相對較高，呂后的軍事失利就證明了這一點。只要口頭向漢廷效忠，毋須犧牲太多自己在國內的政治威信，趙佗就能在與漢的良好關係中獲取經濟與貿易利益。[25]

要釐清這一點，有必要先理解南越的經濟實力，以及與漢的良好貿易關係中能獲取到什麼利益。有些學者稱南越地區為嶺南（南嶺以南，見地圖1），是一個更廣袤海上貿易網路的一環，海外的商船會運來漢人趨之若鶩的舶來品，因此漢可說是重要的買家，而南越則是交易的關鍵中介。《史記》便記載「番禺亦其一都會也，珠璣、犀、玳瑁、果（如龍眼與荔枝）、布之湊」。[26]考古發現亦證實番禺是重要的古代貿易中心，從南海進口如玻璃、琥珀與瑪瑙等珍貴貨品。[27]番禺不僅是世界各地與漢海上貿易的樞紐，與漢邊境其它區域的通商也十分重要，像是原產四川的枸醬，就與西南的夜郎和南越互通有無。[28]

當然也有可能是因為漢文帝十分尊重趙佗，故趙佗對文帝的觀感也很正面，文獻顯示，雖然趙佗大半輩子都生活在南方，但對於祖墳所在的故土，仍有親戚與牽掛。據稱漢文帝就是利用趙佗與**中國**昔日的聯繫這一點，「乃為佗親冢在真定，置守邑，歲時奉祀。召其從昆弟，尊官厚賜寵之」。[29] 若真有其事，無疑是對趙佗的懷柔，既讓他面上有光，也更容易迫使其放棄稱帝。

到目前為止，我們描繪出一個渴望權力、但極富政治手腕的統治者，一個難以用「越」或「漢」概括論之的人，不管趙佗以何自稱，和漢、越菁英相比，都會是更區別的神格化君主。我們還看到漢廷如何嘗試約束趙佗反覆無常的君主稱號，並迫使他遵守屬國藩王、而非獨立最高統治者的適當禮儀。趙佗最後建構並採用了兩種不同的身分認同——一種是與漢使和漢廷極少出現的交涉中使用，另一種則是南越國界與勢力範圍內的日常使用，這兩種身分認同都可說是政治上的權宜之計，公開且最低限度的「越」，在此程度內越的領袖可能也被視為「越」。

我們可能永遠無法得知趙佗這類的人物對越存在多大的認同，和故土相比，他在多數層面對越來說都是外來者，但從史料中可看出趙佗善加利用了越的身分認同來滿足自身的帝王野心。顯然他審時度勢後，依據自身的需要調整了越、南方或蠻夷的身分認同與文化：時而強調他獨立於漢之外，並加重身分認同中所謂的「越」元素；時而顯得超然於越之外，且不完全是越人的「其中之一」。

面對外來者，趙佗有時亦刻意以越國的最高統治者自居，根據安賦詩的說法，趙佗「據說採納越地風俗、迎娶越地婦女，並鼓勵其他漢人也這麼做，更提拔越人為軍將官員」。[30] 如第六章提及漢使陸賈負責說服趙佗臣服於漢，史料描述趙佗以越風格的

「魋結箕倨」接見陸賈。[31] 如前所述，這似乎是杜撰的，只是為了滿足敘事者的文學與道德理想，而非如實的紀錄。但這如果屬實，不就代表趙佗希望以越國統治者而非大漢走狗的面貌示人。趙佗以越風俗而非**中國**的禮儀接見陸賈，無非是在暗示要想談判，就必須按自己的方式來。

其他例子也顯示趙佗對南方人群的認同極為薄弱，在上書漢帝時，趙佗解釋了自己僭越帝號的原因：

> 且南方卑濕，蠻夷中西有西甌，其眾半贏，南面稱王；東有閩粵，其眾數千人，亦稱王；西北有長沙，其半蠻夷，亦稱王。老夫故敢妄竊帝號，聊以自娛。[32]

由於趙佗已正式宣稱將「長為藩臣」，故口吻極度謙卑，並試圖淡化僭越帝號這個嚴重悖禮的行為。趙佗談及蠻夷的時候，語帶輕蔑，認為他們不如其他漢的臣民，且認為西甌蠻夷的大部分人口皆「半贏」，長沙的情況也差不多。

身為統治者的趙佗，明顯跟這些蠻夷有區隔，但由於蠻夷過於孱弱，趙佗——統治這些人群的王、甚或是帝——是無法與漢比肩的。貶低治下的人民，運用漢人風格的辭令來奉承漢廷，說自己的「妄竊帝號」不過是小孩子的家家酒「聊以自娛」。

若要進一步探究上述趙佗的說詞，須先留意帝制初期蠻夷與**中國**的互動方式，畢竟，蠻夷並非像詹姆斯・史考特稱呼的「佐米亞」（Zomia）所影射的，是生活於荒山野嶺的少數族群。[33] 相反的，他口中的蠻夷其實占了大多數，而且在南方大城市裡與**中國**移民混居。此外，還有許多獨立、同質的蠻夷社群散布在鄉間，不受地方政府的直接管轄。沿著北方邊境的敏感區域居住的

主要是異族；[34] 但在南方，散布在鄉間的異族部落並未構成特別的行政單位，這也許是因為普遍存在的異族才是這裡的常態。

在另一段為自己僭越帝號開脫的文字中，趙佗又一次用蠻夷領袖來表述自己，但這一回他對這些人群更加認同。在這段對話中，他抱怨「高后（呂后）聽讒臣，別異蠻夷，隔絕器物」，認為呂后對蠻夷有偏見，連帶對他和他的王國朝廷也有成見，甚至還實施貿易禁運。[35] 他再次自貶為「蠻夷大長老夫臣佗」，[36] 他自稱「蠻夷大長老夫」，而不是帝，趙佗明確提及自己與異族的關係，就像《漢書》所載，他在接見陸賈時的打扮和行為所表現的。此處藉由抱怨呂后對蠻夷的偏見，趙佗既表達了對蠻夷福祉的關心，也傳達自己作為蠻夷代理人的渴望。

我們可以把這個例子詮釋成趙佗認同——但並不認為自己屬於——他廣袤王國治下的南方人群。無論是作者自行想像的措辭，還是對趙佗話語的如實引用，通篇都傳達作者將趙佗描繪成越人利益代理人的意圖。這樣一來便挑戰了華夏慣常的作風——強調南方他者的差異以放大華夏的弱點、局限或邊界。同時也顯露出趙佗的狡詐，利用這些差異以獲取制衡力、權力或對局勢的掌控力。無論這是真實的趙佗還是作者（假定是司馬遷）對他的想像，再再表明這種假設異質性的行為是一種手段（經由司馬遷的措辭或趙佗真實的言行舉止），利用遙遠且謙卑他者的力量，來挑戰常規的權威與方式。第五章討論了更多戰國時期哲學作品中針對越的修辭，因此我們已經很熟稔這種挑戰的類型。

《史記》還有其他篇章在描繪強盛的漢與弱小落後的南越王趙佗，〈陸賈列傳〉便將漢使陸賈描繪成高傲強硬的官員，毫不遲疑地提醒趙佗應安於本分。此事發生於公元前一九六年兩人在南越的首次會面，趙佗接受臣屬於漢的南越王位，但卻如越人般

「魋結箕倨」接見陸賈，遭陸賈用以下的話訓斥，並因此改變態度。這段話從很多角度看都十分奇怪，特別是作為「馴化他者」的體例。開頭為陸賈的話──鐵定是虛構的──流露出對所有牽涉到越的權威事物的輕蔑：

> 足下**中國**人，親戚昆弟墳在真定。今足下反天性，棄冠帶，欲以區區之越與天子抗衡為敵國，禍且及身矣……君王宜郊迎，北面稱臣，乃欲以新造未集之越，屈彊於此。漢誠聞之，掘燒王先人冢，夷滅宗族，使一偏將將十萬眾臨越，則越殺王降漢，如反覆手耳。[38]

針對趙佗採用越風且悖行**中國**（即華夏）禮儀的行為，漢使陸賈頗有微詞，但弔詭的是，陸賈並不是被趙佗的「魋結箕倨」所激怒。趙佗此番是刻意採用異族風俗，並蔑視故土的儀式規範，藉由文化距離（cultural distancing）來表達自己希望維持獨立性，並與新建立的漢保持距離。趙佗對周禮的悖行相當於軍事挑釁，這點從陸賈的回應即可看出。

陸賈最深惡痛絕的是趙佗對故土的不忠，以及對周禮的明顯蔑視，針對這種對自我身分認同的反叛，陸賈的話與其說是對越他者的排斥，不如說是對丟失自我行為的排斥。趙佗刻意擺出越他者的姿態，不僅是不忠，更是對原鄉與禮儀、自我及其價值觀的公然摒棄。[39]

這段話流露出強烈的漢偏見，並與軍事威脅與文化論戰的辭令綑綁在一起，而在這個比較中，越的劣等風俗理應被華夏的優勢風俗取代。陸賈的回應確實給了趙佗一個絕佳的藉口，讓他從反覆無常的變節者，立即搖身一變回恭順謙沖的**中國**人。這段插

曲有效展現了周的宗教信仰對異族文化規範的重要性與影響力。

陸賈的說詞更像是漢人的一場春秋大夢，試圖用道德勸說戰勝異族價值觀。幾個來回之後，趙佗承認他其實不喜歡與蠻夷為伍：「越中無足與語，至生來，令我日聞所不聞！」[40]這證實了我們對此篇章的修辭別有用心的懷疑：越人的愚昧讓南越王趙佗承認南越的枯燥乏味，也讓陸賈成為出色的外交使節。陸賈不僅設法讓南越王明白，漢廷希望南越在政治和儀式上都臣服於漢，更讓趙佗產生內省，不齒與越人為伍。這無疑是最高級的外交成功典範，陸賈完全促成了內在的體悟與轉變，而非只是外表的順服。

整段文字的弔詭之處在於，南越王趙佗往後的行為無不反映出他從來不以生活於越人之中為苦，畢竟，他之後仍繼續蔑視漢廷，並以皇帝自居。有鑑於第四章曾提到的，現實中趙佗在越國展現出高漲的政治野心，讓趙佗發自內心感佩華夏文化的優越以及他表現出來的謙沖自牧的文字顯得無比可笑且難以置信。

對於《史記》中的某些段落，尤其是那些據稱發生於遠方的對話，都應該以質疑的眼光去看待與理解當中的修辭與虛構性質。像陸賈與趙佗這樣的對話即有可能完全出於幻想，更大的目的是在建構華夏自我作為道德權力的仲裁者與代表的願景，完全無關越他者的絲毫現實。因此，這些段落中對身分認同的描繪有助我們理解，越身分認同的主要功用為何是表述華夏的自我，無法獨立於華夏之外構建或呈現。

在《史記》中，趙佗最可信的形象，是一個不為人知、野心勃勃的遙遠政客，在自己的王國內挑戰漢廷的權威。在其他時候，文獻顯示他是一個變節者，考驗漢權威的極限與華夏文化的優越感，如同不畏虎的初生之犢。面對趙佗的行為偏差與對華夏

核心價值觀的丟失，這樣的道德寓言會毫不猶豫地以文字懲戒。針對迷失與言詞反覆之人的心理轉變，他們的敘事模式是華夏將自我核心的概念具體化，並發展出能應付外部挑戰的適當體系。

趙胡（眜）、趙嬰齊與帝系的延續

南越下一任趙氏統治者趙胡，延續了趙佗身為越或蠻夷最高統治者的獨立態度，考古遺跡也證實了文獻的說法，提供了新證據證明南越統治者廣泛採用「帝」這個稱號。趙胡是趙佗的孫子，於公元前一三七至一二二年統治南越。多數學者認為象崗大墓的主人是趙胡（墓中發現趙眜玉印，一般認為即為趙胡），但尚未核實。[41] 本書沿襲趙胡為陵墓主人的主流觀點，並用《史記》所記載的趙胡來通稱，而非墓中的玉印上的趙眜。

趙胡與趙佗一樣，在與漢廷交涉時手段十分高超，一度將自己的兒子趙嬰齊送往長安擔任宮廷宿衛（表面上不是質子身分）。[42] 據《史記》記載，公元前一三五年，閩越國攻打南越國邊界城鎮。趙胡上書武帝請求軍援，自白「今閩越興兵侵臣，臣不敢興兵，唯天子詔之」，武帝遂出兵，誅殺起兵反叛的閩越王騶郢，並讓閩越向漢投降，進而阻止閩越對南越的進攻。

因與漢廷關係平和且表現得相對合作，趙胡薨逝後，獲賜諡號「文王」，但《史記》的記載卻讓人不禁質疑趙胡是否真的以漢的藩王自居。舉例來說，趙胡派兒子趙嬰齊去長安觀見，自己卻稱病留在國內，而非進京朝觀。南越文王墓中找到許多藥材，這可能也證實了他體弱多病的說法。[43] 趙佗從未親自前往漢廷，只在需要時遣送使者、納貢與服勞役，繼任者趙胡也是如此，可見他也只是維持與漢關係良好的最低要求。這樣的行為反映出，

在這兩個帝國的初期，南越臣服於漢只是一種外交手段，目的是要確保與北方鄰國的和平、貿易與交流。南越的前兩任「皇帝」經常任意挑選遵守協議的方式，顯示出他們在許多層面上都並不認為協議具有實質的約束力。雖然《史記》只是含沙射影，但趙胡實際上跟趙佗一樣就是南越帝。

位於現代廣州市象崗的豪華陵墓讓我們得以深入趙胡欲在來世呈現的自我表述，從其廣為挪用北方帝國的符號，趙胡的帝國野心昭然若揭。陵墓的布局與眾多陪葬品都流露出明顯的北方影響，從趙氏的北方出身來看頗為合理，但也支持了早期的趙氏統治者善用工具與王權器物來仿效北方皇權以強化自身的統治的觀點。[44] 這座陵墓位於山頂下鑿而建，裡面分隔成幾間墓室，墓壁以巨石砌成，安賦詩指出，這不禁讓人聯想到「中國北方喪葬建築的早期發展」。[45] 此外，在墓中發現的一千多件器物中，包含一件「絲縷玉衣」殮服和食器、禮器，反映出北方其他文化喪葬習俗的影響（圖 8-1）。[46]

其他諸如「越式」鼎、銅勺、句鑃等器物，以及十五名殉葬者，都顯示有更多本土的傳統得以流傳（圖 8-2）。直至目前為

圖 8-1：國王的殮服「絲縷玉衣」

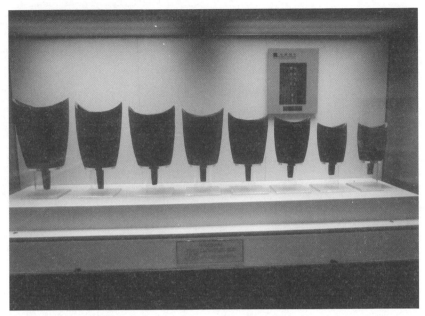

圖 8-2：南越的句鑃

止，漢墓中尚未發現類似的殉葬者，顯示這可能是越文化的遺緒，也或許是對更早期中原儀式的錯誤仿效。[47] 這一套八只青銅句鑃是漢代墓葬中首例，顯示南越宮廷特有的越風音樂傳統。總而言之，南越文王墓發現的證據顯示，主要的身分認同是將趙胡聯繫至中國的中、北方更廣大儀式傳統的喪葬習俗，但是當中亦包含本土傳統、可展現威望的器物與區別標記以及來自楚文化的普遍影響，都讓這種身分認同更複雜。[48]

　　將其中兩件證物合在一起看，就符合了趙胡亦以南越皇帝自居的觀點，且對漢只維持最低限度的附屬。其中一件為南越文帝金印，上書「文帝行璽」，可見趙胡自詡為帝而非國王（圖8-3）。[49] 另一個趙胡生前採用「皇帝」稱號的證據，是上文提到的一套八只青銅句鑃（見圖8-2），每只鍾上都銘刻有「文帝

九年樂府工造」八字。[50] 此處的「皇帝」當然不是漢文帝，而是越文帝趙胡——這種樂鍾為越國獨有，故不可能是在長安鑄造的，也不太可能是在長安鑄造後贈予越王的。

《漢書》也證實了這枚金印是趙胡生前打造的，趙胡自號「文帝」，如同祖父趙佗在位時自稱「武帝」一樣。據《漢書》所載，趙胡的兒子趙嬰齊於繼任第三世南越王時「臧其先武帝文帝璽」。[51] 由此可知，公元前一二二年前後，趙嬰齊繼位時，他的兩位先祖僭越了「皇帝」的稱號，這件事或許剛引起漢廷的注意，也有可能已經威脅到漢越關係。趙嬰齊既然在長安漢廷任職，應該會更敏銳地意識到這種僭越可能招致的後果，抑或是他希望公開向漢表忠誠，以改善彼此的關係。或許對趙嬰齊而言最重要的是，繼位之初正值漢武帝擴建軍力（尤其是沿著北方邊境以抗匈奴）、接管南越以北的淮南國之時。[52] 無論是金印還是句鑃，連同《漢書》中的文字，都暗示南越前兩任君主擁有的雙重身分認同，並且都證實了趙胡不忠的猜測——上面引用的《史記》亦有影射——趙佗的繼承者與他一樣在身分認同上要弄兩面

圖 8-3：「文帝行璽」金印

手法。

　　張榮芳爬梳此區的文獻與南越墓葬中的證據，認為南越初期的行政制度特別仿效漢，採取一種由小型封國和郡縣組成的制度，並以中央集權的官僚系統來管理。[53]《史記》證實了此說法：「（趙佗）以兵威邊，財物賂遺閩越、西甌、駱。」[54] 指出趙佗不甘於國王的角色，有時會比照漢皇室的作風行事，暗指南越統治者不但借鑒了當時的行政與政治潮流，更設想南越是一個與漢並駕齊驅的帝國。趙佗和趙胡等南越統治者雖然被漢帝國冊封為臣屬的「王」，但在南越帝國中卻宣稱自己的皇帝地位。

　　趙嬰齊和兒子趙興以及出身**中國**邯鄲樛氏的妻子，這段歷史不斷引發我們的好奇心，試圖一窺趙氏一族與漢廷之間詭譎難測的關係。[55] 上面引用的《漢書》顯示，趙嬰齊將先祖的印璽藏起來，以銷毀他們稱帝的證據。他更在公元前一二一年，向漢武帝進獻特殊的異國貢品，例如受過訓練的人象與會說話的鳥。[56] 毋庸置疑，趙嬰齊與漢廷的私交甚篤，因為他年輕時曾為漢帝擔任宿衛，而且還娶了**中國**女子為妻。但我們還是能合理推測，即便到了趙嬰齊治下，南越的自主遺緒仍然盛行。《史記》寫到趙嬰齊與父親趙胡一樣，無視漢使的要求，都拒絕入京覲見：

> 嬰齊尚樂擅殺生自恣，懼入見要用漢法，比內諸侯，固稱病，遂不入見。[57]

　　趙嬰齊不前往漢廷朝覲這一點，跟趙佗與趙胡如出一轍，在南越境內享有特殊的地位，是實際上的最高統治者，凌駕於漢法之上。因此，就算他從未自命為帝，但趙嬰齊仍然稱得上是最後一位南越皇帝，既享有實權，又與漢廷相距甚遠。

南越早期的三位統治者似乎都很清楚，南方與漢廷之間的距離與氣候差異，足以讓他們享有一定程度的自主性，並掩護其免受漢的勢力影響——或至少可免除軍事討伐。只要越不公然反叛，其君主就可以維持這種避禍之法，以絕對的權力統治自己的王國，幾乎不受漢的法制風俗的牽制。在南越國內，他們將自己表述成與北方的漢帝平起平坐且享有無上權力的「帝」，他們自命為帝的身分認同，讓自我處於南越朝廷的權力中心。儘管此概念及在政治上的表述都是從北方挪借而來，但當然不會只有**中國**的漢領導人，會想將其用作鞏固與維繫皇權的工具。

南越王權與政治認同的丟失

　　公元前一一三年，武帝對邊境各個王國採取更侵略性的戰略，南越的自主與獨立性因此有了明顯的變化。武帝派使者安國少季至南越國施壓，要求南越王（即趙嬰齊之子趙興）與母親樛太后前往首都長安朝覲。此一舉動肯定出自武帝的算計，因為在樛太后嫁與南越王趙嬰齊之前，曾與安國少季交往，而如今兩人的舊情復燃損傷了越人的利益，司馬遷筆下則稱「太后**中國**人也，嘗與安國少季通，其使復私焉。國人頗知之，多不附太后」。[58]南越官員與菁英（國人）轉而向丞相呂嘉靠攏，不再效忠趙興與樛太后。接下來的機關謀略如同莎士比亞戲劇般精彩，丞相呂嘉成為捍衛南越的戰士，形塑出讓越獨立於漢掌控之外的身分認同。於是，趙氏為贏得南越的國王與皇帝之位，不得不屈服於漢的勢力。為了對抗丞相呂嘉與其支持者，趙興和樛太后與漢聯合，他們的表現如同來自「漢」或「**中國**」的外來者，這是趙佗、趙胡、甚至曾於漢廷擔任宿衛多年的趙嬰齊都未曾有過的。

《史記》以越為漢的「內屬」，作為公元前一一一年南越覆滅的用詞。回顧過往，南越於高祖時正式成為漢的屬國，並在文帝時成功讓趙佗正式放棄「皇帝」稱號，恢復從前漢廷派遣使者與督察員的官方關係。這一切都反映出，嚴格來說南越國自漢初就是「內屬」。趙興與漢廷為何還要設法達到這樣的地位？

　　可能是因為漢廷對封國的方針是不定期派遣督察員巡查地方政府，但在武帝之前，南越並不像其他封國那般受到漢廷的嚴格督察。[59] 公元前一一二年左右又提到「內屬」，顯示漢對封國的態度正在轉變，希望能強化對最遙遠王國的掌控。一般會將漢廷在公元前一四五年的改革——廢除封國中多個行政職位，並剝奪各藩王任命治下大部分行政官的職權——視為此轉變的一大前兆。[60] 對一些距離較近的封國，朝廷的掌控力急遽上升，但這種管控可能會產生意料之外的結果，把距離最遙遠的王國從中心——就像越地各個王國一樣——推得離朝廷更遠。這樣一來，南越國的地位或許就從「內屬」退回邊陲、漢體制之外的王國。

　　儘管如此，越仍然可以嘗試成為漢的「內屬」，而且他們確實如此。或許是害怕受到國內勢力的威脅，抑或是震懾於武帝日益壯大的軍力和野心，趙興派使者上書，請求冊封為「內諸侯」。[61] 這顯示出趙興願意臣服**中國**漢廷，並接受其政治管轄，武帝批准他的請求後，趙興戮力消弭了南越中任何與漢差距甚大、未開化的不同印記（stigma），按部就班地轉化南越的身分認同與風俗，欲使王國真正服膺於漢法與漢制。

　　首先，他請求皇帝解除南越與漢之間的邊界關卡；其次，廢除了過往對罪犯處以黥劓刑的刑罰，改用漢法；[62] 第三，他起誓會比照其他「內諸侯」的禮儀行事，包括每三年親自入朝納貢，以表忠心。[63] 隨著更通暢的來往與定期納貢，兩個朝廷之間的接

觸更為頻繁，在在都讓君主愈來愈難在自己的土地上自稱皇帝。這些新的舉措無一不是為了削弱趙興的王權，增加對漢帝的效忠，讓漢帝比過往任何時候都更容易進入並控制南越。

趙興的作法與先祖名義上歸附於漢不同，似乎不再耍弄兩面手法，反映趙氏一族已經放棄南越帝這個「祕密」身分認同。最後，趙興與越人的從屬關係益發淡漠，據《史記》記載，約莫在這個時候，「（丞相呂嘉）居國中甚重，越人信之，多為耳目者，得眾心愈於王（趙興）[64]」，這點我們將在下一章討論。此處所說的「越人」可能並不代表所有越地人群，而是能為朝廷提供支持與軍援的越地領袖（地方酋長與領主）。不管怎麼說，失去越人的支持影射趙興不再能以越人的身分認同自我表述，也不再能像先祖那樣與某些南越菁英有利益上的掛勾，與外來的**中國**母親以及漢使聯合，年輕的國王或多或少接受了忠心漢臣的身分認同，最後終結了越帝的趙氏世系。

小結

細究南越帝國與王國的幾位王室人物之後，我分析了幾種對漢帝國及與其相聯的北方文化的不同回應，並爬梳出每個人如何建構不同的模式來維繫與表述身分認同，這取決於時空背景，以及在文化或政治層面上接納或抵抗所能得到的利益。我特別強調的案例，在於個人挪用或隱晦接納與華夏或當地越文化相關的價值觀與慣習，留意他們選擇——或該說陷入——任何特定文化模式的可能原因。

我們不妨將挪用越文化或漢政治裝飾物（trapping）、頭銜與權力符號的行為詮釋成一種目的在於增強地方控制的政治偽裝

形式：一邊冒險在自家國內僭越使用「皇帝」稱號，另一邊要在漢帝國世界裡奮力掩飾，這需要高超的政治手腕。維繫兩種相異且相對立的身分認同——無論哪一種都是為擁有者圖利，但也帶來極大的風險——只有在南越這樣相對的化外之地才能完成。南越與漢廷的物理距離，以及漢初相對空虛的國力（當時漢畢竟還是百廢待舉的新興帝國），都是促成趙佗與趙胡成功的關鍵。南越國祚雖不過百年，但已開創了南方存在強大帝國的先例。雖然（也可能部分是由於）挪用了北方帝制的模板與權威的儀式符號，南越朝廷成功確立自身為長江以南的第一個帝國。

趙佗與趙胡自視為皇帝而非漢的藩王，並為自己偽冒更多政治、而非文化層面上的認同。南越前兩位統治者皆自稱「帝」，這個頭銜雖然是從北方挪借而來，但完全是服膺南越王室的設計，這個挪用的行為讓使用者獲取權力，並反映出對權力範圍內能動性的強化。無可否認的是，單憑「帝」這個稱號，就能影響越國菁英、更不用說南越皇帝本人如何看待自身相對於漢帝國的獨立性與地位。這樣一來，皇帝的政治身分認同便會影響並強化菁英對合法、有力的南越身分認同的要求，將自己視為帝國的一分子，南越的統治階級與菁英想像自己擁有獨特的身分認同，便能憑藉自我能力成為政治的重心，而非處於中心─邊陲概念體系之下的邊陲。

就漢對越風俗與身分認同的影響而言，重點在於爬梳出漢帝國「內屬」的性質。在武帝治下，為確保對這些叛服無常的遙遠王國的控管，漢廷要求他們有義務採行漢的法制與禮儀，這代表這些王國需投注可觀的資源以參與這個更大型的帝國社群。這些舉措旨在統一整個帝國的風俗、法律與行政，最終將消弭南越政府掌控的本土慣習。樛太后與南越王趙興都選擇全面歸附於漢，

接受內屬的規則與地位，這將會改變南越國的稅法、法律、邊界控制等。這支持了漢帝國的漢化舉措只在某些層面，特別是法律、行政與某些與朝廷有關的禮儀等，獲得暫時性的成功的概念。

史料也顯示，隨著時光流轉，對南越統治者而言，漢的兵力在漢武帝的統治下愈發強大。然而，《史記》與《漢書》的記載讓我們有理由質疑，即便在南越後期，越文化與身分認同也並未全面為漢風取代。早期趙氏諸王的大部分事務都未提及自己是漢的臣民，此一事實表明，儘管南越國時常採用中原的行政系統或軍事技術來強化國力，他們仍建構出相當自主性的意識，更使用本土化的文化象徵（例如句鑃）來強化本土的威望，以證明南越早期統治者的能動性，這反映出他們能進退得宜地利用本土與非本土的控制手段。

我們不太可能相信史書中記載前兩位趙氏統治者已經「本土化」，再三考究後，推敲出這些統治者的行事作風都以越國的最高統治者自居，對越國的人民也擁有近乎完整的權力。儘管他們接受了漢帝國屬國的官方地位，但這看來只是為獲取某些貿易和軍事利益，更不用說只是想安撫並維繫與強大北方鄰國的和平關係。

這些統治者絲毫沒有「本土化」，而是「主權化」或「帝國化」——納入所有可利用的權威，來建立並維繫對他們龐大帝國／王國的控制。因此，儘管漢將南越的隸屬視為南越最終順服於漢廷及漢禮的標誌，但南越不斷顯示出對此類禮儀的蔑視，前兩位趙氏統治者的行為舉止也都以獨立的最高領導人自居，可見這種隸屬關係在南越國內可能有完全不同的意涵。對趙氏統治者而言，重要之處在於既能讓外國認可自己的儀式正當性，亦能強化自己身為南越國王與皇帝對南越人民的控制。

第九章

武裝抵抗漢帝國
的越身分認同

Yue identity as armed resistance to the Han imperium

身分認同通常會經由抗爭或軍事交戰來創造、維繫與鞏固。分析完帝制初期南越政治認同形塑的複雜局勢之後，我們將注意力轉移至此時期的各種激烈對峙及武裝抗爭，這些時刻「越」通常為了抵抗鄰國或維持現狀而形塑自己的身分認同。在漢初一百年（約公元前 200–110 年）以及公元四〇年，文獻史料至少提及四起越人群體或越人國家對抗漢廷的叛亂或防禦性武裝衝突。這四起抗爭都被視為是要擺脫漢的勢力，並聲明自己是一個獨立的越王國。以下我將討論這幾起軍事交戰，為了要徹底排除帝國的勢力，所以在南方建立更持久的越身分認同。

　　這四起軍事交戰為：（1）公元前一三八年和一三五年，閩越攻打鄰國以及漢軍的回擊；（2）公元前一一三年，南越丞相呂嘉起兵爭取南越獨立；（3）公元前一一一年，騶餘善王起兵爭取東越獨立；（4）公元四〇至四三年，廣西徵氏姊妹之亂。雖然帝制初期各個越王國或勢力之間也發生過其他武裝衝突，但缺乏足夠的戰事資訊能確保我們對身分認同的深入探討。[1]

閩越對南方鄰國的侵略

公元前一三八年和一三五年的兩次軍事對峙，涉及一系列互有聯繫的勢力：閩越、南越、東甌與漢，若能更詳細探究，有助理解帝制初期與越國相關的眾多政治認同。據司馬遷《史記》的記載，此時期的閩越國奉行擴張政策，先後攻擊東甌及南越這些越人建立的鄰國。此段文字並沒有提及太多入侵的原因，如果把目光擴展到散落在《史記》各處的越地諸國紀錄，可能會找到線索將此段歷史中不起眼的元素一一拼湊。

公元前一五四年，吳王劉濞發起七國之亂反抗西漢中央朝廷，但是兵敗逃往東甌，最終被刺殺，劉濞之子劉子駒則逃往閩越國並伺機報復。公元前一三八年，劉子駒煽動了當時的閩越王率軍圍攻東甌都城。《史記》記載：「（劉子駒）常勸閩越擊東甌。」[2] 這是否就是公元前一三八年入侵背後的主要動機，我們不得而知。對於此次入侵的其他原因，史書付之闕如，不過公元前一四一年正值景帝劉啟（公元前 157–141 年在位）與武帝劉徹的過渡期，很可能會引發邊境王國領導人對漢之野心的焦慮。之所以攻打東甌，很可能是因為閩越王想藉由攻擊並吞併一個較弱的目標，便有更多的政治籌碼與威脅性日益升高的漢抗衡。事實支持了此一推論──漢廷並未坐視不管，迅速出兵弭平了閩越的圍城。因此，不能只將這場越之間的戰事歸咎於與越無關的北方鄰國事務（劉子駒的報復），真正的權力鬥爭發生在閩越與漢、而非閩越與東甌之間。

公元前一三五年，閩越王騶郢攻打南越，史書並未提及原因。從南越的記載中得知，約莫四十五至五十年前的呂后臨朝稱制期間，南越王趙佗侵擾長沙地區的兩國交界，而在呂后駕崩

後，公元前一八〇年左右，他繼續朝國界四周的各個方位擴張，包括閩越。面對趙佗的威逼利誘，閩越等王國只得屈於其權威之下（至少是在名義上，或可能只在邊境地區——記載並未清楚說明）。考量到南越與閩越兩國間過往的齟齬，趙佗於公元前一三七年薨逝後不久，閩越王騶郢便攻打南越，此舉無疑並非偶然。可見閩越對南越的入侵，或可理解為源於閩越與南越兩國邊境主權歸屬的長期領土爭執。

閩越出兵南越可謂是一箭雙鵰：既得以擴張領土，又能削弱漢在南方的勢力。因此，公元前一三〇年代閩越一系列的侵略行動無疑是想先發制人，阻止漢的干預與可能的接管。東甌國解體之後，閩越與漢之間的重要緩衝地帶也不復存在。失去緩衝區的屏障後，要想躲過漢的入侵，唯一可行的辦法就是朝另一個方向擴張：南侵南越。因此，雖然史書中閩越的對外擴張，看起來只是騶郢王貪婪之下的衝動之舉，但更仔細審視閩越國的地緣政治處境（報復可能也是動機之一），會發現這種侵略可以合理解釋為一個國家先發制人的防禦性舉措，目的在求生存。

這是否反映出閩越的身分認同？可惜《史記》對閩越人物的視角付之闕如。司馬遷只是以第三者的角度，將關鍵閩越領導者（騶郢與其弟騶餘善）的舉動刻畫為政治上的權謀之計：騶郢與騶餘善均涉嫌謀反，騶餘善於是考慮刺殺兄長，並將騶郢的頭獻給漢廷求和。雖多虧騶餘善才得以罷兵，漢廷卻轉而扶持越繇王騶丑為傀儡，騶餘善便自立為王抗議，迫使漢武帝正式承認他為「東越王」。[3] 由此反映出，漢廷會利用繇王這種身為前越諸王後裔的當地領主來剷除閩越的地方勢力；從東越王騶餘善是當地所推舉、而非漢武帝的選擇也顯示出，處於千里之外的漢廷很難貫徹其策略。史書上將騶郢與騶餘善兩兄弟形容成損及漢利益的

刁民,在司馬遷的筆下,騶餘善是暗算兄長的貪婪軍閥,稱騶餘善「威行於國,國民多屬,竊自立為王。」[4]

考量是按照政治角色、而非族群來畫分對抗騶丑的越或騶餘善的當地支持者,似乎可以中肯地說,這段歷史所隱含對身分認同的操弄,並非一般族群或文化意義上的越,而是越繇或東越。這種身分認同是政治性的,且立基點是與之合作或結盟的國王或國家。雖然只有在政治領域才能找到身分認同的些微資訊,但仍能得出結論:此時閩越國正試圖求存,並提出獨立或主權的自我主張。閩越在公元前一三八及一三五年對鄰國的侵略,以及在漢廷企圖削弱騶餘善的勢力時,他便「竊自立為王」,都清楚反映出這一點。

呂嘉與南越之亂

關於南越的記載(本書於第八章論及),呂嘉的描述比起王室要簡短的多,但卻提供了關於公元前一一二至一一一年左右南越朝廷的政治認同,這個十分重要的資訊,並隨公元前一一一年南越覆滅而告終。呂嘉為歷經趙氏最後三位統治者——趙胡、趙嬰齊、趙興——的三朝丞相,他不僅活躍於南越政壇,還通過各種聯姻與趙氏一族建立千絲萬縷的關係。現今許多中國的學者都認為呂嘉是越人,但我在早期文獻中並未找到能證實這一點的紀錄。[5]《史記》顯示,呂家有七十多人在朝廷中擔任要職,且所有兒女都與趙氏王室聯姻;[6]此外,因為弟弟是將軍,呂嘉與軍方的關係也十分密切,他的弟弟在南越末年與漢軍的衝突中擔任要角;[7]並且,呂嘉與封國位於今廣西東北與湖南南部的蒼梧王趙光也有姻親關係。[8]顯然,無論呂嘉的血統與南越人群的歷史

淵源有多本土，他的家族其實也與源自華北的趙氏一族及遍布整個帝國／王國的其他趙王室關係深厚。

　　儘管呂嘉的家族史中沒有確鑿證據證實其祖先為越人，但他的政治認同卻為漢武帝時期南越人群的身分認同提供了重要資訊。《史記》中確實有幾個跡象顯示，呂嘉具體表達出越的典型利益：首先，呂嘉在反抗漢廷之前，就深受越人愛戴，《史記》形容呂嘉「得眾心愈於王」且「越人信之」，故「多為耳目者」。[9] 第二，他起兵抗漢所獲得的支持極為驚人，家族成員（弟弟）或任將軍，或任其他重要行政人員和軍官，居住於都城番禺及其周邊地區的越國百姓亦群起響應。在一個事例中，漢廷最初派往番禺的兩千士兵，在途中遭南越人民俘虜，無疑幫了呂嘉很大的忙。越人起初為漢軍開道，並為軍隊提供食物，讓漢軍一路長驅直入至番禺郊外，[10] 待被引入越境深處之時，漢軍便被伏擊的呂嘉與其手下將士一舉殲滅。[11]

　　第三，呂嘉讓全國燃起對越的普遍認同感與共同目標，以對抗具威脅性的外來者，促進了越國獨立的願景。漢軍一攻入南越的邊境城鎮，呂嘉便率兵攻入宮中，誅殺南越王趙興、樛太后與在場的漢使。隨後立前南越王趙嬰齊與越人所生之子趙建德為新君。[12] 鑑於呂嘉在民間的聲望與在抗漢中的角色，多半會認為他在弒君後便會篡奪王位，但他卻選擇改立一名比起前南越王趙興，與越當地聯繫更深的趙氏成員。雖然這樣做可能是為了讓趙氏一族的其餘成員（許多人與呂嘉有姻親關係）站在自己這邊，但他對越王血統的特殊選擇，似乎超越了對個別趙氏成員的尊重。這可被詮釋成身分認同建構中，政治上的權宜之計：呂嘉是靠著將趙氏一族早已確立的王室身分與出身本土（越）聯繫在一起，以此願景聚攏勢力。

據司馬遷的記載，呂嘉在弒君之前，曾發表以下號令，點燃南越的身分認同感：

> 王年少。太后，中國人也，又與（漢）使者亂，專欲（南越）內屬，盡持先王寶器入獻天子以自媚，多從人，行至長安，虜賣以為僮僕。取自脫一時之利，無顧趙氏社稷，為萬世慮計之意。[13]

呂嘉的宣示如同南越獨立宣言，以對趙氏一族表達尊崇的華麗詞藻修飾。從中可看出他的立場實際上與歷代趙氏南越王——他們都在名義上向漢稱臣——背道而馳，趙氏統治者可能意識到可藉由在外交與禮儀上的安撫阻隔漢廷，但呂嘉面臨的情況早已不同。呂嘉並非國王，而是侍奉了一個深受**中國**母親樛太后影響、積極向漢廷權威靠攏的少年國君。南越王趙興上書漢武帝請求內屬的舉措，標誌了越國史上的分水嶺，此時除了需要遵守禮制，還有義務遵循漢法，這讓王國陷入前所未有的處境。[14]從那一刻起，在呂嘉控制下的南越，便不可能恢復或退回到過去與漢廷的關係，因此與早期的幾代越王不同，向漢稱臣如今演變成一場零和遊戲。所以在分析呂嘉的宣示時，必須牢記南越王國面臨的這些新選項，以及這個宣示背後的高度政治意涵。

呂嘉引發分裂的言論區分了南越與漢的身分認同，意圖明確切斷與漢廷的聯繫。南越身分認同以自身財富、歷史，尤其是神聖的王家世系作為標誌；而樛太后之所以不值得信任，正是因為她效忠**中國**，而非南越政體、人民與王室。此外，在指涉**中國**而非漢帝國時，呂嘉試圖讓人想起過去那個大一統的文化與政治強權，促使南越起而對抗跨越政治界限的外來者。[15]當許多本地越

人被派往長安擔任宿衛時，呂嘉便藉機以受異族霸主奴役與驅使的形象來喚起本土的自尊心；他更提到樛太后為了獲得漢天子垂青，計畫進獻南越的寶物與僕從；最後，他批評樛太后背叛過去在南越獨立大計上費盡辛苦的趙氏諸王。呂嘉言之鑿鑿地指出，趙氏一族不願見到自己的王宮遭毀、南越寶物遭竊，更不願南越完全臣服於漢。簡而言之，早期的趙氏統治者不會像樛太后那樣，放任南越受漢奴役。

前來懲治的兩千漢軍在到達南越都城番禺之前，呂嘉便在南越人民的幫助下將之全數殲滅。這反映出呂嘉的宣示可能奏效了，他對南越遭漢奴役的隱喻可能相當中肯，與當時越人理解的現況相同，直擊了許多菁英與人民的心，引發了南越人群的共鳴與義憤，因此起而與呂嘉同一陣線對抗漢軍，以實現與漢或**中國**對抗、南越獨立的願景。

但值得注意的是，也有少數的越領袖與人群和最後一代的南越王趙興一樣，並不認同當地的利益，隱身於南越獨立的動員之後。《史記》就記載了漢武帝五路南征南越呂嘉的主帥中，就有三名投降漢的越人：兩名將領從零陵進攻、一名負責統帥由西南巴蜀罪人組成的軍隊。[16] 雖然史書並未提及太多這些所謂越人的資訊，但我們有理由得出結論，即家鄉並不一定能決定個人的身分認同或政治取向。此外，漢軍將領圍攻番禺時縱火燒城，並「遣使者招降者，賜印」，以換取他們的效忠與投降。[17] 許多都城居民選擇這種誘人的獎勵，以避免死亡與淪為敗軍的恥辱，早先投降的人也被送回城中，以招降更多越人。[18] 這些故事顯示出，並非人人都願意效忠於越而赴死，《史記》確實會給讀者這種印象，認為當漢軍兵臨城下，南越獨立的目標輕而易舉就被放棄，但這很可能只是史料來源產生的偏誤。

追隨呂嘉的數百名死忠者並未改變立場，在番禺遭圍起火之際，他們與呂嘉早一步乘船逃離，但不久即遭漢軍於海上俘虜。[19]具體化某種南越本土的身分認同，更為維護南越獨立而戰死，呂嘉在在證明了自己比番禺遭圍時投降的當地都城居民更像「越人」。但畢竟起兵的是呂嘉，弒君抗漢的舉動讓他除了戰鬥或逃跑，別無他途。但正因呂嘉有效利用南越身分認同作為抗漢的武器，他的失敗也等於──至少在目前看來──在政治層面上消除了這種身分認同的正當性。[20]

騶餘善王與東越的最後一役

在公元前一三五年閩越攻打南越的約莫二十三年後，騶餘善仍是東越王，漢武帝也還在位，且在公元前一一二年剛剛向南越宣戰。東越與南越之間談不上什麼忠義，東越王騶餘善最初倒向漢，上書「請以卒八千人從樓船將軍擊呂嘉等」。[21]但據《史記》記載，騶餘善最後公然背棄漢廷，先是駐紮在揭揚，拒不出兵，更「持兩端，陰使南越」。[22]

當然可以說東越的結局早已注定，尤其是在南越敗於漢的情況下，公然叛漢的行為無疑是東越覆滅的開端。以後見之明來看，騶餘善對漢廷的搖擺不定以及之後的公然抗漢，似乎是一場弔詭的錯估情勢，但這也反映出，對漢來說征服南越絕非易事。雖然最後漢大獲全勝，但從騶餘善在大陸南端的揭揚，見到的卻是呂嘉率領的南越軍隊勢不可擋，且被擊潰的可能是漢軍。若非如此，我們要怎麼解釋騶餘善的行為呢？

讓我們細究此局勢：被兩個非常強大的敵人包夾，東越能否選對邊，與最後的勝者同一陣營，才是生死攸關的大事。如若南

越看來會獲勝，那騶餘善改變立場，不再幫助漢軍攻打南越便有道理；而假使騶餘善認為漢的贏面更大，那他就有可能會全力與漢同一陣線，至少會兌現諾言。然而，當他承諾支持漢軍，卻沒有出兵，只是坐壁上觀，我認為騶餘善此舉無意間暴露出他為避免損失，選擇兩方下注。他駐紮在揭陽時，可能有人說服他南越會是最後的贏家。

如前所述，史書根本沒有提及任何南越有機會打敗漢的跡象，番禺宮殿及其周圍的考古發掘，大抵證實了《史記》中南越都城遭受破壞的記載。因此，唯一的可能就是：南越非常強盛，以至於他的鄰國都認為袖手旁觀、不要援助漢軍才能明哲保身，所以騶餘善才會有這種如同挑釁漢廷的奇怪行為。先暫停推理，我們應當跳脫史書中對西漢軍力的標準陳述，站在政客以一己生存與利益為基準去思考的角度，才更能理解他的行為。

從騶餘善傳奇般的結局，我們看到了一個複雜的情況：除了對特定政治領導人的忠誠之外，如果還存在其它的意涵，那還有什麼可能是閩越／東越的身分認同？南越戰敗後，漢軍已無力討伐東越，但騶餘善仍對山雨欲來的入侵感到焦慮，迫使他轉守為攻並公然抗漢。為鞏固自身在東越的權威並與漢作戰，騶餘善做了一切必要的準備。此攻勢的一部分包括「刻『武帝』璽自立，詐其民，為妄言」；[23] 稱呼麾下的將領為「吞漢將軍」，「入白沙、武林、梅嶺，殺漢三校尉。」[24]

眾志成城起而反漢，並不是什麼新鮮事，但騶餘善試圖藉由稱帝而獲得威望、並轉化為軍事力量，這種方式令人讚嘆，值得分析。如上節所述，南越丞相呂嘉並非一國之君，且在抗漢的同時，並未企圖篡奪南越王之位，更不用說使用皇帝的稱號。即使是公元前一五四年的七國之亂，吳王劉濞也沒有篡奪帝號，以新

帝國的名義對抗漢廷。那麼，若要找尋最接近騶餘善此舉的先例，須回到呂后臨朝稱制期間，即公元前一八三年前後，當時南越王趙佗自立為帝，侵擾國界以北的長沙一帶。但即便在這種情況下，趙佗也沒有直接攻打漢，而只是入侵漢帝國南方的一個封國，此地歸屬可能本來就頗具爭議。在這樣的脈絡下，騶餘善對漢即將攻打東越的反應無疑是「孤注一擲」，試圖創立自己的帝國，與北方漢廷一較高下。甚至可以說，騶餘善自稱東越「武帝」的身分認同，是在國內聚攏支持者的過程中不可或缺的一部分，因為一旦身為皇帝，騶餘善就能承諾賜予地方領主更恢弘的頭銜與更多的獎賞。

《史記》記載了騶餘善的叛軍之中也包括本土的越領袖，他們將代表騶餘善作戰，可見東越的影響力比想像中的還大。在之後漢與東越之間的軍事對峙，東越曾經打了一場勝仗，在一個叫武林的重要關隘擊敗幾名漢軍校尉。接著《史記》引用一段對話透露三名密謀叛越者的行動——他們都是東越或周邊一帶的地方領袖。對於這些早期史書中的對話，我們均應謹慎以待。司馬遷很可能是在為這些人的叛越歸漢編造正當性，並試圖在缺乏證據的情況下，假裝這些密謀叛越者的想法。以下是《史記》記載的他們的言論：

> 餘善首惡，劫守吾屬。今漢兵至，眾彊，計殺餘善，自歸諸將，儻幸得脫。[25]

正如二十五年前，騶餘善為避免與漢發生軍事衝突，所以背叛並殺害兄長一樣，當地的越領導人也以其人之道還治其人之身，讓漢軍成功征服東越，並重新安置東越眾多人口，將大部分

人民遷往內陸由漢控制的江淮一帶。[26] 不出所料，漢廷將新征服的昔日閩越／東越領土，慷慨分封給這三名密謀叛越者。

此處呈現的是一場激烈的軍事衝突，特別是在沿海與東越關隘，再結合一段虛構的對話，解釋本土越領袖之所以背叛騶餘善的政治陰謀。他們對漢軍兵圍南越都城番禺記憶猶新，眼看南越及其偉大都城番禺遭受一場毀滅式的戰火，與其重蹈覆轍，不如在最後一刻臨陣倒戈，盡一切努力確保自身未來的生存與成功。表面上看來，反叛騶餘善的地方領主壓根沒有什麼忠誠度，也沒有任何抽象的「越」身分認同。他們更關心自己的領土存續，在乎自己能否維持越領袖的權威，而不願演變成東越帝國或名存實亡的閩越王國這類政治實體。

因此，雖然東越武帝騶餘善的帝國野心未能打造一個長久的帝國，但這一場閩越／東越的短促抗漢，卻值得細細審視，它提醒我們歷史上各種隨之而起的身分認同，是如何基於政治與軍事的成功。當然，福建一帶在接下來的幾個世紀中維持住了它的文化，與更北方的地區明顯不同。即便東甌、閩越與東越傾覆後，當地領導者都再也未能讓越真正獨立建國，但此區域如何被定義為越（或閩越、甌）的歷史卻一直延續至一、二千年之後。如果騶餘善與前東越王——包括遭其殺害的兄弟騶郢——能成功獨立建國，無疑會影響和改善此區的長期發展，並維繫一個更具自我意識的越身分認同。

徵氏姊妹之亂

比起閩越／東越或南越，漢代西南邊境較少出現在歷史文獻中。由於此區域涵蓋當代越南一帶，這段歷史也因而備受越南稱

頌，對早期的臆測也多不勝數。可惜的是，越南最早的歷史對帝制初期不可能有多少可靠的資訊，因為這些文獻是在公元十三至十五世紀寫成。學者認為越南早期史學的主要作品取自隋唐時期（公元六至九世紀）的中文典籍，如酈道元的《水經注》，其中的材料來源可追溯至公元三、四世紀。[27] 至於《史記》與《漢書》等與帝制初期同時期的文獻，對西南地區的記載更是少之又少。

「徵氏姊妹之亂」是漢代重大動亂之一，發生於東漢初年，公元四〇至四三年間，起事者是獲得古交阯全郡及九真、日南、合浦一帶支持的兩姊妹。交阯位於紅河三角洲，其首府龍編（越南語：Long Biên）位於現代河內附近，以南為九真、日南，合浦則位處以北可延伸至現代廣西省沿海的海岸上。[28] 針對徵氏姊妹，奧哈羅在一九七九年發表了一份很好的學術提綱，論及她們起事的可能原因、背景等。[29] 但若只看早期的文獻，我們對這兩姊妹幾乎一無所知，范曄在第五世紀、動亂發生之後四百年所編纂的《後漢書》，是對此事件最早的記載。《後漢書》雖然參考了現已散佚的漢代早期文獻與史書，但除了徵氏姊妹的姓名、父親的身分地位、長輩的婚姻狀況與家鄉之外，就沒有太多其他資訊。越南早期歷史的其他史料可追溯至公元十幾世紀，雖然它們可能參考了一些唐代（約公元六至八世紀）的資料，但其中的資訊不能作為可靠的史料。[30]

《後漢書》的一個段落稱得上是這起亂事的最佳總結——特別是漢廷派將軍馬援與段志前往平亂。我將全部的內容都引用於此，讓我們一睹關於徵氏姊妹自身的說法是多麼的少，以至於我們根本無法得知她們對此事件的看法：

建武十二年（公元 36 年），九真徼外蠻里張游，率種人

慕化內屬，封為歸漢里君。明年，南越徼外蠻夷獻白雉、白
菟。至十六年（公元 40 年），交阯女子徵側及其妹徵貳反，
攻郡。徵側者，麓泠縣雒將之女也。嫁為朱䳒人詩索妻，甚
雄勇。交阯太守蘇定以法繩之，側忿，故反。於是九真、日
南、合浦蠻里皆應之，凡略六十五城，自立為王。交阯刺史
及諸太守僅得自守。光武乃詔長沙、合浦、交阯具車船，修
道橋，通障谿，儲糧穀。十八年（公元 42 年），遣伏波將
軍馬援、樓船將軍段志，發長沙、桂陽、零陵、蒼梧（武陵
山南北地帶）兵萬餘人討之。明年夏四月（公元 43 年），
援破交阯，斬徵側、徵貳等，餘皆降散。進擊九真賊都陽等，
破降之。徙其渠帥三百餘口於零陵（以北為武陵山，遠離其
勢力範圍）。於是領表（嶺南）悉平。[31]

從這段紀錄中，我們得以知道徵氏姊妹的生平起落，《後漢
書》清楚記述了兩姊妹的雒（族群／部落）血統，以及事發地點
位於交阯的事實。徵氏姊妹的故鄉麓泠縣以及徵側丈夫出身的朱
䳒皆為漢代交阯郡十縣之一，文中暗示徵氏原本的勢力中心位
於交阯郡，[32] 之後廣納來自現代廣西省沿海（古合浦一帶）至越
南中部（古日南一帶）等地非漢人的支持。這段文字所謂的「自
守」，暗示漢的官員在此區域仍保持有限的權力，這可能是指約
束當地漢人移民與流亡者的權力，可見本土的雒與漢人有差異。
而文中提及徵氏姊妹是「雒將之女」，也反映出了這一點。此處
的「雒」似乎就是司馬遷論及甌駱與駱裸人群時所用「駱」的異
體字，[33] 應該是生活在廣西沿海與越南北部的特定南越群體的某
個部落名稱（見第一章）。

身為將軍之女，徵氏姊妹是與軍方有直接聯繫的本土貴族成

員。我們雖難以釐清釀成徵氏姊妹之亂的法律糾葛，但據這段文字所透露的，姊姊徵側不知為何與交阯當地的最高行政長官太守蘇定發生爭執。從徵氏姊妹的追隨者是從合浦至日南的本土「南蠻」領袖可以看出，當地的主權與獨立是一大問題。

這場動亂的規模與範圍皆不容小覷，對漢廷來說也是莫大的挫敗：漢失去了六十五座城池的控制權，當中不但包含擁有最多人口的城市，還包括重要海上貿易中心。此外，交阯一帶在第一千紀的前幾個世紀就是海上貿易的主要轉運站，就連在帝制初期貴為珍珠貿易中心的合浦也相形見拙。[34] 只需比對《漢書・地理志》所載，「南海郡（原南越國中心），戶萬九千六百一十三，口九萬四千二百五十三」，以及「交阯郡，戶九萬二千四百四十，口七十四萬六千二百三七」，就可看出交阯是漢代中期的新興大都市。[35]

從漢廷派出最受信任的馬援與段志兩位將領來平亂，就可看出交阯的戰略重要性。不過一年前（公元四十一年），馬援與段志才平定盧江郡（今安徽省）的宗教禍亂，將為首的妖巫李廣等人斬首，接著就被派來弭平徵氏姊妹之亂。[36] 在之後的中國史書裡，東漢大將馬援是十分偉大的官員，為蠻族帶來漢文明教化。[37]

這段文字還反映出一個在越南史上並不突出的人物——都陽，他與稍南一點、位於現代越南北部的九真有聯繫。奇怪的是，雖然史料清楚顯示，有更多動亂領袖或與徵氏姊妹合作，抑或利用所在區域的地方領導權真空而崛起，並對漢保有某種程度的獨立性，但徵氏姊妹卻被定為這場動亂的首禍。比起偶然出現的新興叛軍首領（當中只有都陽重要到被指名道姓），由兩位女性領袖全權策畫的抗漢獨立運動，當然更為吸睛，史料對這些新興叛

軍首領的著墨，也比徵氏姊妹要少得多。可想而知，實際參與的動亂領袖人數眾多，顯示漢廷在邊境地區與某些越人群互動的處境，比中國史書所揭露的還要複雜得多。

話雖如此，提及越的史料卻少得可憐。不過仍有證據表明，之後的作者還是將這些群體視為是更大的「越超級文化」（Yue mega-culture）的一部分。值得一提的是，范曄將動亂地點定在南越附近，在《後漢書》的其他篇章（特別是〈馬援傳〉中），「越」與相對較新的「駱越」都被指涉為被馬援強制推動文化變遷的地區。[38]《後漢書·馬援傳》的記載顯示出，越在法律規範、技術成就水準（特別是農業技術與科技領域），以及其他社會制度層面，與漢皆有文化上的差異：

> 援將樓船大小二千餘艘，戰士二萬餘人，進擊九真賊徵側（姊姊）餘黨都羊（此處用字有所不同）等，自無功至居風，斬獲五千餘人，嶠南悉平。援奏言西于縣戶有三萬二千，遠界去庭千餘里，請分為封溪、望海二縣，許之。援所過輒為郡縣治城郭，穿渠灌溉，以利其民。條奏越律與漢律駁者十餘事，與越人申明舊制以約束之，自後駱越奉行馬將軍故事。[39]

此一段落還提及動亂的廣泛影響，以及徵氏姊妹並非唯一領袖與群體的事實。與前一段引言中用「（南）蠻」來概括不同，范曄在此處指的是與「越」相同的人群。由於此處的議題涉及文化、法律與技術，漢代作者似乎認為「越」這個稱呼更適當，「越」一詞作為某種文化體系的標記，用於特定的南方人群，而傳達出某種價值觀。

從《後漢書》的兩段引文中，我們可以看出，范曄將漢人與這些西南越人群區分開來，差異不僅體現在政治制度上，更體現為跨文化、甚至跨族群的分歧。此區域的駱越當然就是蠻，其傳統、價值觀、管理方式、法律與技術成就都與華夏截然不同。在上述對馬援改革的討論中，「嶠南悉平」、「以利其民」等說法都影射這些殖民舉措完全具備正當性。這反映出深植於古代史學傳統中對漢化的主要假設，同時也揭露出華夏身分認同與文化皆優於南越這個基本假設。唯有仔細審視動亂的範圍與強度，史料間接提及的參與亂事的許多地方領袖，以及漢廷之後推行的強烈舉措，才有辦法充分理解越的能動性，以及理解這些動亂如何構成更具永久性的越身分認同，並造就歷史上的關鍵轉折點。雖然關於徵氏姊妹最早的記載，字裡行間都在頌揚中國（Chinese）的勝利，以及華夏殖民者的文化與行政成就，且文獻幾乎沒有提及當地在身分認同建構上的努力，但只需思考當時局勢的嚴重性及叛軍的潛在動機，就能推測身處在如此大規模的軍事衝突中的越人，其主權與身分認同的鞏固才是重中之重。

小結

與北方邊境相比，文獻史料對南方武裝抵抗的歷史記載通常很簡短。漢的軍力自然優於幾個越王國的統治者，但不能因此高估了漢廷在這些區域的權威。東漢費時一年多才弭平交阯及其周邊地區的徵氏姊妹之亂，此事實顯示出，某些越群體十分在意自己的主權，會以意志與軍力捍衛。許多本土的越領袖如呂嘉與騶餘善，只有在面臨徹底毀滅的威脅時才會做亂，直到正式起兵之前，他們都還十分享受在與漢霸主只存在名義上的關係中擔任國

王或高官；其他人例如徵氏姊妹，之所以起而反抗，是出於對漢控制或殖民的某些層面心生不滿。無論哪種情況，武裝抵抗都意味對自己的政治認同有明確的立場，並反抗某種統治與被統治的方式。一個人如果願意為獨立而把生死置之度外，那武裝抵抗就是刻畫自我身分認同與捍衛主權空間的終極表述。

即使司馬遷筆下呂嘉的宣示，強烈影射了南越政治自我的形成，但我們手邊關於武裝抵抗時期的史料，卻鮮少提及越身分認同的具體表述。在當時，呂嘉提到一個強大且持久的政治世系，擁有統治此區域的王朝正當性，這份宣示所表現出的南越身分認同，無疑是個重要的工具，可以合理化自己某些違悖漢禮的行為，並攏聚抗漢的勢力。呂嘉特別提到越地資源的喪失與越人在漢帝國中的地位，他運用本土身分認同來對抗中國人士，證明身分認同很適合拿來爭取越人對叛亂與主權的支持。

這一分析也有助於我們理解越身分認同當中非神性的、且易被滲透的性質，所謂非神性指得是當地越人不但會、且通常會依據政經緊急狀態來改變忠誠度。根據史料，幫助漢軍入侵並摧毀南越國的一些主要軍事將領原本是「越人」，此外，番禺城陷落前，就有不少南越居民受到誘惑而出賣越，說明僅憑與南越國的連結，多數人並不願意為之赴死或因之受辱。至於東越，史料認為本土的越領袖為爭取越地宗主權，會背叛像騶餘善兄弟這種帝國主義者，他們藉由暗殺當權者、順服於漢，因而受到漢廷分封並承認自己在當地的權力。

正因為漢的外部權威及所有附屬品是南方地方酋長或國王鞏固自身身分認同與權威的主要手段，所以非常不利於越的獨立國家的建立。只要漢承諾施以恩惠，諸如分封或賦予頭銜，就總會有人上鉤，因為這有助於鞏固他們自身在當地的權威。由於缺乏

更大的越一統意識，漢只需利用當地的派系之爭，就能在東南與南方（東越與南越）牟利。

越身分認同容易滲透、難以統一，體現在這一身分認同的各種形式都很容易遭**中國**外來者吸收，與之相對地是，越身分認同也很容易因此被一些越人拋棄。越身分認同之被融合、稀釋、轉化，源自許多南越統治階級的成員都是越人與**中國**人的混血。例如呂嘉所立新君，就是前南越王與越人所生長子，而他自己的家族──更多可能是越出身──與作為統治者的趙氏一族亦有姻親關係。這顯示即使是統治菁英，也會與當地人群通婚，則下層階級的通婚可能也是司空見慣。據稱秦國派遣五萬名男性士兵與工人至武陵山以南（但只有一萬名**中國**女性受命遷往當地與之成婚），許多學者喜歡引用此數據，來證明此地缺乏**中國**女性，故低下階層的男性必須與當地越人通婚。[40]

儘管如此，越不斷出現對殖民征服與入侵的抵抗與武裝動亂，反映出南方邊境持續嘗試經由建立地方王國、甚至帝國來重申越的身分認同。從呂嘉、騶餘善與徵氏姊妹在爭取脫離漢獨立時，皆有眾多支持者的事實，有助於支持「在過去的許多歷史節點曾有機會建立更長久的越國」這個觀點。以之後的歷史為例，公元十世紀紅河流域的本土越領主有效阻止了宋的征服，並建立自己的區域性王朝，讓越南追溯其身分認同與主權的時代更長久。雖然漢代越的領主與酋長最終未能擊退漢，但十世紀取得的勝利證明了當地南方人群偶爾為之、有時甚至十分巨大的努力獲得回報，也證實了某種形式的越身分認同依然在往後的歷史中延續下來。

即使在我們使用的史料裡，表面上呈現的是漢、**中國**或華夏的視角，我們依然能感受到越的能動性。許多越領袖在面對漢兒

採取的各種外交、託辭與反叛行為，顯露出南方越的政治建構與統治階級的身分認同建構。甚至，雖然早期地方發展的細節常常隱沒在歷史長河中，但諸如援引本土與漢的法律與風俗、與本土女性通婚以及看重本土與漢的商品交換，均反映出他們創造自我的、本土形式的越身分認同的意圖。儘管同時也伴隨著他們對北方帝國統治工具與符號的挪用、以及從北方帝國那裡獲得頭銜與報酬。

結論
Conclusion

二十世紀初，人類學家費孝通為中國文化的起源下了「族群多樣性」的注腳，之後更正式採用此概念，解釋在多樣性裡中國族群的一統性。他提出「多元一體」，「體」不僅指涉政治上的一統，還包括族群一統：「中華民族」。[1]何謂「中國人」（Chinese），在二十世紀變得與特定脈絡相聯，強調一統性與整體性，因此犧牲了獨特性與部分的多樣性。[2]古往今來各個時代，都曾提出華夏／中國（Hua-xia／Chinese）一統與「他者」多樣性之間連結的概念模型。不論不同時代的作者如何形塑這個模型，對一統與多樣性之間特定關係的基本行為的映射，充實了殖民者的目標，有助統治一個極為多樣的龐大帝國，更有助這個自兩千多年前誕生的帝國對文化層面的管理與控制。

　　本書分析的是指涉古老南方他者的主流族群名：越。透過當前社科研究的介紹性分析，並爬梳古代文獻中越身分認同的概念與表述，有助發現在現今所謂中國的古代南方邊境，並非存在一個像古代族群名「越」所暗示的統一且沒有差異的族群。

但正是經由華夏與越這種廣泛標籤的形塑，我們才能理解歷史上「再造中國自我（Chinese self）與他者」的權力動能（power dynamic）與方式。

即便族群多樣性才應該是常態，華夏作者卻多半不希望看到或承認這一點。他們將南方人群一股腦歸為「越」或「百越」，顯得整個南方與東南似乎是個位於周文化領域之外的同質性的南方他者。正如本書展示的，打造這樣一個通用、沒有差異的他者似乎是為了建立一個廣泛、族群性的自我概念，這在日後實現殖民利益時會很有助益。換句話說，「越」與「百越」的概念往往是對華夏自我想像的陪襯，且如同華夏一般，這些詞彙是根據廣泛、概括的文化與族譜標準來定義的。

因此，上述所研究的越，並非爬梳古越的真實歷史，而是以現有的知識，評估他們可能是哪些人，以及他們在古代文獻中是如何被描繪與識別的。如前所述，涉及越的文獻往往良莠不齊、極為局限且疑點重重，尤其在早期戰國時期的記載中甚至找不到太多真實的越。不過，我並不因為這些明顯的偏誤，就放棄這些資料，我利用這種曲解來闡明**中國**作者在嘗試分類越時所面臨的關懷與問題意識。在研究過程中，我提出了一個歷史脈絡，有助將越身分認同理解為華夏自我的創造過程。

我的分析顯示出華夏如何將自我定位於他們世界的中心，並得以獲得代表啟蒙與文明的所有裝飾物：秩序、德性、常態、適中、平衡等。同時，我們也得以深入了解歷史上華夏對自我與他者的觀念是如何轉變，並開始體會這些作者與南方他者有多少直接交流，或能否經由對當時某種生活文化的接觸獲取可靠的資訊。

雖然還必須涉及考古學、語言學、生物學與人類學的領域，

才能獲取更多資料，以更理解古代中國南方與東南亞部分地區的居民究竟是哪些人，但仍不能忽視那些文字紀錄能帶給我們什麼啟示。這些文字確實反映出一個過程，即華夏與越的身分認同如同二重奏般交織：用他者的陰影來襯托自我，將他者排除於中心之外，以讓自我居中。這些文字也記述了在帝制初期，越的自我認同感逐漸具備滲透性、可塑性與擴散性。這些歷史重要且深刻，關乎華夏與越身分認同最初的形塑，反映出中文紀錄的早期解決方案，試圖創造並維繫在古代極端多樣性之下的族群大一統意識。

　　如同族群名「越」的問題重重與曖昧含糊，有幾個原因證明我們可用「越」作為一個窗口來理解南方邊境的知識史。首先，分析「越」一詞涵蓋的範圍，及其影射古代南方不同文化與人群之間的連結，讓我們不得不跳出舒適圈，放棄著眼於個別遺址、城市、省或國家的那種更易於管理且具一致性的微觀研究。這個詞彙的涵蓋範圍之廣，讓我們必須質疑古代中國菁英作者看待南方邊境的方式，並試圖理解他們可能會把多少迥異的地區相互結合、想像成一個更大的網路。此外，在許多情況下，越的古代特徵突顯出棲息地與經濟活動的真正差異，它將**中國**主要的內陸與農業網路，與南方主要的海洋與沿海網路區分開來。[3]

　　南方大部分的歷史都發生在重要且不斷互動的海洋領域，及遍布南方與東南方的沿海—河濱，而且二者幾乎無法分開。正如黃河以北草原游牧民與中原定居農民在生活上所具備的顯著差異，長江以南靠沿海—河濱維生的人群，與中原人群的生活相較，當然也會形成鮮明的對比。特別是南方的許多區域存在獨特的副熱帶動植物、高濕度氣候以及受小河谷切割的山脈地形，再再促成了特定的農業類型與生活方式，航海及與水的密切關係可

空見慣。有鑑於此,「越」一詞提供了一種梳理南方邊境歷史的方法,即不妨先著眼於南方區域與人群之間的共同特徵與相似之處——這些相似之處源於跨越南方河流與沿海地區的廣泛交流、貿易以及跨文化、跨族群互動。

華夏身分認同有助於中心性邏輯的建構

中心性邏輯(logic of centrality)似乎推動了華夏自我與越他者的具體闡述,在與邊陲、次要、特殊(或悖禮)他者之間的關係裡,將華夏自我構建成中心、主要且規範性的主體。早期儒家作者如孔子及其門人在形塑華夏自我時,以文化資本作為群體成員之身分概念的主要前提。一些戰國時期的文獻將越置於華夏的黃道關係中來定義已知的世界,但此處的越只是作為中心自我的一個遙遠、陌生、有時更為強大的陪襯。在這樣的表述中,越並非總是野蠻的他者——他們有時會被稱頌以批評自我——但他們與中心的時空距離的假設,仍使他們相對於主要的目標、聲音與主體(華夏自我)而居於劣勢。

「華夏」一詞畢竟只是指從夏文化領域傳承下來的一個分散多樣的人群世系,但為什麼「華夏」的族群表述與中心性概念的聯繫竟如此緊密?「華夏」與中心性概念之間雖然沒有直接的詞源聯繫,但文獻中肯定存在許多其他方式來維繫並強化這種中心性。也許最明顯的便是華夏人群與**中國**這種地緣政治與地理標記之間的同等性。[4] 文獻斬釘截鐵地指出,與邊陲陰暗處的他者相較,自我位處**中國**,是居中的重要實體。

基於華夏自我的這種定位,那麼華夏作者經常靠指涉或毀謗他者的族群名來強調他者的次要性,就有其道理了。四方人群

皆以所在地命名：東夷、北狄、西戎、南蠻，這種以「四方」畫分世界的模式，深植於商代宇宙觀中。王愛和（Wang Aihe）便指出在戰國晚期，這種宇宙觀持續提煉並發展，進而將中心納入「五行」宇宙觀之中。[5] 與其認為每個方位標籤均代表一個實際的族群群體（且不排除此標籤在歷史上的某時某刻可能真的指涉某個族群群體），不如將這些稱呼視為陸威儀所說帝國化、以統治者為中心的宇宙學的一部分，以強化不同部分之間的大一統。[6] 這樣的宇宙觀——象徵皇宮（居於世界正中的明堂與玄宮）的布局——根據地點與方位的物質與地理分類安排宇宙與社會的秩序，而非只靠血緣關係。[7]

漢代時，華夏也被認為是許多可能世系的中心世系——這個模式再次強化了不同部分或分支之間的一統性。這一點在司馬遷的《史記》中最為明顯，他認為天下的所有（人），皆出自相同來源的不同世系。雖然假設出華夏的中心性，但由於越為大禹（華夏始祖）的後裔，亦被列於「諸夏」之中。加入其他世系與家譜，使邊陲的異族也聲稱與華夏擁有相同或相關的祖先，同時清楚地將異族與主要、位居中央的夏世系祖先區分開來。司馬遷的方法既將他者納入一個單一的多元化整體，同時也將他者放逐至從屬的地位，為自我保留中心的位置。司馬遷以神話世系與血緣來反映已知世界的方法，所仰賴的正是以華夏為中心的邏輯。

除了突顯自我的中心地位外，越的概念與表述也有助增強華夏自我在更大宇宙中的作用，華夏作者往往認為越他者位處同一個宇宙、遵守同一套宇宙法則，但在這樣的脈絡下，越他者卻容易偏向極端。重力的中心（center of gravity）依附於華夏自我，是宇宙中和諧與平衡的所在，越他者則失衡且缺乏和諧與重力。若用中國的宇宙學術語來構築這個概念結構，越便是強化華夏之

「陽」的「陰」。作為宇宙舞台上的背景，但又是必要的對位角色，越成為一個沒有差異、包攬一切的南方他者，讓華夏得以擔任主角。

南方人作為蠻夷的宇宙觀，或「出身南方的非**中國**人群」，支撐了華夏中心的主張，更讓「越」這個特定的詞彙更顯重要與奇特。當然，越也是蠻夷。雖然越的身分認同可能與南方蠻夷混淆，但實際卻具備明顯的差異：越並非普遍指涉所有南方的異族，而是一個特殊類型的蠻夷，一個能形塑出華夏文化和族群的南方族群陪襯。換句話說，越不僅是居於南方的宇宙他者（如同「蠻夷」），也是華夏族群與文化的對應物，不僅確認並突顯華夏宇宙中心的地位，更強化了華夏的文化成就與族群一致性。如此說來，不僅華夏必須處於中心地位，「越」亦不能脫離其在華夏身分認同形塑中的伙伴角色。

論華夏、越身分認同的歷史建構性

要想探尋中國族群意識的起源，不妨回到孔子的《論語》。我展現了血緣、地理與文化資本的神話，如何在《論語》中成為早期儒家表述諸夏或華夏身分認同的主要標準。到了漢初，司馬遷等具影響力的作者為華夏周邊的異族人群創造出其他的世系，從而賦予他們在族群想像中的正當空間——並列（且共享）華夏的主要祖先與主要分支。因此，南方人群既占據了邊陲的物理空間，亦在與華夏相聯的創始世系的抽象連結中占有一席之地。

漢代作者也開始將某些類型的空間思維納入族群表述中，並制定出依據所在的地理環境來分類人群的公式。這種環境決定論——根據棲息地與空間因素來決定人類特徵——無疑強化了形塑

華夏族群概念的中心性邏輯。畢竟，華夏自我不僅來自「**中國**」或「中原」，更是文明化的夏、商、周文化餘緒的發源地，禮儀舉止展現出身體的適中與平衡，與邊陲的缺乏約束大相逕庭。

各種越政治認同在不同區域與時期中不斷轉手，部分原因是它們為獨立建國與反叛提供了一種方便、本土且相對於華夏的工具。春秋戰國時期越國的強盛，也為所有出於政治目的而採用此身分認同的人，提供了落腳之處以及本土、泛區域（南方）的權力意識。但正如我們所見，當越建國失敗，與越相關的政治認同的希望，往往一下就遭瓦解或變得難以明顯識別。[8]

漢的優勢武力進一步阻礙了持續、統一且無斷裂的越身分認同的發展——這符合早期華夏作者想像中的越。一旦身於這種局勢，越身分認同的初生形態便只能是暫時、鬆脫且可隨意拿捏的。換句話說，政治結構與軍事力量的成敗，決定了越身分認同的聚散，當出現誘惑或威脅（例如生死）挑戰他的政治忠誠度時，越的認同就很容易遭到拋棄或改絃易轍。因此，帝制初期越政局的紛亂，顯示出一個弔詭的趨勢：諸越王國試圖完全獨立於漢，也取得短期的成功，但最終被漢廷成功阻止。並且，越人自身擁護的身分認同，通常與建立非漢的國家聯繫在一起。不幸的是，在漢武帝的征服後，公然表露或堅守那些受漢軍壓制的身分認同，完全沒有任何好處，但即使如此，後世仍有不少人躍躍欲試。

從帝制時期之初，南方的建國過程就十分仰賴北方從外在賦予的正當性。漢廷也深諳此道，故善用賄賂、誘惑與謀取私利的機會，讓自私貪婪或想自保的地方領袖產生強烈的動機反抗鄰國或其他本土領袖，以獲取頭銜、報酬、外部正當性及土地。考量到變節或與漢廷合作的誘因如此之大，富有野心的本土越人領袖無疑很難再將越身分認同作為工具，將當地的各個群體統一於一

個目的之下。尤其大多數的本土越領袖都欠缺一支可長期與漢軍作戰的軍隊,情況更是雪上加霜。

總而言之,所謂的南方越(即本土、非華夏)群體之間的分歧甚大,許多政治與軍事因素都不斷破壞並削弱他們的統一。漢廷的外交政策更善於利用敵對越國領導人與派系之間的政治局勢,製造本土的矛盾,並用賄賂或成為漢帝國藩王的願景誘惑他們。最終,漢帝國贏得了大部分極具地理與戰略價值的南方王國,並設立郡縣。

雖然漢代出現的各種越政治認同都在公元前一一〇年遭到摧毀,但南方人群本土的文化認同(不見得是「越」身分認同)無疑根基更深,不可能一夕之間便產生變化。甚至當馬援將軍這類的強大漢帝國殖民主義者,在公元 世紀試圖強制推行漢法與某些風俗時,都需藉由軍事行動強制實行,而發生改變的範圍很可能僅限於某些可強烈感受到漢存在感的大都市。實際上,與當時的本土人口相比,漢的官員與殖民者不過是少數。因此,任何的文化適應(acculturation)都可能出現有利保存本土風俗習慣的走向,作為南方少數族群的漢人外來者也有可能被這些本土慣習所同化,至少在早期是如此。

將本土身分認同與文化習俗融入漢風的過程耗時數千年。這個過程的方向顯然並非總是漢化,本土的身分認同不會完全消失,任由華夏取而代之。甚至試圖建立地方控制的早期記載也顯示出,文化變遷的過程有千百種,但不會出現由一種文化大規模取代另一種文化的狀況。特別是在漢帝國殖民時期,即便所有主要的越國政體都暫時瓦解,這種過程也沒有立即發生。

雖然還有很多南方邊境的跨文化交流與融合的歷史尚待書寫,但從本書的研究可清楚看出,漢化概念的使用不但有局限,

且在我們研究的時期，南方邊境離華夏或漢化都還十分遙遠。[9]考量到帝制初期生活於南方社群與城市的華夏移民（政府官僚、商人或新移居者）只是少數，與昔日越國相聯的族群無疑更多仍屬於當地本土文化、而非**中國**文化的一分子。一直要晚到東漢之後，中國南方邊境才成為熔爐，形塑出漢人（Sinitic）和當地人文化與身分認同的混合物，其中很大一部分，可能直到今天仍存在於越南與中國南方文化的遺緒中。

注釋

對正文的注解

第五章的某些內容最初以"Barbarians or Not? Ethnicity and Changing Conceptions of the Ancient Yue (Viet) Peoples (c. 400–50 B.C.)," *Asia Major* 16.1 (2003), 1–32.一文發表。本書第八章和第九章的部分內容以及第二部中其中一個政治時間軸，最初以"Representations and Uses of Yue 越 Identity Along the Southern Frontier of the Han, c. 200–111 BCE," *Early China* 33 (2009): 1–35.一文發表。第六章中針對髮型部分的版本，則以"Layers of Meaning: Hairstyle and Yue Identity in Ancient Chinese Texts," in Victor Mair and Liam Kelley, eds. *Imperial China and Its Southern Neighbors* (Nalanda-Srivijaya Series), Singapore: Institute for Southeast Asian Studies, 2015.一文發表。特別感謝*Asia Major, Early China*和東南亞學研究所的出版公司允許本書轉載其出版品中的資料。

序

1　我隨機編造並挑選一些可能的族群群體，來對應前述的歐洲族群標籤。
2　「南亞」或「阿拉伯」也是個有趣的對比。
3　見 Lydia Liu, *The Clash of Empires: The Invention of China in Modern World Making* (Cambridge: Harvard University Press, 2006), p.80. 近來的族群和種族分類

歷史，見 Thomas Mullaney, *Coming to Terms with the Nation: Ethnic Classification in Modern China* (Berkeley: University of California Press, 2010), 及 Frank Dikter, *Discourse of Race in Modern China* (Stanford: Stanford University Press, 1994).

4　北京大學社會學人類學研究所的馬戎編纂了一個規模龐大的數據庫，可查詢到中國史書中對「漢人」這個詞彙的使用。

導論：概念與框架

1　粵語與此區域本土的非漢語語言的聯繫，多半仍未得到確認，也缺乏足夠的研究。

2　越南的正名史，見白凱琳（Kathlene Baldanza）, *The Ambiguous Border: Debate and Negotiation in Sino-Viet Relations in the Fifteenth and Sixteenth Centuries*, 即將出版。如白凱琳所言，越南阮朝皇帝阮福映（Nguyễn Phúc Ánh）欲以「南越」為國號，並請求清嘉慶皇帝正式認可；清廷立刻回絕，因為「南越」指的可能是當時清所轄的廣東和廣西兩省。

3　見 Keith Taylor, *The Birth of Vietnam* (Berkeley: University of California Press, 1983).

4　中國歷史的傳統理解始於夏王朝，以及之後的商與周。雖然今天在考古和文字資料上皆已證實商與周的存在，但作為一個政治實體或王朝的夏是否存在，仍受到多數學者的質疑。張光直認為夏能對應到二里頭的考古文化，其年代介於公元前一九〇〇至公元前一三五〇年之間。見 K. C. Chang, "China on the Eve of the Historical Period," in Edward Shaughnessy and Michael Loewe, eds., *The Cambridge History of Ancient China* (Cambridge: Cambridge University Press, 1999), pp. 71–73.

5　Jonathan Hall, *Ethnic Identity in Greek Antiquity* (Cambridge: Cambridge University Press, 1997), p. 32.

6　Mark Elliott, *The Manchu Way: The Eight Banners and Ethnic Identity in Late Imperial China* (Stanford: Stanford University Press, 2001), p. 17.

7　文化與族群密切交織，因此難以區分。梁肇庭指出，與他者的競爭有助於從共享相同文化的人群中畫分出族群。她雖沒有提出族群的定義，但為我們提供了族群之所以出現的可能源頭或原因，以及族群與文化的明確連結。Sow-theng Leong, *Migration and Ethnicity in Chinese History: Hakkas, Pengmin, and Their Neighbors*, Tim Wright, ed. (Stanford: Stanford University Press, 1997), pp. 19–20.

8　Judith Butler, *Gender Trouble: Feminism and the Subversion of Identity* (New York:

Routledge, 1990).

9　見 Endymion Wilkinson, *Chinese History: A Manual* (Cambridge: Harvard University Asia Center, 1998), pp. 96–97, 682–688, 694–704, 722–725.

10　Wolfgang Behr, "'To Translate' is 'To Exchange' 譯者言易也 – Linguistic Diversity and the Terms for Translation in Ancient China," in N. Vittinghoff and M. Lackner, eds., *Mapping Meanings: The Field of New Learning in Late Qing China* (Leiden: E. J. Brill, 2004), p. 178.

11　雖然本書通常稱中國人為「華夏」，但我也會採用此時期主要史料中的其他詞彙，例如「諸夏」、「**中國**」（Central States）或「中原」（Central Plains）人群。在引用某些身分認同的標記時，我會嘗試具體說明語義的範圍和脈絡，雖然這並不容易，因為這些史料常常語焉不詳。

戰國時期，「**中國**」作為地名學（toponym）詞彙的定義十分模糊，可用來指稱那些占領黃河、渭水流域心臟地帶的周邦國，普遍採用「**中國**」這個用語也顯示出這些國家是周政治領域裡的成熟成員。弔詭的是，這不包括同一地理區塊中大部分族群群體所在的縫隙國家（interstitial state），例如與四方相關的戎狄蠻夷。楚在**中國**的地位似乎有待商榷，在我的感覺中，由於南方蠻夷數量眾多，楚通常被視作化外之地。

12　學術研究十分重視歷史上的西北地區，一些具有代表性的例子包括：Joseph Fletcher、Owen Lattimore、柯嬌燕（Pamela Crossley）、歐立德（Mark Elliott）、米華健（James Millward）、何羅娜（Laura Hostetler）、Jonathan Lipman 以及杜磊（Dru Gladney）都針對清代至現代的中國和內亞、漢—滿、或漢—穆斯林的關係，投注了大量的心力。針對清朝之前中國的族群以及對外關係，斯卡夫（Jonathan Skaff）、巴菲爾德（Thomas Barfield）和羅茂銳（Morris Rossabi）等學者都將目光著眼在北方邊境，分析唐代至元代，契丹、女真和蒙古與「漢人」的關係。許多藝術史或宗教領域的學者從歷史的視野，探討六朝時期中國與中亞軍閥和領袖的族群關係。針對早期的中華帝國，狄宇宙（Nicola. Di Cosmo）與班茂燊（Marc Abramson）關注北方和西方邊境地區，以及中亞與北亞族群和游牧群體之間的差異。狄宇宙的專著研究漢代之前以及漢人與採行游牧的「草原」諸文化之間的關係，為理解中國北方邊境的早期歷史提供了一個重要的起點。見 Nicola Di Cosmo, *Ancient China and Its Enemies: The Rise of Nomadic Power in East Asian History* (Cambridge: Cambridge University Press, 2002). 亦可參見王明珂研究漢代之前邊境和北羌人群的著作。

13　王賡武，《南海貿易：南中國海華人早期貿易史研究》（初版：皇家亞洲學會馬來西亞分會期刊，1958；新加坡：東方大學出版社，2003），頁 1-9。

14　中國的人類學研究通常著重於西南邊境，亦即西藏、緬甸和越南的邊境一帶。

見 Joseph Rock、梁肇庭、郝瑞（Stevan Harrell）及李瑞福（Ralph Litzinger）的著作。亦可見 Stevan Harrell, ed., *Cultural Encounters on China's Ethnic Frontiers* (Seattle: University of Washington Press, 1996).

15 見 Herold Wiens, *Han Chinese Expansion in South China* (Hamden, CT: Shoe String Press, 1967); C. P. FitzGerald, *The Southern Expansion of the Chinese People* (New York: Praeger Publishers, 1972)；及王賡武，《南海貿易》。全面性的重要越南史研究，見 Taylor, *The Birth of Vietnam*.

16 徐松石，《粵江流域人民史》（上海：中華書局，1939）。

17 徐松石，《泰族僮族粵族考》（北京：中華書局，1946）。

18 Herold Wiens, *China's March Toward the Tropics: A Discussion of the Southward Penetration of China's Culture, Peoples, and Political Control in Relation to the Non-Han-Chinese Peoples of South China and in the Perspective of Historical and Cultural Geography* (Hamden, CT: Shoe String Press, 1954); Wolfram Eberhard, "Kultur und Siedlung der Randvolkers China," T'oung Pao, Supplement to Vol. 36 (1942).

19 特別是頁 173-176 及頁 204-206 所用的漢化詞彙，以及 Wiens 所著 *China's March Toward the Tropics* 一書的各處。

20 FitzGerald, *The Southern Expansion*.

21 同前引書，p. xxi.

22 同前引書，p. xvii.

23 同前引書，pp. 1–3.

24 王賡武，《南海貿易》，特別是頁 13、16 及 19。

25 隋唐或更早時期的南方歷史背景，見 Edward Schafer, *The Vermilion Bird: T'ang Images of the South* (Berkeley: University of California Press, 1967); 及 Charles Holcombe, "Early Imperial China's Deep South: The Viet Regions through Tang Times," *T'ang Studies* 15–16 (1997–1998): 125–156. 宋及蒙古時期的歷史背景，見克拉克（Hugh Clark）、安德森（James Anderson）及馬翔（Sean Marsh）的著作。Hugh Clark, *Portrait of a Community: Society, Culture, and the Structures of Kinship in the Mulan River Valley (Fujian) from the Late Tang through the Song* (Hong Kong: The Chinese University Press, 2007), and *Community, Trade, and Networks: Southern Fujian Province from the Third to the Thirteenth Century* (Cambridge: Cambridge University Press, 1991); James Anderson, *The Rebel Den of Nung Tri Cao: Loyalty and Identity Along the Sino-vietnamese Frontier* (Seattle: University of Washington Press, 2007), and "A Special Relationship: 10th–13th Century Sino-Vietnamese Tribute Relations and the Traditional Chinese Notion of World Order,"

Ph.D. dissertation, 1999, University of Washington. 另 見 Sean Marsh, "Facing South: Geographies and the Colonization of Song China's Southern Frontier," Ph.D. dissertation, forthcoming University of California, Davis.

26 Taylor, *The Birth of Vietnam*.Taylor 的更新作品，請見 *A History of the Vietnamese* (Cambridge: Cambridge University Press, 2013)，本書是採用紅河地區人群的多方視野所講述的一部大歷史作品。

27 Taylor 廣為採用的一個重要史料是十四世紀的《嶺南摭怪》。Taylor 的主要史料是編纂於十五世紀的《大越史記全書》，當中所依據的是更早期的史料，可能比唐代還早。我特別感謝金利（Liam Kelley）對這些越南史料的歷史研究，並且提醒我在這段歷史時期，完全找不到本土（非中文）的文獻可佐證。（私人談話，2011 年 11 月 4 日。）

28 Schafer, *The Vermilion Bird*.

29 Hans Bielenstein, "The Chinese Colonization of Fukien Until the End of T'ang," in Soren Egerod and Else Glahn, eds., *Studia Serica Bernhard Kargren Dedicata* (Copenhagen: Ejnar Munksgaard, 1959).

30 Hugh Clark 對福建史的研究，填補了福建在宋代歷史研究上的一片空白，見 Clark, *Community, Trade, and Networks*.

第一章　何謂「越」？

1 「於越」（Yu-yue）是「越」族群名的全名。「越」是中國東夷和南越人群的當地語言中經常出現的前綴。之後的漢語文獻，經常將這些前綴刪除，但一些較早期的文獻則保留。另見 Meacham, "Defining the Hundred Yue," *Indo-Pacific Prehistory Association Bulletin* 15, *Chiang Mai Papers*, Volume 2 (1996), p. 99; C. Michele Thompson, "Scripts, Signs and Swords: The Viet Peoples and the Origins of Nom," *Sino-Platonic Papers* 101 (March, 2000), p. 17.Thompson 引 用 Jeffrey Barlow 的論點，認為可透過作戰用的大斧「鉞」來識別「越」，因為「鉞」是「越」的同源詞。饒宗頤引用《大戴禮記》，進一步指出「鉞」和「戚」可互為借字。見饒宗頤，〈吳越文化〉，《史語所集刊》41.4 (1969)，註 2，頁 628。一八○二年，滿清統治者首次賜名「越南」（Vietnam）。Holcombe, "Early Imperial China's Deep South: The Viet regions through Tang times," *T'ang Studies* 15–16 (1997–1998): 133.

2 關於本書中「越」的發音，我選擇「Yue」而不是「Viet」，目的是避免與構成當前越南國家和人民的事物產生單一、排他的聯繫。雖然現代漢語的發音也非

全然中性，但我希望在使用「Yue」的時候，可以避免將現代基於民族的身分認同投射到過去，減輕時代錯置的問題。

3 亨利（Eric Henry）用「Vietic」來指稱與「Yue」一詞相關的所有事物，因而將越南文化與過去的「越」緊密聯繫在一起，這在某些層面上自有其道理。然而，我希望避免將古代越與現代的民族國家越南畫上等號，因為前者只是個更廣泛且模糊的詞彙，適用於整個南方邊境上的數千個不同群體。見 Eric Henry, "The Submerged History of Yue," *Sino-Platonic Papers* 176 (2007): 1–36.

4 從經常將「越」視為「夷」的一些史書或文獻中可看出，山東半島與之後被稱為「越」的沿海文化具有一定的關聯。蒲立本（E. G. Pulleyblank）在文章中討論了山東重要的族群變遷，見 E. G. Pulleyblank, "Zou 鄒 and Lu 魯 and the Sinification of Shandong," in Philip J. Ivanhoe, ed., *Chinese Language, Thought, and Culture: Nivison and his critics* (Chicago: Open Court, 1996), pp. 39–57.

5 見 Keith Taylor 對 Leonard Aurousseau 越人遷徙理論的反駁。Taylor, *The Birth of Vietnam* (Berkeley: University of California Press, 1983), pp. 314–315.

6 歷史後期的福建閩人與公元一〇〇〇年前後第一個越南國家創立者之間的緊密連結──實際上是中國南方和越南菁英文化之間的緊密連結──證明了這個持續發展中的影響力網路。我要感謝金利（Liam Kelley）的洞見，其參考的作品為 Edward Schafer, *The Vermilion Bird* (Berkeley: University of California Press, 1967), pp. 48–79, 及 Hugh Clark, *Community, Trade, and Networks: Southern Fujian Province from the Third to the Thirteenth Century* (Cambridge: Cambridge University Press, 1991).

7 這類迴響可參見陸威儀針對農民相對於菁英的固著性的論述：Mark Lewis,"Warring States: Political History," in Edward Shaughnessy and Michael Loewe, eds., *Cambridge History of Ancient China: From the Origins of Civilization to 221 BC* (Cambridge: Cambridge University Press, 1999), p. 649. 「越」和中原移民南遷至紅河地區的一些可能時期，包含公元前三三三年楚國攻克越國（雖然尚未確定長江三角洲的越菁英／人群是否真的遷往比當時福建、廣東東部更往南之處）；公元前三世紀末南越國建立之時；公元前一一一年漢征服南越；以及本書所涵蓋的整個漢代。

8 Robert E. Murowchick, "The Interplay of Bronze and Ritual in Ancient Southwest China," JOM 42.2 (1990): 44–47.

9 從考古學的角度來描述蜀地的廣大地區，見 For an account of the greater area of Shu from an archaeological perspective, see Robert Bagley, ed. *Ancient Sichuan: Treasures from a Lost Civilization* (Princeton: Princeton University Press, 2001). 另見 Rowan Flad, *Salt Production and Social Hierarchy in Ancient China: An*

Archaeological Investigation of Specialization in China's hree Gorges (Cambridge: Cambridge University Press, 2011). 古蜀（四川盆地）和巴（四川的重慶至三峽一帶，西南至貴州和雲南），見 Rowan Flad and Pochan Chen, *Ancient Central China: Centers and Peripheries Along the Yangzi River* (Cambridge: Cambridge University Press, 2013), pp. 71–73; 140–143. 古代雲南的考古工作，見 Alice Yao, "Culture Contact and Social Change Along China's Ancient Southwestern Frontier, 900 B.C.–100 A.D.," Ph.D. dissertation, University of Michigan, 2008.

10 Robert Blust, "The Austronesian Homeland: A Linguistic Perspective," *Asian Perspectives* 26 (1984/5): 45–67.

11 Peter Bellwood, "Austronesian Prehistory in Southeast Asia: Homeland, Expansion, and Transformation," in P. Bellwood, J. Fox, and D. Tryon, eds., *The Austronesians: Historical and Comparative Perspectives* (Canberra: Australian National University, 1995), pp. 96–111.

12 焦天龍對福建及沿海島嶼的新石器和青銅器時代文化的研究，使這些古老的跨海聯繫更加清晰明確。見 Tianlong Jiao, The Neolithic of Southeast China: Cultural Transformation and Regional Interaction on the Coast (Youngstown, N.Y.: Cambria, 2007).

13 Peter Bellwood, "Asian Farming Diasporas? Agriculture, Languages, and Genes in China and Southeast Asia," in M. Stark, ed., *Archaeology of Asia* (Blackwell Publishing, 2006), pp. 96–118.

14 沙加爾（Laurent Sagart）的假設獨樹一幟，他提出侗台語系與台灣早期的南島語族有更直接的承繼關係，而且台灣島上的某個南島語族分群可能已經遷回大陸（靠近今日廣東和廣西西部的沿海地區），並在當地定居，讓某種形式的南島語得以重新進駐大陸。請見第二章中對此假設的討論。Laurent Sagart, "The Higher Phylogeny of Austronesian and the Position of Tai-Kadai," *Oceanic Linguistics* 43 (2004): 411–444.

15 Peter Bellwood, "The Origins and Dispersals of Agricultural Communities in Southeast Asia," in I. Glover and P. Bellwood, eds., *Southeast Asia: From Prehistory to History* (London and New York: Routledge Curzon, 2004).

16 今天代表廣東話、文化與人群的「粵」（Yue），與本書討論、從漢代以來長期使用的「越」存在著密切聯繫。另外，我們現在認知的「越南」國家正名史中，阮氏一族的統治者最初提議將國家命名為「Namviet」（南越）──以漢最南端邊界的前帝國／國家命名；但清廷為避免與兩廣（過往一些南越獨立小國的中心）的領土混淆，故建議將兩個字顛倒過來，即「越南」。更詳細的故事，見 Kathlene Baldanza, *The Ambiguous Border: Debate and Negotiation in Sino-*

Viet Relations in the Fifteenth and Sixteenth Centuries, 即將出版。

17 見 Barry Blakeley, "The Geography of Chu," in Constance Cook and John Major, eds., Defining Chu: Image and Reality in Ancient China (Honolulu: University of Hawaii Press, 1999), pp. 9–20.

18 見 Bagley, *Ancient Sichuan* 及 Steven F. Sage, *Ancient Sichuan and the Unification of China* (Albany: State University of New York Press, 1992).

19 漢代北方邊境的討論，見 Nicola Di Cosmo, Ancient China and Its Enemies: The Rise of Nomadic Power in East Asian History (Cambridge: Cambridge University Press, 2002).

20 許多學者索性忽視南方的軍事抵抗歷史，認為其「不具備絲毫政治連貫性或軍事力量」，並以此來解釋北方的「中國」政權為何能夠成功殖民南方。Magnus Fiskesjö, "On the 'Raw' and 'Cooked': Barbarians of Imperial China," *Inner China* 1–2 (1999): 141–142. 我並不贊同這個解釋，我也會提出其他原因，例如兩千多年來人口結構由北向南的變化，來討論南方最終遭到殖民的可能原因。

21 以下會討論一些複合詞，但礙於時代實在太過古老，我們無法一一查驗或解釋大多數詞彙的脈絡。一些最常見的複合詞如下：于越、干越、閩越、東甌、東越、南越、西甌、駱越、揚越、滇越、騰越、越嶲等。早期文獻中對這些複合詞的概述，見吳春明，《從百越土著到南島海洋文化》（北京：文物，2012），頁74-79。

22 也就是說，南越聲稱占據一片廣袤的地理區域，但究竟有多少確實在其控制之下，以及在那個時代和地點要如何定義對一區的「控制」，都是十分棘手的問題。

23 許多地區仍被視為是越人原鄉，見陳國強等，《百越民族史》（北京：中國社會科學，1988）。此書還將台灣原住民（所有玻里尼西亞人的祖先）視為「越」。「越」和「百越」詞彙的變化，見 Brindley, "Barbarians Not? Ethnicity and Changing Conceptions of the Ancient Yue (Viet) Peoples (c.400–50 B.C.)," *Asia Major* 16.1 (2003): 10–15. 如上所述，與越南的聯繫並不微弱，尤其是當地人群之後會從自身的起源和國家正名等層面，來回溯古代越的文化和南越國。

24 《呂氏春秋‧恃君》。

25 見司馬遷，《史記》（北京：中華書局，1959），卷一百一十三，〈南越列傳〉，頁 2969。甌越國的更多資訊，見 Taylor, *The Birth of Vietnam*.

26 見 Constance Cook and John Major, eds., *Defining Chu: Image and Reality in Ancient China* (Honolulu: University of Hawaii Press, 1999), pp. 2–3.

27 見司馬遷，《史記》，卷一百一十六，〈西南夷列傳〉，頁 2991。

28 Lewis, "Warring States: Political History," p. 593.

29 Eric Henry, "The Persistence of Yue in Southeast China," paper presented at the AAS Annual Conference in Hawaii, March 31, 2011, pp. 9–10.

30 來自與亨利（Eric Henry）的私人談話。（2013 年 10 月 30 日。）

31 越的位置，見 Lothar von Falkenhausen, "The Waning of the Bronze Age: Material Culture and Social Developments, 770–481 BC," in Edward Shaughnessy and Michael Loewe, eds., *Cambridge History of Ancient China: From the Origins of Civilization to 221 B. C.* (Cambridge: Cambridge University Press, 1999), p. 526.

32 據《竹書紀年》記載，遷都琅邪是在公元前四六八年。見 Henry, "The Submerged History of Yue," pp. 10–13.

33 許多西方學者認為這些詞彙（越和百越）除了帶有對南方蠻族的貶抑以外，沒有絲毫文化價值，這點實在令人震驚。他們經常將這些人群歸於「蠻」、「狄」、「戎」、「夷」的範疇，這是對四方異族的典型稱呼。見 Hugh Clark, *Portrait of a Community: Society, Culture, and the Structures of Kinship in the Mulan River Valley (Fujian) from the Late Tang through the Song* (Hong Kong: The Chinese University Press, 2007), p. 17；及 Michael Churchman, "'The People in Between': The Li and Lao from the Han to the Sui," in Nola Cooke, Li Tana, and James Anderson, eds., *The Tongking Gulf Through History* (Philadelphia: University of Pennsylvania Press, 2011), p. 69.

34 指稱「越」人群的詞彙最早出現於公元前二三九年左右的《呂氏春秋》。現代中國人多半認為如今的特定少數群體，如壯族、苗族、瑤族、侗族、布依族、海南島的黎族等均為這些南方越群體的後裔，但卻沒有文獻證據能確認哪些少數群體應包括在內，哪些則不。我認為歷史上向來存在與外來者（北方移民）的通婚，所以不會從與越祖先的直接和相異血統的角度，來討論中國西南和東南亞大陸當前族群的歷史。但很明顯的是，古代被稱為「越」的人群，很可能是現今生活在中國南方、東南亞和大洋洲的各種人群的祖先。

35 覃聖敏，《西甌駱越新考》，收錄於中國百越民族史研究會（編），《研究》（南寧：廣西科學技術出版社，2007），頁 1-19。

36 見司馬遷，《史記》，卷一百一十三，〈南越列傳〉，頁 2970。務必留意，有一個主要的少數族群，稱為彝或駱裸（有猓猓、倮倮和羅羅等多種寫法），現在仍居住在現代中國西南（四川、雲南、貴州省）的山區農村和廣西省，以及越南和泰國的部分地區。據稱「駱裸」是這些人群的自稱，他們所說的駱裸語一般認為屬於藏緬語族。

37 大量爬梳過文獻後，覃聖敏得出結論：之所以會混淆「甌駱」一詞，可能是因為公元前三世紀以前的兩個不同分支——盤據於廣西北部及周邊地區的「西甌」，以及居住在廣西南部的「駱越」。（務必留意，《史記》完全沒有提到

「駱越」，故覃聖敏認為把南方群體稱為「駱裸」、而非「駱越」，才是更精確的作法。）覃聖敏指出，秦始皇的軍隊來到此處之後，這兩個獨立的群體就聯合起來對抗外來者，因而形成了所謂的「甌駱」人群。見 Tan Shengmin, "Xi-ou, Luo-yue Xinkao," p. 18. 當時的文字證據並不足以支持此詮釋，因此我持保留態度。

38 「雒」意為「山麓」，恰如其分地描繪出當地的山峰與峽谷，有另一個字也可表示「雒」，在古代也與「駱」同音，即十五世紀史料《大越史記全書》中使用的「貉」。Liam Kelley, "Tai Words and the Place of the Tai in the Vietnamese Past." *Journal of the Siam Society* 101 (2013): 55–84.

39 Tan Shengmin, "Xi-ou, Luo-yue Xinkao," pp. 2–3.

40 Lydia Liu, *The Clash of Empires: The Invention of China in Modern World Making* (Cambridge: Harvard University Press, 2004), pp. 75–81. 劉禾（Lydia Liu）指出為什麼僅在現代，「中國」（Zhongguo/China）這個超級符號（super-sign）才被當作一種自我認同的形式。由於「中國」（China）一詞源於梵文或波斯文中的「中國」（分別為 cina 和 chini），因此實際上是他者所使用的地名，並不屬於中國本土自我認同的一部分。

如 Charles Holcombe 指出的：「將現代族群民族（ethno-national）的身分認同投射到遙遠的過去，並假設它們是永恆且無可改變的，雖然易於理解，但終究是個（危險的）謬誤。」Charles Holcombe, "Early Imperial China's Deep South: The Viet Regions through Tang Times," *T'ang Studies* 15–16 (1997–1998), p. 133.

41 司馬遷為華夏人群描繪出一個簡單的世系，回溯至三皇五帝，夏商周三代接續其後。見司馬遷，《史記》，卷一至卷四，頁 1-171。

42 見 Cook and Major, *Defining Chu.* 另見 Rafe de Crespigny, *Generals of the South: The Foundation and Early History of the Three Kingdoms State of Wu*, Asian Studies Monographs, *New Series* No. 16 (Canberra: The Australian National University, 1990). 關於南朝可見 Mark Edward Lewis, *China Between Empires: The Northern and Southern Dynasties* (Cambridge: The Belknap Press of Harvard University Press, 2009); 及 David Graff, *Medieval Chinese Warfare*, 300–900 (New York: Routledge, 2001).

43 見 Liu, The Clash of Empires, p. 80.

44 Liam Kelley, "The Biography of the Hong Bang Clan as a Medieval Vietnamese Invented Tradition," *Journal of Vietnamese Studies* 7.2 (2012): 87–130; 及 "Inventing Traditions in Fifteenth-century Vietnam," paper presented at "Imperial China and its Southern Neighbours," June 28–29, 2012, Singapore.

45 Liam Kelley, "Tai Words."

46 費子智（C. P. FitzGerald）的著作從對中國北方所發生事件的全面性理解，來看中國的南方擴張史。*The Southern Expansion of the Chinese People* (New York: Praeger Publishers, 1972).

47 王賡武、費子智和威恩斯（Herold Wiens）都論及中國南方史，並提供框架，從移民與殖民的角度來理解此段歷史。費子智更另闢蹊徑，從「個人先鋒冒險」（private pioneering venture）的角度來看中國的擴張。見前引書，頁 xxi；王賡武，《南海貿易》；及 Herold Wiens, *Han Chinese Expansion in South China*.

48 王賡武，《南海貿易》。

49 Andrew Sherratt, "Foreword" in Ian Glover and Peter Bellwood, eds., *Southeast Asia: From Prehistory to History* (New York: Routledge Curzon, 2004), p. xix.

50 關於古代楚國，見 Cook and Major, *Defining Chu*.

51 新發現的「越王者旨於賜劍」報導：http://usa.chinadaily.com.cn/culture/2011-06/26/content_12781329.htm

52 Luo Chia-li, "Coastal Culture and Religion in Early China: A Study through Comparison with the Central Plain Region," Ph.D. dissertation, 1999, Indiana University, p. 29. 對於石壁銘文的簡單討論，其中僅剩一處現存（在漳州），見 Hugh Clark, *Portrait of a Community*, pp. 171-172, and 379 note 1.

53 Clark, *Portrait of a Community*, pp. 171–172. 對福建武夷山石壁上船型棺的詳細討論，見 Delphine Ziegler, "The Cult of Wuyi Mountain and its Cultivation of the Past: A Topo-cultural Perspective," *Cahiers d'Extreme Asie* 10 (1998): 255–286; 特別是 pp. 261–264. 值得留意的是，東南亞島嶼的各個早期部落普遍有在喪葬儀式中採用船型棺的習俗，顯示福建內陸武夷山的原住民與生活在東南亞島嶼的南島航海群體間可能有關聯。見 Rosa Tenazas, "The Boat-coffin Burial Complex in the Philippines and its Relation to Similar Practices in Southeast Asia," *Philippine Quarterly of Culture and Society* 1.1 (1973).

54 務必留意，〈越人歌〉出自漢代劉向的《說苑》。關於這兩個青銅鐘上銘文的資訊，見 Lothar von Falkenhausen, Chinese Society in the Age of Confucius (Los Angeles: Cotsen Institute of Archaeology, University of California, 2006), p. 283.

55 Shangfang Zhengzhang（鄭張尚芳）, "Decipherment of Yue-Ren-Ge," Cahiers de Linguistique Asie Orientale, 20 (1991): 159–168. 對鄭張尚芳假設的批評，見 Laurent Sagart, "TheExpansioan of Setaria Farmers in East Asia: A Linguistic and Archaeological Model," in A. Sanchez-Mazas, R. Blench, M. Ross, I. Peiros, and M. Lin, eds., *Past Human Migrations in East Asia: Matching Archaeology, Linguistics and Genetics, Routledge Studies in the Early History of Asia* (London: Routledge, 2008), p. 141.

56 Tsu-lin Mei and Jerry Norman, "The Austroasiatics in Ancient South China: Some Lexical Evidence," *Monumenta Serica* 32 (1976), p. 277.〈越人歌〉的簡要語言學研究和日文翻譯,見 Izui Hisanosuke, "Ryu Eko 'Setsu En' Kan ju ichi no Etsuka ni tsuite 劉向'說苑',卷十一の越歌について" Gengo Kenkyuu 22/23 (1953): pp. 41–45.

57 例如亨利(Eric Henry)指出,《吳越春秋》「在越語中加入幾個雙音節的贅詞,但並未翻譯」,並假設當地人也是如此理解,見 Eric Henry, "The Submerged History of Yue," p. 20.《越絕書》的最新譯本,見 Olivia Milburn, *The Glory of Yue: An Annotated Translation of the Yuejue shu* (Leiden: Brill, 2010).

58 Henry, "The Submerged History of Yue," p. 18.

第二章　關於「越」的語言學研究

1 L. Sagart, R. Blench, and Alicia Sanchez-Mazas (2005). "Introduction," in L. Sagart, R. Blench, and A. Sanchez-Mazas, eds., *The Peopling of East Asia: Putting Together Archaeology, Linguistics and Genetics* (London: Routledge Curzon, 2005), pp. 1–14.

2 P. Kirch, "Peopling of the Pacific: A Holistic Anthropological Perspective," *Annual Review of Anthropology* 39 (2010): 131–148.

3 Robert Blust, "The Austronesian Homeland: A Linguistic Perspective," *Asian Perspectives* 26 (1984/5): 45–67. 若原鄉位於福建一帶的東亞大陸,那麼基於數千年來當地人群經歷的語言漢化,現今已找不到語言學上的證據。南島語系原鄉的推論採用比較方法,一一審視各成員語系的內部語族或子附屬語族的地理分布。龐大的南島語系(AN)分群語族,除了二十一或二十二種台灣原住民語言外,還包括所有的馬來—玻里尼西亞語。如白樂思(Robert Blust)所言,基於「最小移動原則」,既然南島語系語言中的最大多樣性出現在台灣,「那南島語系的原鄉便最有可能位於台灣或附近一帶。」Robert Blust, "Austronesian Culture History, The Window of Language," in Ward H. Goodenough, ed., *Prehistoric Settlement of the Pacific* (Philadelphia: American Philosophical Society: 1996), p. 30.

4 這些年代的辨識是基於最近的學界共識,可見於 Kirch, "Peopling of the Pacific." 根據現在流行的理論,台灣的南島語系人群最初被認為在遷徙到菲律賓的呂宋島後,才逐漸擴散至大陸和東南亞島嶼(可能還包括從珠江到香港、越南一帶的中國南方海岸和紅河三角洲)。南島語系人群在到達印尼後,至少有過兩次遷徙潮,分別前往近大洋洲(Near Oceania)和遠大洋洲(Remote Oceania),兩次相隔超過一千年。見 Robert Blust, "Austronesian Culture History," pp. 29–30.

5 Peter Bellwood, "Southeast China and the Prehistory of the Austronesians," in Jiao Tianlong, ed., *Lost Maritime Cultures: China and the Pacific* (Honolulu: Bishop Museum Press, 2007).

6 Robert Blust, "The Prehistory of the Austronesian-speaking Peoples: A View from Language," *Journal of World Prehistory* 9.4 (1995): 461. 如同白樂思對大陸史前史的假說：「台灣的南島語系人群可能是從毗鄰的中國大陸而來並定居。經過證實，遷徙很少會導致整個人口的移動，因此可能在台灣海峽兩岸和中間的澎湖群島上找到在距今第七千年期末，使用原始南島語（PAN）或其直系祖先語言的人群。」

7 同前引書，p. 461. 另見 Peter Bellwood, "Southeast China and the Prehistory of the Austronesians."

8 Robert Blust, "Austronesian Culture History," p. 31. 小米及早期可能的漢藏聯繫，見 Laurent Sagart, "The Expansion of Setaria Farmers in East Asia: A Linguistic and Archaeological Model," in Sanchez-Mazas, R. Blench, M. Ross, I. Peiros, M. Lin, eds., *Past Human Migrations in East Asia: Matching Archaeology, Linguistics and Genetics, Routledge Studies in the Early History of Asia* (London: Routledge, 2008), pp. 137–139.

9 Laurent Sagart, "The Higher Phylogeny of Austronesian," *Oceanic Linguistics* 43 (2004): 411–444. 以下討論贊同沙加爾（Laurent Sagart）的觀點：R. Blench, "The Prehistory of the Daic (Tai-Kadai) Speaking Peoples and the Hypothesis of an Austronesian Connection," presented at EURASEAA, Leiden, 3rd September 2008.

10 在原始馬來—波里尼西亞語中，指稱「眼睛」（*mata）、「死亡」（*matay）和「鳥」（*manuk）的語詞，跟泰語十分相像（*ta、*dap/*dtai 和 *nk）。白保羅（Paul Benedict）假設泰語只是刪去了這些結構中的第一個音節。由於語言不太可能需要挪借這些基本詞彙，因此語言學家更傾向假設這是一種遺傳關係、而非交流關係。見 P. Benedict, "Thai, Kadai, and Indonesian: A New Alignment in Southeastern Asia," *American Anthropologist, New Series*, 44.4, Part 1 (1942): 576–601.

11 侗台語（TK）與南島語系同屬一類別的觀點，見 Weera Ostapirat, "Kra-Dai and Austronesian: Notes on Phonological Correspondences and Vocabulary Distribution," in Sagart et al., eds., The Peopling of East Asia.

12 Sagart, "The Higher Phylogeny of Austronesian," pp. 428–430.

13 白樂思指出：「侗台語（布央〔Buyang〕是最受關注的案例）可能與他加祿語（Tagalog）或馬來語等其他「Muish」語言，共享十五個潛在的同源詞，而多數的台灣語言——被歸類於沙加爾所稱的「Muish」語族之外，因此關係更

遠——與他加祿語或馬來語等語言共享兩百多個同源詞。」（出自與白樂思的私人討論，2011 年 9 月 9 日和 2011 年 9 月 16 日。）

14 Laurent Sagart, "The Expansion of Setaria Farmers," pp. 150–152.

15 沙加爾理論進一步有證據顯示侗台語和南島語在遺傳上有所關聯，而且它們與原始馬來—玻里尼西亞語（PMP，廣泛散布於台灣的原始南島語系分群語言）共享創新，這可在布央語（最近在雲南—廣西邊界發現的侗台語）中找到。布央語保留了上述「眼睛」、「死亡」和「鳥」中的第一個音節「ma」，而其他的泰語都未如此，因此布央語似乎可看作泰語和南島語系之間所缺失的連結。所有的資料都顯示，我們沒理由忽視侗台語族和原始馬來—玻里尼西亞語共享創新的概念，這將進一步反映出這兩個語言群體可能都是原始南島語的子附屬語族。見李錦芳，《布央語研究》（北京：中央民族大學出版社，1999）。

16 儘管許多進展已經釐清了東南亞和太平洋各個島嶼上南島語系人群留下的歷史線索，但有鑑於台灣原始南島語人群與起初留在東亞大陸人群之間的緊密連結，這段歷史仍需花費心力才能重建；同樣的，尚待更多研究來揭示那些先在台灣（即廣西、海南及其他地區使用侗台語族的居民）長期定居，之後遷回大陸的人群的資料。的確，「中國」或「越南」大陸的學者，與在東南亞和太平洋島嶼研究的學者之間，似乎存在「溝通隔閡」（communication gap）。以下的事實恰如其分地反映出這種隔閡，即從事越或百越研究的中國學者往往是考古學家，他們不見得會關注南島語系的語言史；而全球的南島語系專家則大部分著眼於南島語系的島嶼史，而非可能存在的大陸史。然而，考量到中國大陸上的南島語系人群（並未涵蓋西南部落人群的侗台語族）最終消失了，會出現這種隔閡也十分合理。

17 感謝白一平（Bill Baxter）指出此點。

18 感謝沙加爾的說明。

19 Sagart, "The Higher Phylogeny of Austronesian," pp. 439–440.

20 這些是新石器時代的考古遺址，顯示出更大型的考古文化（曇石山文化），座落於閩江下游的現代福建，距今大約 5500-4000 年。見 Tianlong Jiao, *The Neolithic of Southeast China: Cultural Transformation and Regional Interaction on the Coast* (Youngstown, N.Y.: Cambria, 2007), pp. 9–10.

21 Sagart, "The Expansion of Setaria Farmers," p. 145.

22 傳統上與南亞語系相關的兩個語系是東南亞的孟—高棉語系和印度的蒙達語系。見 Roger Blench, "Stratification in the Peopling of China: How Far Does the Linguistic Evidence Match Genetics and Archaeology?" 研討會發表論文，"Human Migrations in Continental East Asia and Taiwan: Genetic, Linguistic and Archaeological Evidence," June 10–13, 2004, Universite de Geneve, Switzerland, pp.

12–13.

23 同前引書，p. 13.

24 Gerard Diffloth, "The Contribution of Linguistic Palaeontology and Austroasiatic," in Sagart, Blench and Sanchez-Mazas, eds., *The Peopling of East Asia*, pp. 77–80.

25 Tsu-lin Mei and Jerry Norman, "The Austroasiatics in Ancient South China: Some Lexical Evidence," *Monumenta Serica* 32 (1976): 274–301.

26 Mei and Norman, "The Austroasiatics in Ancient South China," p. 276.

27 同前引書，pp. 280-283.

28 同前引書，p. 282.

29 同前引書，p. 277.

30 同前引書，pp. 277-279.

31 同前引書。「虎」、「牙」、「弩」，以及古代楚語的「蚋」，都是從這個語族衍生出來的語詞，儘管尚無證據顯示這些語詞與越語有關。Mei and Norman, "The Austroasiatics in Ancient South China," pp. 284–294.

奧哈羅（Stephen O'Harrow）的說法略有不同，他推測在青銅器時代，古越南語可能構成了從越南北部一直延伸至中國南方中各個文化的通用語。Stephen O'Harrow, "Men of Hu, Men of Han, Men of the Hundred Man: The Biography of Si Nhiep and the Conceptualization of Early Vietnamese Society," BEFEO 75 (1986): 249–266.

32 Sagart, "The Expansion of Setaria Farmers."

33 同前引書，pp. 141-142.

34 同前引書，p. 142.

35 同前引書，p. 143.

36 同前引書，p. 142.

37 Zhengzhang Shangfang（鄭張尚芳）, "Decipherment of Yue-Ren-Ge," Cahiers de Linguistique Asie Orientale 20 (1991): 159-168.

38 Sagart, "The Expansion of Setaria Farmers in East Asia," p. 143.

39 Robert Blust, "Beyond the Austronesian Homeland: The Austric Hypothesis and its Implications for Archaeology," in Ward H. Goodenough, ed., *Prehistoric Settlement of the Pacific* (Philadelphia: American Philosophical Society, 1996): 117–140. 另見 Charles Higham, "Archaeology and Linguistics in Southeast Asia: Implications of the Austric Hypothesis," *Bulletin of the Indo-Pacific Prehistory Association* 14 (1996): 110–118. 另見 Gerard Diffloth, "The Lexical Evidence for Austric, So Far," *Oceanic Linguistics* 33 (1994): 309–322.

40 貝爾伍德（Peter Bellwood）支持一種將農業和語言散布聯繫起來的整體理論

（稱為「農業體／語言散布假設」〔farming/language dispersal hypothesis〕）。此理論的特別之處，在於他將農業帶來的人口壓力與語言散布相連結，因為新來的農民會尋找新土地，將他們的語言和文化穩定推往更廣大的地區，並取代從前在此生活的採集者（forager）。見 Peter Bellwood, "The Origins and Dispersals of Agricultural Communities in Southeast Asia," in I. Glover and P. Bellwood, eds., *Southeast Asia: From Prehistory to History* (London: Routledge Curzon, 2004).

41 Robert Blust, "Beyond the Austronesian Homeland," p. 121.

42 同前引書，pp. 122-123.

43 同前引書，pp. 126-128.

44 Laurent Sagart, "The Austro-Asiatics: East to West or West to East?" in N. J. Enfield, ed., *Dynamics of Human Diversity, Pacific Linguistics* (Canberra: Pacific Linguistics, 2011), pp. 345–359, p. 346.

45 同前引書，p. 348.

46 見以下第三章的考古學討論。

47 雖然有更多的假設，都認為東亞和東南亞語言之間可能存在著更大型的語言系統，但我選擇特別強調此兩者，因為它們似乎代表了更大爭議中的兩個極端。事實上，對此地區大型語系的假設，似乎是這種基礎二分法的各種變化或較不極端的版本。見 Sagart et al."Introduction," p. 5.

48 Sagart, et al."Introduction," pp. 2–3.

49 同前引書。

50 現今，苗瑤語系仍在某些地區使用：主要在中國西南高原，但寮國、越南和泰國的一些群體亦有使用。見 Blench, "Stratification in the Peopling of China," p. 7.

51 同前引書。

第三章　考古紀錄

1 Diana Lary, "The Tomb of the King of Nanyue – The Contemporary Agenda of History," Modern China 22.1 (1996): 8.

2 見 Francis Allard, "The Archaeology of Dian: Trends and Tradition," *Antiquity* 73.279 (1998): p. 83; 及 Lothar von Falkenhausen, "The Regionalist Paradigm in Chinese Archaeology," in P. L. Kohl and C. Fawcett, eds., *Nationalism, Politics and the Practice of Archaeology* (Cambridge: Cambridge University Press, 1995), pp. 198–217.

3　Francis Allard, "Interaction and the Emergence of Complex Societies in Lingnan During the Late Neolithic and Bronze Age." Ph.D. dissertation, University of Pittsburgh, 1995, p. 36. 針對跨區域交流的考古及人類學模型的討論，見 Edward Schortman and Patricia Urban, "The Place of Interaction Studies in Archaeological Thought," in Edward Schortman and Patricia Urban, eds., *Resources, Power, and Interregional Interaction* (New York: Plenum Press, 1992), pp. 3–15.

4　Allard, "Interregional Interaction," pp. 36–43.

5　同前引書，p. 39.

6　「核心—邊陲」模式通常能透過大規模移轉、單向影響，以及對施與受的「主動—被動」理解等理論方法，增進對文化交流和變遷的理解；但對部分轉移、雙向影響，以及本土層級的主動協商與影響力整合的可能性，卻著墨甚少。針對中國考古學的「核心—邊陲」模式及其面臨挑戰的更詳細論述，見 Allard, "Interregional Interaction," pp. 40–43.

7　考古學上的巨型百越文化分布範圍，從長江延伸至中國南方和東南沿海，下至廣州珠江三角洲，再到越南北部的紅河三角洲。

8　一些外國考古學家正在越南研究，協助繪製出越南歷史發展的圖表，並將脈絡化的物質資料置於更廣泛的地理與理論框架中加以解讀。

9　有學者認為，北至山東半島、南至廣西／越南之間的各個沿海東亞文化當中存在連貫性。如前一章所示，在沙加所提出、以東亞大陸南島語系沿海人群為主的全景圖象中，是將原始南島語的原鄉定在山東半島以北。這個將南島語系原鄉歸在中國山東（東北沿海）的設想，雖然與此前討論的南方假說衝突，但回應了將東夷與南越混為一談的某些史料。考古學家羅佳莉（Luo Chia-li）近來也支持此種「東亞沿海大理論」（grand theory of coastal East Asia）。她以考古觀察來論證一種範圍更大的新石器時代「沿海文化」，從山東半島一路向下延伸至廣東一帶的最南端。據稱，這種沿海文化擁有相同的基礎宗教信仰和取向，以及幾何紋壓印陶器。羅佳莉論述的重要性在於，她反對將東方與南方分成兩個獨立的研究領域——中國考古界畫分成所謂的「百越」和「夷」（或之後的「吳越」）研究——認為應將整個「沿海文化領域」的交流視為一個連貫的文化單元來加以詮釋。Sagart, "The Expansion of Setaria Farmers in East Asia in East Asia: A Linguistic and Archaeological Model," In A. Sanchez-Mazas, R. Blench, M. Ross, I. Peiros, M. Lin, eds., *Past Human Migrations in East Asia: Matching Archaeology, Linguistics and Genetics, Routledge Studies in the Early History of Asia* (London: Routledge, 2008), p. 144　及 Luo Chia-li, "Coastal Culture and Religion in Early China: A Study through Comparison with the Central Plain Region," Ph.D. dissertation, 1999, Indiana University, pp. 30–67.

10 Heather Peters, "Tattooed Faces and Stilt Houses: Who Were the Ancient Yue?" Sino-Platonic Papers 17 (April 1990): 10.

11 多數情況下，我會提及吳越兩國、而非徐國，因為徐國──雖然會與吳越文化聯想在一塊──在相對較早的時候、即公元前五一二年就被吳國征服，甚至在此之前就已併入楚國。見 Lothar von Falkenhausen, *Chinese Society in the Age of Confucius* (Los Angeles: Cotsen Institute of Archaeology, University of California, 2006), p. 263.

12 K. C. Chang, *The Archaeology of Ancient China*, 3rd edn. (New Haven: Yale University Press, 1978).

13 同前引書。

14 同前引書。

15 同前引書，3rd edn., p. 140.

16 Francis Allard, "Early Complex Societies in Southern China," Chapter 8 in C. Renfrew and P. Bahn, eds., *The Cambridge World Prehistory*, Vol. II (Cambridge: Cambridge University Press, 2014), pp. 797–823.

17 Chang, *The Archaeology of Ancient China*, pp. 142–143.

18 Francis Allard, "Early Complex Societies," p. 814.

19 同前引書。

20 Chang, *The Archaeology of Ancient China*, p. 183. 雖然隨便一個熟悉中國文化的人，都知道精緻的玉雕和裝飾傳統一直延續至今；但既然良渚文化在公元前第三千年期突然「崩解」，那良渚文化對玉的使用技術要如何傳至後世？焦天龍近來總結了良渚文化崩解的理論，主張是西北的龍山文化突然且徹底地征服了良渚。Tianlong Jiao, 了良渚文化崩解的理論，主張是西北的龍山文化突然且徹底地征服了良渚。, 2014), pp. 79Prehistoric LowerYangtze River Region," unpublished paper, April 11, 2012, Pennsylvania State University.

21 Chang, *The Archaeology of Ancient China*, pp. 180-181. 另　見 Anne Underhill and Junko Habu, "Early Communities in East Asia: Economic and Sociopolitical Organization at the Local and Regional Levels," in Miriam T. Stark, ed., *Archaeology of Asia* (Malden, MA: Blackwell Publishing, 2006), pp. 132–133.

22 Charles Higham, "Mainland Southeast Asia From the Neolithic to the Iron Age," in Ian Glover and Peter Bellwood, eds., *Southeast Asia: From Prehistory to History* (London: Routledge Curzon, 2004), p. 46.

23 David N. Keightley, "Early Writing in Neolithic and Shang China," in Stark, *Archaeology of Asia*, pp. 180–181.

24 E. G. Pulleyblank, "Zou 鄒 and Lu 魯 and the Sinification of Shandong," in Philip

J. Ivanhoe, ed., *Chinese Language, Thought, and Culture: Nivison and his Critics* (Chicago: Open Court, 1996), pp. 52–53.

25 這指的是在南方發現的幾何紋壓印陶器。Chang, *The Archaeology of Ancient China*, p. 417.

26 Lu Liancheng and Yan Wenming, "Society during the Three Dynasties," in Sarah Allan, ed., *The Formation of Chinese Civilization* (New Haven: Yale University Press, 2005), pp. 179–180. 另見 Francis Allard, "Early Complex Societies in Southern China."

27 Francis Allard, "Early Complex Societies in Southern China," pp. 797–823.

28 早在周代，徐國（公元前六世紀末被吳、楚征服）與生活在淮河中下游的非周人群有所聯繫。文字和考古紀錄顯示，徐國文化逐漸滲透進吳越地區。浙江紹興所發現的春秋時期墳墓中，出土了一批青銅器，上頭的銘文證實其是在徐國打造的，反映出徐國對越國的緊密聯繫和影響。見曹錦炎，〈春秋初期越為徐地說新證〉，收錄於《吳越歷史與考古論叢》（北京：文物，2007），頁 190-193。

29 Chang, Archaeology of Ancient China, p. 419.

30 Peters, "Tattooed Faces," p. 3. 另見饒宗頤，〈吳越文化〉，《史語所集刊》41.4 (1969)，頁 610。

31 Lu Liancheng, "The Eastern Zhou and the Growth of Regionalism," in Sarah Allan, ed., *The Formation of Chinese Civilization*, (New Haven: Yale University Press, 2005), pp. 245–246.

32 董楚平，〈關於紹興印山大墓墓主問題的探討——兼說紹興 306 號墓的國屬問題〉，《杭州師範學院學報》4(July, 2002): 57–62。

33 Lu Liancheng, "The Eastern Zhou," p. 246.

34 同前引書。

35 這些人群很有可能使用的是前南島語（以及之後的南島語）結構。

36 Jiao Tianlong, *The Neolithic of Southeast China: Cultural Transformation and Regional Interaction on the Coast* (Youngstown, NY: Cambria, 2007). 另見吳春明，《從百越土著到南島海洋文化》（北京：文物，2012）。

37 尤其是特別的山區（海拔超過一千公尺的東北—西南向山脈），受到河流切割，兩側有狹長的土地。見 Jiao Tianlong, "The Neolithic Cultures in Southeast China and the Search for the Austronesian Homeland," in Victor Paz, ed., *Southeast Asian Archaeology* (Quezon City: University of Philippines Press, 2004), p. 567.

38 同前引書，p. 577. 公元前二五〇〇年之前，台灣島盛行大坌坑文化。其特點是繩紋陶和刻印陶器（因此亦稱「繩紋陶文化」），顯然是目前台灣發現的最古老的新石器時代層位文化。大坌坑人以農耕為生，以魚、鹿、豬、狗為食。除

了碳化的稻米之外，小米的發現也有其重要性，因為這顯示出小米的生產知識和技術從更北的黃河流域遷徙至此。

有學者將大坌坑的物質文化與台灣和中國東南沿海的使用原始南島語的人群聯繫起來。大坌坑文化與日本的繩紋遺跡、中國南方（仙人洞和其他遺址），以及東南亞島國（菲律賓的卡拉奈文化叢〔Kalanay complex〕）之間可能存在相似之處。另外，台南（c. 3000 BCE）南關里遺址（2002）的新證據也證明了台灣新石器時代文化與香港和廣東珠江三角洲的新石器時代文化有密切的連結。

見 Tsang, Cheng-hwa, "Recent Discoveries at the Tapenkeng Culture Sites in Taiwan: Implications for the Problem of Austronesian Origins," in L. Sagart, R. Blench, and A. Sanchez-Mazas, eds, *The Peopling of East Asia: Putting Together Archaeology, Linguistics and Genetics* (London: Routledge Curzon, 2005), pp. 63–71. 另 見 K. C. Chang, Fengpitou, Tapenkeng and the Prehistory of Taiwan (New Haven: Yale University Press, 1969).

39　Jiao Tianlong, "The Neolithic Cultures in Southeast China," pp. 575–576.

40　同前引書，p. 580.

41　Francis Allard, "Early Complex Societies," p. 816.

42　同前引書。

43　可參考張光直對台灣大坌坑文化及其相關大陸對應物的討論，見 Chang, *The Archaeology of Ancient China*, pp. 228–233.

44　K. C. Chang and Ward H. Goodenough, "Archaeology of Southeastern Coastal China and its Bearing on the Austronesian Homeland," in Ward H. Goodenough, ed., *Prehistoric Settlement of the Pacific* (Philadelphia: American Philosophical Society: 1996), pp. 36–56.

45　Albert Ko, Chung-yu Chen, et. al., "Early Austronesians: Into and Out of Taiwan," *The American Journal of Human Genetics* 94 (March 6, 2014): 426–436; 特別是頁 426 及 430–431。具體來說，研究人員著眼於比較「亮島人」（在福建沿海和台灣之間的一個島上發現的距今約八千年的骨骸）的粒線體 DNA 數據，以及不同台灣原住民群體的五百五十個粒線體 DNA 序列。這份比較顯示出「亮島人」攜帶了從 M9 單倍群（分布於中國沿海）進化而來的祖先 E 單倍群序列，這讓「亮島人」與當代台灣原住民、東南亞島嶼及大洋洲的後裔緊密連結在一起。

46　吳春明，《從百越土著到南島海洋文化》，頁 112-113。

47　同前引書，p. 113.

48　同前引書。

49　同前引書，pp. 113-114.

50 在遺址中可以找到漢代宮殿的重要遺跡，讓有些學者認為武夷山具備區域上的重要性，可能是帝國時期之前本土「閩越」國的中心，這將在第四章詳加討論。同前引書，pp. 114-115.

51 同前引書，p. 117.

52 Chang, *The Archaeology of Ancient China*, p. 412.

53 同前引書，p. 414.

54 Francis Allard, "Early Complex Societies," pp. 817–818.

55 同前引書，p. 818.

56 來自私人談話，2014 年 9 月 17 日。

57 同前引書。

58 Alice Yao, "Recent Developments in the Archaeology of Southwestern China," *Journal of Archaeological Research* 18 (2010): 209.

59 相對接近的年代似乎反映出沿海貿易網路的快速遷移。顯然，還有其他更慢的遷移方式，例如江西至廣東的內陸路線（越過廣東北部石峽以北的山隘），因此遷移的主要方向仍不清楚。安賦詩同意沿海遷移的理論。（私人談話，2014 年 9 月 24 日。）

60 Miriam Stark, "Early Mainland Southeast Asian Landscapes in the First Millennium AD," *Annual Review of Anthropology* 35 (2006): 407–432.

61 古人將以東南、南方為中心的越，以及西南巴蜀（以今日四川西南為中心）等非越地區畫分得很清楚。到了漢代，對西南的紀載更為廣泛，滇（今雲南省一帶）、夜郎（滇以東，雲貴兩省一帶）、邛都（四川、四川—雲南邊界一帶）等非越的西南地名時常見於文獻中。自《史記》起，所有漢代史書都提到這些西南地名。

62 Ho, Chui-mei, "Pottery in South China: River Xijiang and Upper Red River Basins," *World Archaeology* 15.3 (February, 1984): 294–325; 及 Sarah Allan, ed., *The Formation of Chinese Civilization: An Archaeological Perspective* (New Haven: Yale University Press, 2005). 鳥形陶，見 Ho, Chui-mei, "Pottery in South China," p. 305.

63 Minh Huyen Pham, China,rsity Press, 2005).Archaeological Perspective 南地名時常見於文 Peter Bellwood, eds., *Southeast Asia: From Prehistory to History* (New York: Routledge Curzon, 2004): pp. 200–201; 及 Ho, Chui-mei, "Pottery in South China," pp. 304–305.

64 以紅河三角洲為中心的東山（c. 600 BCE–200 CE）的本土青銅器時代文化以這些青銅鼓聞名，不過其他裝飾精細的青銅器也構成東山文化的一部分，包括有蓋的鼓狀容器（越南語為 thap）和可能作為痰盂之用的大型青銅器。Minh

Huyen Pham, "The Metal Age in the North of Vietnam," p. 200. 另 見 Ho, Chui-mei, "Pottery in South China," p. 305; 及 Robert E., Murowchick, "The Interplay of Bronze and Ritual in Ancient Southwest China," JOM 42.2 (1990): 44–47.

65 單憑考古資料，無法將青銅鼓和與越有關的整個南方邊境聯繫起來；相反的，它們似乎是越南北部的東山和雲南其他古代文化所獨有的物質成就。

66 Alice Yao, "Dian and Dongson Cultures,"（未發表之文章及私人談話，2014 年 7 月 24 日。）

67 Nam et al."Co Loa: An Investigation of Vietnam's Ancient Capital," *Antiquity* 84 (2010): 1013–1014.

68 金南（Nam Kim，音譯）團隊廣泛利用碳定年法，推測出早在公元前四世紀，地面很可能已被清理出來以建造防禦土牆；而且「第二期的防禦土牆可能在公元前三世紀或之後的某個時點開始建造，且這些土牆屹立不搖，直到公元第一千年期的最初幾年被棄而不用為止。」同前引書，pp. 1017 及 1023.

69 我們將在之後的章節討論與漢代南越國相關的發現。金南的文章發表於二〇一〇年；我不清楚碳定年法是何時進行。同前引書，p. 1015.

70 金南討論了古螺是否反映出次級國家的形成（奠基於北方的影響）或獨立演化，他指出：整體來說，結合手工製品、並對照建築技術和碳定年法後顯示出，大部分的中層防禦土牆是在公元一世紀的漢殖民活動鞏固之前，由本土的土著社會建造的。考量到建造的時間，戰國時期中國的動亂可能也促成了防禦工事的修建。同前引書，p. 1023

71 考古學家已經將此類墓葬的核心區定在浙江北部和江蘇，但有些墓葬延伸至浙江東南沿海，並一直到浙江南部和福建西北的山區。此外，還有不同類型的土墩墓：簡單的土墳，主要分布在長江下游；以及石室土墩墓，僅在太湖和浙江一帶發現。Lothar von Falkenhausen, "The Waning of the Bronze Age: Material Culture and Social Developments, 770–481 B.C.," in Edward Shaughnessy and Michael Loewe, eds., *Cambridge History of Ancient China: From the Origins of Civilization to 221 B.C.* (Cambridge: Cambridge University Press, 1999), p. 527.

72 羅泰提到當地另外兩種獨特的墓葬類型：巨石室墓（浙江南方沿海）和設有船形木棺的崖壁洞穴墓葬（江西東部武夷山／福建北部）。同前引書，pp. 527-528.

73 見 Dong Chuping, "Tomb Occupancy at the Great Yinshan Mausoleum," pp. 57–62.

74 與此說法相反，有考古學家認為福建沿海沒有土墩墓，反映出東南沿海文化之間的重要分歧。據安賦詩的說法：「除了位於最北端的少數遺址（如廣九）外，〔福建〕並沒有土墩墓傳統。」Allard, "Early Complex Societies."

75 在安賦詩對中國南方複雜度的調查中，從三個主要子區域的角度討論南方，

並繼續強調就算在這些子區域內也有明顯的差異。Allard, "Early Complex Societies."

第四章　越國與漢代諸越王國政治史

1　吳國的核心區似乎在今日無錫附近的太湖一帶，建都吳城，即現代的蘇州。見 Lothar von Falkenhausen, "The Waning of the Bronze Age: Material Culture and Social Developments, 770–481 B.C.," in Edward Shaughnessy and Michael Loewe, eds., *Cambridge History of Ancient China: From the Origins of Civilization to 221 B.C.* (Cambridge: Cambridge University Press, 1999), p.526. 吳越兩國的相同起源及與楚國的關係，見饒宗頤，〈吳越文化〉，《史語所集刊》，1969：41（台北，1969），頁609-636。饒宗頤引用司馬遷的文字，認為吳越地區最初稱為「荊蠻」或「楚蠻」，出自當地的蠻（閩）人群並進一步指出，這些詞彙似乎取自這些人群的風俗。

2　既然古代越國的都城會稽位處今日紹興一帶，且越王的主陵墓之一就位於紹興郊外，那這裡很可能就是越國領土的中心。

3　Falkenhausen, "The Waning of the Bronze Age," p.526.

4　「越」在此時期前的《左傳》中很多年分中都有出現，但在公元前六〇一至五一〇年中只出現六次。見 Eric Henry, "The Submerged History of Yue," Sino-Platonic Papers 176 (May, 2007): 8.

5　Hsu, Cho-yun, "The Spring and Autumn Period," in Edward Shaughnessy and Michael Loewe, eds., *Cambridge History of Ancient China: From the Origins of Civilization to 221 B.C.* (Cambridge: Cambridge University Press, 1999), p.564.

6　同前引書。

7　Von Falkenhausen, "The Waning of the Bronze Age," p.526.

8　楊伯峻，《左傳》12.20 及 12.24（哀公），頁 1715-1717、1722-1724。引用自 Hsu, Cho-yun, "The Spring and Autumn Period,"p.564.

9　見董楚平，〈關於紹興印山大墓墓主問題的探討——兼說紹興 306 號墓的國屬問題〉，《杭州師範學院學報》2002：4（杭州，2002），頁 57-62。

10　浙江省文物考古研究所、紹興縣文物保護管理所，〈浙江紹興印山大墓發掘簡報〉，《文物》1999：11（北京，1999）。

11　董楚平隨後挑戰了這個觀點，他認為依照陪葬品的類型與數量，以及陶器上的特殊設計，顯示此墓是在吳越兩國長期交戰、越國迅速崛起並獲取資源之後才建造的。因為只有越國成為強權，才有辦法達到如此精良的技術和成就——

越王勾踐之前絕不可能，所以董楚平認為印山大墓墓主是勾踐之子、於公元前四六四至四五九年僅僅在位六年的「者旨于賜」（根據青銅器上的金文，《史記》中記載的名字是鼫與）。董楚平更認為，從公元前三七六年開始的越國政治動盪，可能無力建造如此奢華的陵墓，因此印山大墓的建造年代應在勾踐駕崩（據說他葬於琅邪）和公元前三七六年之間。Dong Chuping, "An Investigation into the Question of Tomb Occupancy," pp.57–59.

12 Eric Henry, "The Submerged History of Yue," p.5.

13 Eric Henry 提供了更多細節：「為了確保遺體不會腐化，所以採取特殊的防腐措施：土窖由一層厚實的白黏土、一公尺厚的木炭以及一層樹皮封住。與其他土墩墓一樣，兩側都建有向內傾斜的木樁，形成一個高五公尺的尖頂結構。最出乎意料的是，這些木樁居然留存下來，結構基本上都完好……棺上塗了黑漆。此墓雖然在戰國晚期遭到洗劫，但墓中仍找到四十多件器物，包括木杵、青銅鍾、玉箭頭、玉龍頭以及許多戰國時期的盜墓工具。除了山西省寶雞附近的一座墳墓……中國先秦時期沒有其他墓能與之媲美。」同前引書。

14 當然還有「懸空」在古代福建石壁上的船型棺，第一章已經簡單說明過。

15 司馬遷，《史記》，卷四十一〈越王勾踐世家〉，頁 1751。我採用的精確年代出自 Keith Taylor, *The Birth of Vietnam* (Berkeley: University of California Press, 1983), p.16.

16 司馬遷，《史記》，卷四十一，〈越王勾踐世家〉，注引《史記正義》，頁 1751。在此段落中，唐代張守節認為「江南海上」應位於當時的台州臨海縣，即現代中國的南京─蘇州一帶。

17 Rafe de Crespigny, *Generals of the South: The Foundation and Early History of the Three Kingdoms State of Wu* (Canberra: Australian National University, Faculty of Asian Studies, 1990), Chapter 1.

18 Henry, "The Submerged History of Yue," pp.13–14.

19 同前引書，p.13.

20 同前引書，p.14.

21 在越國解體之前，沒有文獻提及百越。百越最早出現在《呂氏春秋》，約莫在公元前二三九年。饒宗頤解釋，因為越的統治階級的種姓煩雜，所以被稱為「百越」。見饒宗頤，〈吳越文化〉，頁 609。

22 陳奇猷，《呂氏春秋校釋》（上海：學林出版社，1984），卷二十，頁 1322。《史記》將古代的揚州稱為「楊」，張守節《史記正義》對此認為，戰國時期已知世界東南方的大禹九州，見司馬遷，《史記》，卷一百一十三，〈南越列傳〉，注引《史記正義》，頁 2967。

23 司馬遷，《史記》，卷六十五，〈吳起列傳〉，頁 2168。Heather Peters, "Tattooed

Faces and Stilt Houses: Who Were the Ancient Yue?" *Sino-Platonic Papers* 17 (April 1990): 3. 如 Heather Peters 指出的，此事件在公元四世紀成書的《後漢書》中重複出現，范曄之所以用「南越」而非「百越」，可能是把司馬遷的語焉不詳，視為是大致分布於西漢的南越國一帶。我們不確定「南越」是在公元前三世紀末的趙佗之前，還是在公元前三三三年楚征服越國後的某個時點在廣東建國。《莊子》中的南越國，出現在一段可能晚於秦朝的段落中。見郭慶藩，《莊子集釋》（台北：萬卷樓，1993），卷二十，頁 671。

24 司馬遷，《史記》，卷一百一十三，〈南越列傳〉，頁 2967。

25 「會」也可以讀作「ㄎㄨㄞˋ」，但用在古都會稽時似乎都讀作「ㄍㄨㄟˋ」。值得注意的是，《漢書》在技術上避開了「百越」一詞，而只用了「粵地」。須留意此處用的是「粵」而非「越」（「粵」泛指今日的兩廣一帶）。班固，《漢書》（北京：中華書局，1995），卷二十八下，〈地理志下〉，頁 1669。晉朝的注解家臣瓚在對這段落的注中，用「百越」代替越。不確定從何時開始，文獻開始將「百越」和「越」混用，這片廣袤土地大致相當於從上海的長江口至越南紅河流域之間的區域。交阯之名的由來，以及其在紅河平原上的大概位置，請見 Taylor 的著作。Taylor, *The Birth of Vietnam*, p.26.

26 劉文典，《淮南鴻烈集解》（北京：中華出版社，1989），卷十八，頁 617。

27 同前引書。文獻提到有數十萬人被殺。

28 南越與長沙邊界，見張榮芳、黃淼章，《南越國史》（廣州：廣東人民出版社，1995），頁 70-71。務必留意，當時的長沙王吳右（公元前 186-178 年在位）是吳芮（？- 公元前 202 年）的曾孫，據稱，漢高祖劉邦在位之初曾許諾讓吳芮統領南海、湘、桂林一帶。學者仍對南越的北界爭論不休，特別是因為漢建國之初的早期地圖（一九七二於馬王堆出土）顯示當地至少有三個縣被畫分在長沙之下。這樣模糊的北界當然會引發領土爭議，呂后臨朝稱制期間的鬥爭便說明一切。見司馬遷，《史記》，卷一百一十三，〈南越列傳〉，頁 2969。

29 見司馬遷，《史記》，卷一百一十三，〈南越列傳〉，頁 2969。

30 除了南越國趙胡／趙眜墓的相關考古發現令人振奮，近來古都番禺（約公元前 203–111 年）宮殿的出土，也令人興奮不已，更進一步加深我們理解南越作為古代世界商業樞紐的重要性和地位。番禺古城呈方形，周長五公里。宮殿遺跡中有一座大池塘（85 x 65 公尺）、園林和著名的「曲流石渠」——一條穿過宮殿園林的石造長渠道——展於廣州市中心的南越王博物院王宮展區。見圖 4.3、4.4 及 4.5。

31 見司馬遷，《史記》，卷一百一十四，〈東越列傳〉，頁 2975。

32 班固，《漢書》，卷九十五，〈西南夷傳〉，頁 3859。海南島上的儋耳郡和珠崖郡是例外，公元前八十二年撤儋耳郡併入珠崖郡，到了公元前四十六年再撤

珠崖郡併入合浦郡。

33 焦天龍、范雪春，《福建與南島語族》（北京：中華書局，2010），頁127-144。雖然考古學家已經確定新石器時代福建內陸和沿海的物質文化有明顯差異，但這種差異在戰國晚期似乎已經消失，這進一步顯示當地具備統一的政權（考古學家稱之為「閩越」）。見焦天龍、范雪春，《福建與南島語族》，頁132。

34 司馬遷，《史記》，卷一百一十四，〈東越列傳〉，頁2979。

35 同前引書，頁2979。

36 務必留意，對於統治這些區域的國王姓名，司馬遷時常略而不提，很可能是因為他並不知道。如楊琮推測的，閩越、繇、東越諸王的王家世系應該十分複雜，不僅僅是學者有時假設的「九十二年三代國王」。楊琮，《閩越國文化》（福州：福建人民出版社，1998），頁17-18。

37 司馬遷，《史記》，卷一百一十四，〈東越列傳〉，頁2980。

38 同前引書，頁2980。

39 同前引書，頁2981-2982。

40 同前引書，頁2982。

41 同前引書，頁2982。

42 攻勢分別從巨章、武林、若邪、白沙等城市發起。雖然我並不確定每個城市的確切地點，但考量到福建多丘陵與河流的地理景觀，幾乎不太可能走陸路進攻，這些應該都是沿海的城市。

43 司馬遷，《史記》，卷一百一十四，〈東越列傳〉，頁2984。

44 De Crespigny, *Generals of the South*, Chapter 1.

45 Taylor, *The Birth of Vietnam*, p.29.

46 見焦天龍、范雪春，《福建與南島語族》，頁142。

47 范雪春及吳春明皆贊同此觀點。同前引書。

48 Michele Pirazzoli-t'Serstevens, *"Urbanism,"* in Michael Nylan and Michael Loewe, eds., *China's Early Empires: A Reappraisal* (Cambridge: Cambridge University Press, 2010), p.183.

49 如畢梅雪（Pirazzoli-t'Serstevens）所說，此牆「環繞成一個巨大的不規則矩形，周長近三公里，地基寬度介於十五至二十一公尺之間。」同前引書。福建博物院、福建閩越王城博物館（編），《武夷山城村漢城遺址發掘報告（1980–1996）》（福州：福建人民出版社，2004）。

50 中國田野考古學家提出的武夷山宮殿遺址和城市作為政府所在地的一些可能性如下：（1）西漢中後期（公元前135–公元9年），根據此說法，武夷山是所謂「越繇」國的首都，最初由漢廷扶植的傀儡王騶丑統治，之後由騶丑和騶餘善共治；（2）西漢之後至整個東漢，若是如此，那就是服從於漢（東越亡國後）

的越軍駐紮之處，或是都尉東師駐紮之處；（3）秦末至東漢初年。若是如此，此為閩越的都城東冶，之後漢廷於此設冶縣城。福建博物院、福建閩越王城博物館（編），《武夷山城村漢城遺址發掘報告（1980–1996）》，頁 373–375。

51 由於武夷山古城只發現一座宮殿的遺跡，那就不太可能容納騶丑和騶餘善的雙王共治——就算他們當中只有一個人掌握實權，兩人仍然都需要單獨的宮殿來居住；如果騶丑留在武夷山一帶，那麼騶餘善理應統治另一座都城，也許是福州地區（閩越都城「東冶」的所在地）。當然，兩位國王也有可能統轄福州城的不同宮殿。如果是後一種情況，或許可以解釋為什麼考古學家會對哪座遺跡——屏山或新店——代表首都爭論不休。

另一種可能性是，從戰略上來看，閩越國理應會有兩個位於不同地理位置的總部：武夷山及福州。考量到陸路穿越福建丘陵的難度，當地的領袖可能認為在戰略上，有必要於沿海和內陸都設有基地。武夷山的宮殿可能是內陸夏宮和／或戰略與防禦之處。武夷山的統治者位處南越邊界的有利位置，既能鞏固自己的勢力範圍，或在其周圍爭取更大的緩衝區。

感謝焦天龍讓我理解並助我思考這些現存的古都考古資料。（私人談話，2013年 6 月 30 日。）

52 Hans Bielenstein, "The Chinese Colonization of Fukien Until the End of T'ang," in Soren Egerod and Else Glahn, eds., *Studia Serica Bernhard Kargren Dedicata* (Copenhagen: Ejnar Munksgaard, 1959), p.98.

在某些點上，畢漢思可能是對的：例如他認為華夏北方人對福建的殖民並不是突然、暴力的征服或占領，而是在漢代之後，有愈來愈多的移民逐漸和平地湧入，這個看法似乎很合理。利用當地少數可取得的人口調查資料，畢漢思得出結論：漢人唯一一次大規模遷徙至當地，介於公元一四〇年與公元六〇九年之間，當時福建省有一萬二千至一萬三千戶。此外，在漢代之後，福建是南方人口最少的地區，這個說法可能也正確。見同前引書，p.99.

53 同前引書。

54 同前引書。

55 見焦天龍、范雪春，《福建與南島語族》，頁 131-144。

56 同前引書，頁 142。

第五章　文化優越感與族群概念化的修辭

1 見 Olivia Milburn, *The Glory of Yue: An Annotated Translation of the Yuejue shu* (Leiden: Brill, 2010). 米歐敏（Olivia Milburn）在 37 至 52 頁討論了《越絕書》

可能的作者和年代。她認為《越絕書》很可能是由兩位東漢學者袁康和吳平於新莽末期（公元 9-23 年）蒐集各種史料後編纂而成。當中暗示袁康可能是會稽人。

2 《吳越春秋》的編纂者趙曄（約公元 40-100 年）也出身越國都城會稽，並曾在當地為官。James Hargett, " 會稽 : Guaiji? Guiji? Huiji? Kuaiji? Some Remarks on an Ancient Chinese Place-Name," *Sino-Platonic Papers* 234 (March, 2013): 30.

3 話雖如此，仍須留意王充也是會稽人，位處古越國的核心區。

4 《論語》，3.5，見楊伯峻（編），《論語譯註》（香港：中華書局，1984）。

5 同前引書，3.14。

6 同前引書，9.5。

7 雖然文獻中「諸夏」、「周」之間的區別並不明顯，但可推測指涉的是同一群人。「周」可能更直接指稱承繼夏傳統的朝代和人群；「諸夏」則突顯他們之間的文化淵源。

8 如同《論語》13.6 和 13.7 中所示，孔子並不在乎楚國的相關風俗和政治習俗。

9 《論語》，9.14。

10 同前引書，7.29。

11 Eric Hayot, *The Hypothetical Mandarin: Sympathy, Modernity, and Chinese Pain* (Oxford: Oxford University Press, 2009), p.11.

12 同前引書。

13 所謂《墨子》早期篇章的更多資訊，見 A. C. Graham, Divisions in Early Mohism Reflected in the Core Chapters of Mo-tzu (Singapore: Institute of East Asian Philosophies, 1985).

14 孫詒讓，《墨子閒詁》（台北：華正書局，1987），15.97-98。此軼事也可見於前引書，在《韓非子·內儲說上》亦有詳細記載，見鐘哲，《韓非子集解》（北京：中華書局，1998）。

15 這類似古漢語的語言圖式（linguistic schema）：「X 何況 Y ！」。

16 《墨子閒詁》，19.134。齊晉楚越四國中，唯一不處於周的邊陲，並略為保有周代狀態的國家是晉。

17 顏昌嶢，《管子校釋》（長沙：岳麓書社，1996），80.596。稍微更動 W. Allyn Rickett 的譯文。Guanzi: *Political, Economic, and Philosophical Essays from Early China*, Vol. II (Princeton: Princeton University Press, 1998), p.454.《管子》可能收錄了戰國中期至西漢初期的文章。

18 可能直到公元前五世紀越國大敗吳國後，越國的軍力、甚或是經濟實力才得以超越吳國，也讓越王勾踐得以稱霸。

19 《墨子閒詁》，49.436。

20 Hayot, *The Hypothetical Mandarin*, pp.4–5. Hayot 還想到亞當·斯密（Adam Smith）《道德情感論》（*The Theory of Moral Sentiments*）中的著名思想實驗，提到一般歐洲人聽到突如其來的大地震摧毀「中華大帝國」的反應。見頁 3-4。

21 《孟子》，註釋。楊伯峻，《孟子譯註》（香港：中華書局，1988），6B3.278。

22 《莊子》，24.822。

23 在前一個世紀，也就是公元前五世紀初的勾踐時期，越可能就是如此。

24 夷、狄、戎、蠻、越、吳、巴、蜀、匈奴等詞彙經常被混為一談，且都翻譯成英文的「barbarians」，但他們都各自有其特定的所在地、族群、政治和文化內涵。

25 熊公哲，《荀子今註今譯·榮辱篇》（台北：商務印書館，1990）。

26 戰國時期「儒家」的性質仍待商榷，若用「儒家」來為當時的思想模式貼標籤，會導致許多問題。當然，也有教授和傳播孔子思想的派系自稱「儒家」。然而，這些思想也受到周代其他思想的影響，因此貿然貼上「儒家」的標籤，可能會出現過度簡化的問題。

27 陳奇猷，《呂氏春秋校釋》（上海：學林出版社，1995），20.1322。

28 同前引書。翻譯改編自 John Knoblock and Jeffrey Riegel, *The Annals of Lu Buwei (Lu Shi Chun Qiu): A Complete Translation and Study* (Stanford: Stanford University Press, 2000), p.512.

29 《莊子》，1.31。

30 《莊子》，20.671。譯文改編自 Burton Watson, trans., *The Complete Works of Chuang Tzu* (New York: Columbia University Press, 1968), p.211.

31 其所指的並非現代山東，而是太行山以東的區域。

32 何建章，《戰國策注釋》（北京：中華書局，1990），30.1110。譯文改編自 J. I. Crump, *Legends of the Warring States: Persuasions, Romances, and Stories from Chan-kuo ts'e (Ann Arbor: Center for Chinese Studies*, The University of Michigan, 1998), p.516.

33 司馬遷，《史記》，卷一百一十三，〈南越列傳〉，頁 2970。

34 司馬遷，《史記》，卷一百一十四，〈東越列傳〉，頁 2984。

35 同前引書，頁 2984。

36 《晁錯集注釋》（上海：人民，1976），引自 Nicola Di Cosmo, *Ancient China and its Enemies: The Rise of Nomadic Power in East Asian History* (Cambridge, Cambridge University Press, 2002), p.296.

37 雖然無法知曉這段文字的確切年代，但我很難相信這真的出自晁錯之口；這似乎是東漢的思想，只是附會於晁錯。

38 W. Allyn Rickett認為《管子》可能出自西漢初年淮南王劉安（公元前180-122年）朝廷中的學者。Rickett, Guanzi, p.100.

39 《管子》，39.352。

40 也就是說，這個群體中的人群共享了創始的祖先；但卻沒有相同的直系親屬。

41 如王明珂所言，早在春秋時期，華夏邊陲文明的貴族菁英就普遍會捏造自己有個華夏祖先。見王明珂，《華夏邊緣：歷史記憶與族群認同》（台北：允辰文化，1997），頁272-284。我沒有找到絲毫證據能證明「諸夏」囊括越人，即使越也與夏的祖先有所聯繫。越雖被排除於「**中國**」這一更具地緣政治特徵的身分認同之外，但似乎與「諸夏」的概念有較為鬆散的聯繫，這反過來顯示出，即便越可以聲稱具備此血統，但他們實際上並未被視作是「諸夏」族群的一員。

42 司馬遷，《史記》，卷四十一，〈越王勾踐世家〉，頁1739。

43 不妨這麼說，「諸夏」意味以氏族為基礎的族群，可識別出一個人在夏代的原初祖先。但由於孔子並非完全如此定義，因此最好仍不要將其視作以氏族為基礎的族群。

44 司馬遷，《史記》，卷一百一十四，〈東越列傳〉，頁2984。司馬遷此處所指很可能是越國的統治階級；但由於無法確認統治階級的祖先與其臣民的祖先之間存在直接關係，也就無法從這些敘述中得到更多越人的資訊。可以推測的是，在越國統治的幾個世紀中，此貴族世系會逐漸接納當地人群的某些風俗和特徵；並且為讓自己的後裔在此定居，進而會與當地最初的主要氏族聯姻。久而久之，統治菁英與部分臣民之間的相互關係（interrelationship）就會更為深入且廣泛，因此我們確實有理由將之視作為一個具備相當規模的越群體。

45 此處司馬遷所提及的越國祖先的豐功偉業，若缺乏後代適當且持續的祭祀，就難以體現出來。因此，身分認同在生物學的意義上並非與生俱來，部分需藉由整個社群和家族對祖先的儀式習俗才能實現。

46 司馬遷，《史記》，卷四十一，〈越王勾踐世家〉，頁1739-1747。

47 Axel Schüssler是第一個將《越絕書》當作史料的學者，見 Axel Schsler, "Das Yh-chh shu als Hanzeitlicher Quelle zur Geschichte der Chan-kuo-Zeit,: Ph.D. dissertation, University of Munich, 1969.《越絕書》的最新譯本和評註，見 Milburn, *The Glory of Yue*.《吳越春秋》的部分譯文，見 John Lagerwey, "A Translation of The Annals of Wu and Yue, Part I, with a Study of its Sources," Ph.D. dissertation, Harvard University, 1975.

48 其中的部分情節出現在戰國時期的《左傳》、《國語》、《呂氏春秋》等古代文獻中，以及漢代的《吳越春秋》、《越絕書》等。自戰國起，許多文獻都提及越王勾踐。現代有非常多對此故事的記載，包括楊善群，《臥薪嚐膽：越王勾踐新傳》（台北：雲龍初版社，1991）；及 Paul Cohen, *Speaking to History:*

The Story of King Goujian in Twentieth-Century China (Berkeley: University of Califolnia Press, 2009).

第六章　野蠻之喻：越身分認同的身體標記

1　《楚辭》，翻譯引用自 David Hawkes, *The Songs of the South: An Ancient Chinese Anthology of Poems by Qu Yuan and Other Poets* (London: Penguin, 1985), p.224.

2　《淮南鴻烈集解》，1.355。值得留意的是，在此段落中，華夏自我的表述牽涉到越王勾踐：「越王勾踐劗發文身，無皮弁搢笏之服，拘罷拒折之容。」

3　Mark Lewis, *The Construction of Space in Early China* (Albany: State University of New York Press, 2006), pp.69–71. 另見 Alf Hiltebeitel and Barbara Miller, eds., *Hair: Its Power and Meaning in Asian Cultures* (Albany: State University of New York, 1998).

4　Lewis, *The Construction of Space*, p.70.

5　我十分感謝 Gopal Suku 給的建議。非正式談話，哥倫比亞大學研討會，2012年 5 月 12 日。

6　《論語》，14.17。

7　值得留意的是，此段落並未提及南蠻——可能被某些人認為是越的一種——的髮型。

8　孫希旦（編），《禮記集解·王制》（北京：中華書局，1989），頁 359。

9　Mark Lewis, *The Flood Myths of Early China* (Albany: State University of New York Press, 2006), p.89.

10　伍子胥（約死於公元前 484 年）是吳國貴族兼著名的宰相，因為楚國錯殺其父，故誓要復仇。許多中國早期的文獻都記載了他的故事，流傳甚廣。

11　《說苑·奉使》，卷 12。

12　楊伯峻（編），《孟子譯註·離婁下》（香港：中華書局香港分部，1984），8.29，頁 199。

13　Lewis, *The Flood Myths of Early China*, p.89.

14　至今尚未有出土兵馬俑的完整目錄，所以我一直無法證實這一點。我十分感謝 Lukas Nickel 的資訊。

15　《說苑·尊賢》，章八（亦可見於《韓詩外傳》）。《大戴禮記·保傅》及《楚辭·惜誓》。

16　《吳越春秋·王僚使公子光傳》。《越絕書》描寫伍子胥逃至吳國時「徒跣被髮，乞於吳市」，見《越絕書·荊平王內傳》。范蠡「被髮佯狂」，見《越絕書·

外傳記范伯》及《越絕書‧篇敘外傳記》。

17 John Makeham, *Balanced Discourses: A Bilingual Edition* (New Haven: Yale University Press, 2002), 夭壽 , p.202.

18 《莊子集釋》，26.933。

19 《左傳‧成公十年》。哀公十七年的一段故事中出現另一個「被髮」的魅影。

20 實際故事見《山海經‧海外西經》。

21 見司馬遷，《史記》，卷一百二十七，〈日者列傳〉，頁 3217。

22 從其他文獻內容甚至還可以說，在周禮文化進入之前，「被髮」象徵質樸和原始。《文子》的一個篇章就清楚展現出，生活在如田園詩般原始過去——在人類遭受文化腐化之前——的古人「被髮而無卷領，以王天下」。見《文子‧上禮》。《文子》及其新出土文本的詳細說明，見 Paul van Els, "The Wenzi: Creation and Manipulation of a Chinese Philosophical Text," Ph.D. dissertation, Leiden University, 2006.

23 王先慎，《韓非子集解》（北京：中華書局 , 1998），37.363。

24 郭慶藩，《莊子集釋》，1.31。《韓非子‧說林上》中也有類似的趣聞：魯人身善織屨，妻善織縞，而欲徙于越。或謂之曰：「子必窮矣。」魯人曰：「何也？」曰：「屨為履之也，而截止越人跣行；縞為之冠也，而越人披髮。以子之所長，遊於不用之國，欲使無窮，其可得乎？」

25 儘管此處的確切說法是「劗髮文身」，與我們所分析的「斷髮」略有不同，但多數注疏者認為動詞「劗」是「斷」的另一種說法（也許是南方的慣用語）。《淮南鴻烈集解》，11.355。譯文改編自 John S. Major et al., *The Huainanzi: A Guide to the Theory and Practice of Government in Early Han China* (New York: Columbia University Press, 2010), p.407. 務必留意，後世的英譯者將「劗髮」譯成「shave the head」（剃頭），但我並未從《漢語大詞典》提到的註解中找到任何證據。見《漢語大詞典》（上海：漢語大詞典出版社，1995）。若我們將之想像成短髮的越人，而非剃頭的越人，那麼歷史文獻中所有與越人相關的「斷髮」描述看起來會更合理。《漢語大詞典》，卷二，頁 758。

26 《淮南鴻烈集解》，355-356。譯文引用自 Major et al., *The Huainanzi*, p.407.

27 《吳越春秋‧吳太伯傳》。文獻中所提到的夷狄似乎泛指蠻族「夷」。由於此文獻寫作於漢代，因此夷和狄的區別——最初「東夷」和「北狄」是來自不同方位的不同群體——可能已經瓦解，此時「夷狄」是對蠻族的普遍泛稱。

28 《左傳‧哀公七年》，頁 1641。

29 班固，《漢書》，卷二十八下，〈地理志下〉，頁 1669。我把「蛟龍」視為複合詞，用來指一種龍，而非兩種。Clark 指出，「蛟」（或蛟龍）和「龍」不同之處在於，蛟多半被認為是有害的，且通常與遙遠的南方有關。至少到之後的唐宋兩代，

「蛟」時常與「鱷」連用成「蛟鱷」，因此也有可能早期指的就是鱷魚。（與 Hugh Clark 的私人討論，2012 年 8 月 9 日。）

30 「劗髮」在我使用的先秦兩漢數據庫中只出現兩次：一次是《淮南子》，如此處所示；另一次是在《漢書》，每次都和越有關。動詞「劗」十分罕見，在我使用的先秦兩漢數據庫中總共只出現四次：其中三次都出自《淮南子》，分別是「劗毛」、「劗鬍」和「劗髮」。

31 「魋」似乎是「椎」的同音借字，意思是「熊」；「椎」另外也指槌子、木槌，甚至脊椎。我認為英譯者雖然將這種髮型翻作「mallet-shaped」（槌形），但其實並無法肯定這種髮型狀似槌子。「椎」有可能指的是狀似動物脊椎或背骨的辮子。但由於我們不確定這種髮型的樣子，為了方便，我仍然使用「mallet-shaped」的英譯。

32 我十分感謝 Jonathan Best 研究了這種髮型，並指出許多用「mallet-shaped topknot」（椎髻）來形容鴨綠江流域和日本本州當地人的例子。以下舉出幾個案例。

33 見司馬遷，《史記》，卷一百一十五，〈朝鮮列傳〉，頁 2985；班固，《漢書》，卷九十五，〈朝鮮傳〉，頁 3863。

34 見《日本書紀》（Nihon shoki），7.297 行 18，收錄於 Sakamoto Tar. et al.,《日本古典文學大系》（東京：岩波書店，1965-67）；亦可見 William G. Aston, trans., *Nihongi: Chronicles of Japan from the Earliest Times to AD 697*, vol. I (London: George Allen and Unwin, 1896), p.200. 感謝 Jonathan Best 提供這些提及韓國和日本的文獻。

35 如 Jonathan Best 所指出的，對於《日本書紀》似乎借用了中國史書的用法來形容日本的事物，十八世紀的學者本居宣長（Motoori Norinaga）提出質疑。（私人討論，2012 年 4 月 6 日。）

36 見《日本書紀》，9.347 行 14 及 Aston, *Nihongi*, pp.239.

37 司馬遷，《史記》，卷一百二十九，〈貨殖列傳〉，頁 3278。

38 《說苑．善說》，卷十一。

39 《論語》，14.17。

40 司馬遷，《史記》，卷一百一十六，頁 2991。匈奴習俗，見班固，《漢書》，卷五十四〈李陵傳〉，頁 2458：「兩人皆胡服椎結。」

41 除了遼東（朝鮮半島一帶），這些地點都位於大陸的最西南端，包括現代越南，以及雲南、四川、貴州和廣西等省分。

42 周代的一種冠帽。

43 黃暉（編），《論衡校釋．恢國》，頁 832。

44 見司馬遷，《史記》，卷九十七，〈陸賈列傳〉，頁 2697。

45　《列女傳校注・梁鴻妻》。

46　彭年，〈「束髮椎髻」非南越之俗——兼論束髮之俗的起源及其他〉，《中央民族大學學報》，2001：6（北京，2001），頁 32-36。

47　《張載集》（北京：中華書局，1988），頁 265，引自 John Kieschnick, *The Impact of Buddhism on Chinese Material Culture* (Princeton: Princeton University Press, 2003), p.233.

48　北魏政治家崔浩（死於公元 450 年）對《史記》這種坐姿的評註是「屈膝坐，其形如箕」。見司馬遷，《史記》，卷八十九，〈張耳陳餘列傳〉，注引《史記索隱》，頁 2583。據我所知，「箕踞」的主要標準是臀部是否著地；至於膝蓋究竟是曲是直，仍然頗多存疑，不過多數注疏者都認為無論曲直，腿都是如畚箕般張開。夏德安（Donald Harper）在文章中討論了這種坐姿，他將其稱為「winnowing basket sitting」（如篩籃般的坐姿），可以避邪，見 Donald Harper, "A Chinese Demonography of the Third Century B. C.," *Harvard Journal of Asiatic Studies* 45.2 (1985): 459–498.

49　《論語》，14.43，頁 159。

50　司馬遷，《史記》，卷九十七，〈陸賈列傳〉，頁 2697-2698。

51　同前引書，頁 2698。

52　Hans van Ess, *Politik und Geschichtsschreibung im alten China* (Wiesbaden: Harrassowitz, 2014), pp.75-76, 338-339.

53　《淮南子》，11.7（齊俗訓，譯自頁 407）。我將英譯文加以改作，因為譯者將這段話譯成「sit cross-legged」（箕踞）的「hair unbound」（披髮）異族，見 Major et al., The Huainanzi, p.407. 我不認同英譯者對髮型的譯法，我認為此處不應與上述的「披髮」混為一談；「拖髮」的意思應該是任由頭髮散落、留長，與上面形容南方人野蠻的「不束髮」不同。此外，我也並未找到任何證據能將「箕踞」英譯為「sitting cross-legged」（盤腿而坐）。

54　李濟，〈跪坐、蹲踞與箕踞——殷墟石刻研究之一〉，《中研院歷史語言研究所季刊》1953：24（台北，1953），頁 283-301。

55　見《論語》，10.24。這顯示在儀典和迎客時有正式的坐姿，而無事在家中時則有多種較為休閒的坐姿（譬如：蹲踞）。同前引書，p.107.

56　「跪坐」的樣子可見一九六八年於滿城漢墓所發現的長信宮燈，此燈具的型態為持燈跪坐的侍女，並可參考李安敦（Anthony Barbieri-Low）對它的描述。Anthony Barbieri-Low, *Artisans in Early Imperial China* (Seattle: University of Washington Press, 2007), pp.10–12.

57　據李濟的說法，「蹲踞」和「箕踞」可能是商代以前的主流坐姿；在某些宗教場合中跪拜，似乎是商代的發明。李濟，〈跪坐、蹲踞與箕踞——殷墟石刻研

究之一〉，頁 298-299。

58 《莊子・至樂》。

59 司馬遷，《史記》，卷八十六〈刺客列傳〉，頁 2535。

60 司馬遷，《史記》，卷一百二十四，頁 3186。譯文改編自 Burton Watson, *Records of the Grand Historian of China*, Vol. II, *The Age of Emperor Wu 140 to Circa 100 B.C.* (New York: Columbia University Press, 1961), pp.414–415.Burton Watson 將這種坐姿英譯為「sprawled by the road」（躺臥在地），見頁 414。

61 「肉祖」指的是華夏風俗會脫去上衣來請罪，抑或是在祭祀時表示恭敬。司馬遷，《史記》，卷一百二十四，頁 3186。

62 司馬遷，《史記》，卷八十九，〈張耳陳餘列傳〉，頁 2583。

63 Peter Bellwood, "The Origins and Dispersals of Agricultural Communities in Southeast Asia," in I. Glover and P.Bellwood, eds., *Southeast Asia: From Prehistory to History* (London: Routledge Curzon, 2004), pp.21–40.

64 《禮記集解・王制》。《白虎通・禮樂篇》（亦作《白虎通義》）亦有類似的段落。

65 《說苑・善說》。

66 《潛夫論・志氏姓》。

67 《論衡・書虛》。

68 對這些重要描述的額外修飾可能是對真實情況的描寫，可惜資料太少難以確認。但至少，「裸國」或「采藥」等細節有助讓讀者想起吳越他者野蠻、原始和本土的一面；讀者自然而然會認為，如果紋了身，那至少紋身的部位會經常裸露在外。《論衡・四諱》。

69 《說苑・奉使》。

70 《韓詩外傳》，卷八。

71 司馬遷在《太史公自序》中，也是如此來描述越他者：「少康之子，實賓南海，『文身斷髮，黿　與處』，既守封禺，奉禹之祀。句踐困彼，乃用種、蠡。嘉句踐『夷蠻』能修其德，滅彊吳以尊周室，作越王句踐世家第十一。」

72 《淮南鴻烈集解》，1.19。譯文改編自 Major et al., *The Huainanzi*, p.57.

73 賈誼，《新書・脩政語上》。這段文字中看不出來究竟是蜀人、越人、蜀地越人，還是越、蜀兩地都有「雕題」之俗；也可以將「雕題」解讀成對另一人群的指涉，與蜀、越、甚至交阯的人群都不同。這樣的解讀方式也其來有自，類似的用法，可見《管子》，80.596；作者提及吳越地區的諸多王國時，是根據當地居民的習俗，而非具體的名稱或族群名：「西至流沙，西虞南至吳、越、巴、牂牁、渶、不庾、雕題、黑齒，荊夷之國。」

74 司馬貞（公元 679-732）在《史記索隱》中認為「錯臂」是指將紅綠兩色紋於手臂上。據我所知，並無證據能證明此說法，而且由於前一句才提到「文身」，

似乎不太可能指的是同一件事。動詞「錯」可能是指以某種方式戳或刺。

75 司馬遷，《史記》，卷四十三，〈趙世家〉，頁 1808。類似的段落亦可見《戰國策·武靈王平晝閒居》，頁 657。此處「卻冠」亦寫成「鯷冠」，反映出這種冠帽是用海洋生物製成。

76 例如，紐西蘭毛利人雕鑿皮膚時會注入染劑，形成凹凸不平的立體表面，而不只是刺上平面的裝飾。

77 Chuci, Hawkes, trans., *The Songs of the South*, p.224. 值得注意的是，廣州市南越王博物院王墓展區清楚討論了當地仍有在墓中使用人祭的習俗。眾多證據顯示，台灣和中國許多使用南島語的原住民社會會食用人肉。

78 此西方習俗，見《逸周書·王會解》。

79 交州刺史部於公元二〇三年正式設立。B. J. Mansvelt Beck, *The Treatises of Later Han: Their Author, Sources, Contents and Place in Chinese Historiography* (Leiden: E. J. Brill, 1990).

80 見《說苑》、《大戴禮記》、《白虎通》、《新書》、《孔子家語》、《韓非子》、《淮南子》、《鹽鐵論》等對傳說中帝王征討交阯的記載。

81 《禮記集解·王制》。

82 《墨子閒詁·節用中》，頁 150。

83 《呂氏春秋·求人》。

84 《呂氏春秋·脩務訓》。務必留意，雖然這些故事都是傳說，但其提到的地點似乎確有此處。如同許多討論中所示，「黑齒」和「雕題」也名列越群體相關風俗之中，因為這兩個詞在戰國時期和漢代的許多文獻中會一起出現。在中國南方，東南亞、日本和台灣都有發現染黑齒的文化。中國文學中則更為普遍，經常提及黑齒人群與南方的連結。這種習俗通常歸因於嚼檳榔（有時與越人有關），但也可能是在牙齒上塗漆。在日本，這種習俗稱為「Ohaguro」，且在明治晚期後流行了好幾個世紀，比亞洲大陸的多數地方都存續得久。感謝馬翔和 Megan Bryson 在之後的中文文獻中都有找到染黑齒的實例。

第七章　野蠻景觀與魔幻客體

1 Rafe de Crespigny, *Generals of the South: The Foundation and Early History of the Three Kingdoms State of Wu* (Canberra: Australian National University, Faculty of Asian Studies, 1990), Chapter 1.

2 《墨子·兼愛中》，頁 97-98。此事於《墨子·兼愛下》和《韓非子·內儲說上》均有詳細記載。

3 郭慶藩，《莊子集釋》（台北：萬卷樓，1993），20.671。

4 《管子》，80.596。

5 《管子‧樞言》和《淮南子‧原道訓》均有「善遊者溺」的說法。

6 《韓非子‧難勢》，頁393。《韓非子‧說林上》亦有類似說法。

7 司馬遷，《史記》，卷十二，〈孝武本紀〉，頁478。

8 段玉裁（編），《說文解字注》（上海：上海古籍出版社，1992），頁673。

9 見 Wu Chunming, "The Change of Snake Divinity Worship of Aboriginals and Han Cultural Assimilation in Southern China," conference paper presented at Pennsylvania State University, April 10, 2013; pp.4–6.

10 同前引書，頁5。這些少數族群包括黎族、侗族、傣族、壯族、台灣原住民等。

11 同前引書。

12 同前引書，頁6。Clark 還提到一種之後與福建有關的蛇，是種類似鱷魚的動物，後來的文獻稱之為「蛟」或「蛟螭」。早期的「蛟」（前帝國時期和漢代文獻）常與「龍」連用，形成「蛟龍」或「螭龍」等複合詞。迄今為止，我在文獻並未發現任何證據，顯示這個特定的神話角色與南方人有關；其經常出現在漢語文獻中，似乎是對某種巨龍的泛稱。

13 Hugh R. Clark, *Portrait of a Community: Society, Culture, and the Structures of Kinship in the Mulan River Valley (Fujian) from the Late Tang through the Song* (Hong Kong: The Chinese University Press, 2007), p.172.

14 《搜神記》，19：1a-2a。Kenneth DeWoskin and J. T. Crump, Jr., *In Search of the Supernatural: The Written Record* (Stanford: Stanford University Press, 1996), pp.230–231.

15 見 Edward Schafer, *The Vermilion Bird: T'ang Images of the South* (Berkeley: University of California Press, 1967), pp.87–114 and 206–248; 及 Keith Taylor, *The Birth of Vietnam* (Berkeley: University of California Press, 1983), p.1, 提及越南雄王的龍起源。

16 郝懿行，《山海經箋疏》（台北：中華書局，1966），頁479。在此段落中，郭璞引用古代卜書《龜藏》中的「開筮」卦象。而戰國時期《楚辭‧天問》也提到禹出自鯀的腹中。〈天問〉，收錄於《楚辭補注》（台北：中文，1979），頁150-152。翻譯引用自 David Hawkes, *The Songs of the South: An Anthology of Ancient Chinese Poems by Qu Yuan and Other Poets* (Middlesex, England: Penguin, 1985), p.128.

17 似乎僅有《史記》和《漢書》提到「卑濕」。

18 熊公哲，《荀子今註今譯》（台北：商務印書館，1990），2.22。

19 《管子》，39.352。

20 同前引書。

21 見班固，《漢書》，卷四十九，〈晁錯傳〉，頁 2284。

22 此類論述可見於《史記‧貨殖列傳》、《史記‧屈原賈生列傳》。

23 司馬遷，《史記》，卷一百一十三，〈南越列傳〉，頁 2969。

24 班固，《漢書》，卷六十四上，〈嚴助傳〉，頁 2781。

25 或許這種「重構世界」（world-making）模式是中心與南方貿易關係加強後的
結果，這可能有助消解中心的大黃河文化，與大長江、東南和南方沿海文化接
觸後產生的摩擦。

26 我不確定此處「干」為什麼會與「越」連用，雖然「干越」在文獻中曾出現好
幾次，且似乎都是指稱一處的地名。這可能是「于越」（有時寫作「於越」）
的筆誤，「于越」是越的古代名稱，曾出現於《竹書紀年‧周武王十四年》中。
（「于」在越語中，是與地名連用的前音節。）我要感謝 Axel Schüssler 與我
分享他的一篇論述古越語的草稿，其中便提到這一點。

在《墨子‧兼愛中》，「干越」與「荊楚」一同出現。既然知道後一個字是贅詞，
也就是說，「荊」指的就是「楚」，反之亦然；那麼我們也可以推論出，「干」
或許也能用來指稱越國。《史記‧貨殖列傳》則將「閩中」、「干越」連用（指
福建閩越一帶的著名區域）。

27 《莊子‧刻意》，頁 544。

28 《吳越春秋‧勾踐陰謀外傳》，章 13。

29 同前引書。

30 司馬遷或許是此定律的一個例外，因為他有特殊管道可查閱**中國**與其他國家交
涉的大量政治與歷史檔案。但即便是司馬遷，也無法列出漢代閩越一帶幾位國
王的詳細名單，而且他的紀錄有時還會與考古資料不相符。例如，他提到南越
趙佗之孫名為趙胡，就與現代廣州所發現的南越王墓中指涉的同一個人物趙眜
之名不一致（可能更為本土）。這種缺漏和不一致顯示，即便是漢武帝治下的
太史，對南方人群的資訊也極其有限，尤其是文化層面的民族誌知識，而非政
治和軍事事件與交流的相關知識。

第八章　越的身分認同作為政治偽裝與儀式典型

1 　《漢書》幾乎完全依循《史記》的記載，但有時會多出一些其他說法，這點需
多加留意，當出現重要分歧時，我也會及時指出。

2 　見 Gil Stein, *Archaeology of Colonial Encounters* (Santa Fe: SAR Press, 2005). 對
中國的論述，特別是姚輝芸（Alice Yao）近來對漢代西南邊境文化交流的考

古研究，她認為文化變遷及對帝國交流的嶄新、混合的回應，在社會最高階層最為明顯。Alice Yao, "Culture Contact and Social Change Along China's Ancient Southwestern Frontier, 900 B.C.–100 A.D.," Ph.D. dissertation, University of Michigan, 2008, pp.259–278.

3　Yao, "Culture Contact," pp.259–278.

4　因為我會提及趙氏一族的各個不同成員，為求方便，我用他們的名字來稱呼，而不用趙姓。提到趙佗時，我依循《史記》稱其為「佗」。

5　司馬遷，《史記》，卷一百一十三，〈南越列傳〉，頁 2967。注疏者認為「楊」指的是古代楊州，但其地理位置仍頗多存疑。多半認為其位於東南，但也可能是指廣東南部。見司馬遷，《史記》，卷一百一十三，〈南越列傳〉，注引《史記集解》、《史記索隱》、《史記正義》，頁 2967。

6　余天熾等，《古南越國史》（南寧：廣西人民出版社，1988），頁 31。越的地圖可參見陳國強等，《百越民族史》（北京：中國社會科學，1988），頁 iii。這些越的古代地圖並不百分之百可靠，因為許多地圖並未囊括現今的越南。例如，在《百越民族史》中，古越國的南方邊界與現代中華人民共和國和越南的邊界近乎巧合——但有失準確——地重合。

7　見司馬遷，《史記》，卷一百一十三，〈南越列傳〉，頁 2967。

8　這起事件和東南諸國歷史的概述，可見 Yu Ying-shih, "Han Foreign Relations," in Denis Twitchett and Michael Loewe, eds., *The Cambridge History of China, vol. I: The Ch'in and Han Empires, 221 B.C.–A.D. 220* (Cambridge: Cambridge University Press, 1986), pp.453–457. 中文的概述，見方鐵，〈南越國的內外關係及其政策〉，《文山師範高等專科學校學報》19：2（雲南，2006），頁 1-7。

9　司馬遷，《史記》，卷一百一十三，〈南越列傳〉，頁 2967。

10　同前引書，頁 2967-2968。

11　見呂烈丹、《南越王墓與南越王國》（廣州：廣州文化，1990），頁 145-146。

12　見司馬遷，《史記》，卷一百一十三，〈南越列傳〉，頁 2967。

13　見班固，《漢書》，卷二，〈惠帝紀〉，頁 89。

14　見司馬遷，《史記》，卷一百一十三，〈南越列傳〉，頁 2969；班固，《漢書》，卷九十五，〈西南夷傳〉，頁 3848。呂后設貿易禁令時稱：「毋予蠻夷外粵金鐵田器；馬、牛、羊即予，予牡，毋與牝。」見班固，《漢書》，卷九十五，〈西南夷傳〉，頁 3851。

15　見張榮芳、黃淼章，《南越國史》，頁 168-169。班固，《漢書》，卷一下，〈高帝紀下〉，頁 53。

16　僅《漢書》提及祖墳相關的解釋，見班固，《漢書》，卷九十五，〈西南夷傳〉，

頁 3851。

17 見司馬遷,《史記》,卷一百一十三,〈南越列傳〉,頁 2970;班固,《漢書》,
卷九十五,〈西南夷傳〉,頁 3851。

18 見班固,《漢書》,卷三,〈文帝紀〉,頁 99-100。

19 見司馬遷,《史記》,卷一百一十三,〈南越列傳〉,頁 2969;班固,《漢書》,
卷九十五,〈西南夷傳〉,頁 3848。

20 Twitchett and Loewe, *Cambridge History of China*,53–54.

21 見司馬遷,《史記》,卷十,〈孝文本紀〉,頁 426;班固,《漢書》,卷
四十四,〈淮南厲王傳〉,頁 2135-2153。

22 見 "Surrendered Barbarians and Their Treatment" 當中的章節; Yu Ying-shi, *Trade
and Expansion: A Study in the Structure of Sino-Barbarian Economic Relations*
(Berkeley: University of California Press, 1967), pp.65–91;及司馬遷,《史記》,
卷一百一十三,〈南越列傳〉,頁 2971。針對南越相對獨立於漢的政治地位的
絕佳論述,見劉瑞,〈南越國非漢之諸侯國論〉,收錄於中山大學歷史系(編),
《南越國史蹟研討會論文選集》(北京:文物出版社,2005),頁 9-22。對朝
貢的討論,推測形式應為南越向漢廷宣誓效忠並朝貢,以換取帝國回禮,見張
榮芳,〈漢朝治理南越國模式探源〉,收錄於《南越國史跡研討會》(廣州:
文物出版社,2005),頁 1-8。

23 Y, *Trade and Expansion*, p.29.

24 司馬遷,《史記》,卷一百一十三,〈南越列傳〉,頁 2951。

25 各個位處中華帝國邊陲的半自治或自治國家,多半會在政治或文化層面以特定
方式服膺中國的權威。這樣的關係通常十分複雜,不能用純然的順服來定義。
出於種種原因,這些外國往往自願順從中國漢廷一些名義上的形式與要求,
以獲取各種經濟、政治和文化利益。韓國以「侯」的地位進行國家祭祀儀式
和音樂的案例,見 Robert Provine, "State Sacrificial Music and Korean Identity,"
in Evelyn Rawski, Bell Yung, and Rubie Watson, eds., *Harmony and Counterpoint:
Ritual Music in Chinese Context* (Stanford: Stanford University Press, 1996), pp.54,
71–75. 漢代的匈奴也在公元前五三年和五一年同意與漢建立朝貢關係,在此
之前的幾十年間,漢採行年年進貢的羈縻政策。對漢有利的權力移轉,見 Y,
Trade and Expansion, pp.36–51.

26 Nancy Lee Swann, *Food and Money in Ancient China* (Princeton: Princeton
University Press, 1950), p.446. 另見 Francis Allard, "Frontiers and Boundaries: The
Han Empire from Its Southern Periphery," in M. Stark, ed., *Archaeology of Asia*
(Malden: Blackwell Publishers, 2005), pp.236–237.

27 Y, *Trade and Expansion*, pp.178–180.

28 Y, *Trade and Expansion*, p.94. 邊境王國之間的貿易，見呂烈丹、《南越王墓與南越王國》，頁 151-159。

29 司馬遷，《史記》，卷一百一十三，〈南越列傳〉，頁 2970。從《漢書》所載文帝賜予趙佗的書信全文，印證了文帝的用心良苦，見班固《漢書》，卷九十五，〈西南夷傳〉，頁 3849。

30 Allard, "Frontiers and Boundaries," p.235.

31 見司馬遷，《史記》，卷九十七，〈陸賈列傳〉，頁 2697-2698；班固，《漢書》，卷四十三，〈陸賈傳〉，頁 2111-2112。《史記》和《漢書》對趙佗接見陸賈的紀錄基本上是相同的。有些注疏者認為這種坐姿看起來很像畚箕──雙腿張開，膝處微彎。近年來，中國學者彭年提出質疑，認為椎髻並非發源自越人，華夏的祖先也梳這種髮型。這反映出這種「文化標記」的流動性。彭年，〈「束髮椎髻」非南越之俗──兼論束髮之俗的起源及其他〉，《中央民族大學學報》，2001：6（北京，2001），頁 32-36。

32 班固《漢書》，卷九十五，〈南粵傳〉，頁 3851-3852。

33 James C. Scott, *The Art of Not Being Governed: An Anarchist History of Upland Southeast Asia* (New Haven: Yale University Press, 2009).

34 「邊界」（marches），見 Hans Bielenstein, *The Bureaucracy of Han Times* (Cambridge: Cambridge University Press, 1980), pp.99–100. 考古紀錄證實許多部落人群仍生活於同質性高的聚落中，遠離居住更多漢人或混居的聚落。雲南曲靖的案例，見 For the case of the Qujing Province in Yunnan, see Yao, "Culture Contact and Social Change," pp.259–278.

35 有必要留意 Burton Watson 在翻譯這段話時，對這段話的理解有所不同，將趙佗的話翻譯成「[Empress L] is discriminating against me, treating me as one of the barbarians」。Burton Watson, *Records of the Grand Historian of China, vol. II: The Age of Emperor Wu 140 to Circa 100 B.C.* (New York: Columbia University Press, 1961), p.240. 見司馬遷，《史記》，卷一百一十三，〈南越列傳〉，頁 2969。

36 司馬遷，《史記》，卷一百一十三，〈南越列傳〉，頁 2970。

37 依據周禮，菁英男性需佩戴「冠帶」。

38 司馬遷，《史記》，卷九十七，〈陸賈列傳〉，頁 2697。

39 如同第六章所討論的，司馬遷可能將不同「蠻族風俗」混為一談，他筆下的「魋結」，並不一定是南越的風俗。

40 司馬遷，《史記》，卷九十七，〈陸賈列傳〉，頁 2698。

41 若墓主為趙胡，爭議便隨之而起，因為考古資料顯示墓主名為「眜」，而非「胡」。針對文獻與考古資料差異的三個主要解釋如下：（1）「胡」是文獻的筆誤，應為「眜」；（2）「胡」是南越文王的漢名，「眜」則是本土的越名；（3）

「胡」和「昧」都是他的名字，根據越的風俗，每個人會有許多名稱，這可能比**中**國習慣的「名」、「字」與「號」的稱呼方法更為複雜。見廣州市文物管理委員會，《西漢南越王墓》（北京：文物，1991），卷二，頁322。懷疑墓主並非趙昧的論述，見吳海貴，〈象崗南越王墓主新考〉，《考古與文物》，2000：3(西安，2000)，頁72-77。

42　Y, "Han Foreign Relations," p.452. 針對趙嬰齊應為文職而非武職的更多探討，見 A. F. P.Hulsewe, *Remnants of Han Law* (Leiden: E. J. Brill, 1955), p.154, note 87.

43　見廣州市文物管理委員會，《西漢南越王墓》，頁324。

44　Allard, "Frontiers and Boundaries," pp.240–244. 另 見 Francis Allard, "Interaction and Social Complexity in Lingnan during the First Millennium B.C.," *Asian Perspectives* 33.2 (1994): 309-326.

45　Allard, "Frontiers and Boundaries," p.241.

46　同前引書。

47　同前引書。Lothar von Falkenhausen 對南方青銅鼎禮器的涵義有所論述，見 Lothar von Falkenhausen,"The Use and Significance of Ritual Bronzes in the Lingnan Region during the Eastern Zhou Period," *Journal of East Asian Archaeology* 3.1–2 (2001): 193–236.

48　見廣州市文物管理委員會，《西漢南越王墓》，頁1。

49　廣東省博物館，〈廣東考古十年概述〉，收錄於文物編輯委員會（編），《文物考古工作十年：1979-1989》（北京：文物，1991），頁222-223 。另 見 Xiaoneng Yang, ed., The Golden Age of Chinese Archaeology: Celebrated Discoveries from the People's Republic of China (New Haven: Yale University Press, 1999), p.413.

50　趙胡的「文帝九年」約莫為公元前一二九年。廣州市文物管理委員會，《西漢南越王墓》，頁3-4。

51　班固《漢書》，卷九十五，〈西南夷傳〉，頁3854。

52　更多資訊，見 Griet Vankeerberghen, *The Huainanzi and Liu An's Claim to Moral Authority* (Albany: State University of New York Press, 2001). 漢武帝時期對南越政策的轉變，見黃慶昌，〈論西漢王朝與南越國的關係〉，《南方文物》，2003：3（ 南 昌，2003），頁72-78。 另 見 Nicola di Cosmo, "Han Frontiers: Toward an Integrated View," *Journal of the American Oriental Society* 129.2 (2009): 199–214.

53　張榮芳，〈漢朝治理南越國模式探源〉，《南越國史跡研討會》，頁1-8。

54　司馬遷，《史記》，卷一百一十三，〈南越列傳〉，頁2969。

55　邯鄲是先秦時期趙國的都城，位於現代中國河北省。

56 見班固，《漢書》，卷六，〈武帝紀〉，頁 176。

57 司馬遷，《史記》，卷一百一十三，〈南越列傳〉，頁 2971。

58 司馬遷，《史記》，卷一百一十三，〈南越列傳〉，頁 2972。

59 見班固《漢書》，卷九十五，〈西南夷傳〉，頁 3850。Bielenstein, *The Bureaucracy of Han Times*, p.90.

60 見《司馬遷，《史記》，卷一百一十三，〈南越列傳〉，頁 2972-2973。Bielenstein, *The Bureaucracy of Han Times*, pp.106–107.

61 見司馬遷，《史記》，卷一百一十三，〈南越列傳〉，頁 2972。

62 儘管趙興有一系列的舉措，但許多越地律法肯定繼續維持了相當長的一段時間；不然到了公元四〇年前後，伏波將軍馬援就不需要向當地人解釋漢越律法制度的差異。Michael Loewe, *The Government of the Qin and Han Empires: 221 B.C.E.–220 CE* (Indianapolis: Hackett Publishing Company, 2006), p.58. 文中所稱的「古代」習俗，並非越地獨有，而是在漢興起之前，周代諸邦國便行之有年。針對公元前一六七年漢法廢除黥刑的解釋，這些不同印記（stigma）的對照，見 Hulsewe, *Remnants of Han Law*, pp.124–125. 此外，南越朝廷不以賦稅為本，而是靠強制人民耕種王田、服徭役，以及由王室壟斷海上貿易等方式，見呂烈丹、《南越王墓與南越王國》，頁 148-149。

63 見司馬遷，《史記》，卷一百一十三，〈南越列傳〉，頁 2972。

64 同前引書，頁 2972。

第九章　武裝抵抗漢帝國的越身分認同

1 見司馬遷，《史記》，卷一百一十四，〈東越列傳〉。《史記》一個例子是東甌參與公元前一五四年由吳王劉濞聯合許多強大封國發起的七國之亂，但閩越和南越並未列於其中。有意思的是，東甌人可能是發覺計畫將失敗，受到漢廷的賄賂，刺殺發動叛亂的吳王。七國之亂後，東甌國（亦稱東海）並沒有對北方的華夏鄰國帶來太大的麻煩。此後，東甌作為越文化與政治權力中心的地位，在許多菁英與重要成員被遷往內陸之後有所削弱，這在第四章政治簡史中曾提及。東甌這場對漢的挑戰極為短促（但絕不是單一個案），接著便完全順服於漢的控制與保護之下，東甌的抵抗其實並不極端。

2 司馬遷，《史記》，卷一百一十四，〈東越列傳〉，頁 2980。

3 見司馬遷，《史記》，卷一百一十四，〈東越列傳〉，頁 2981-2982。

4 司馬遷，《史記》，卷一百一十四，〈東越列傳〉，頁 2981。

5 見楊兆榮，〈西漢南越相呂嘉遺族入滇及其歷史影響試探〉，《南越國史跡研

討會》，頁 31-41。基於史料不斷提及呂嘉與外來趙王室的聯姻，故可假設呂嘉氏族中人多半是本土人士。

6　見司馬遷，《史記》，卷一百一十三，〈南越列傳〉，頁 2972。

7　同前引書，頁 2973-2974。

8　同前引書，頁 2972。

9　同前引書，頁 2972。「越人」在多大範圍中指涉平民百姓，尚待釐清，且司馬遷同時還提到「眾」，讓此概念更形複雜。越對呂嘉的支持似乎超出了菁英領導階層，延伸至平民百姓。

10　司馬遷只含糊提到「越」，而非「越人」。這樣一來，文中的脈絡似乎暗示這些人是普通「越人」百姓，而非呂嘉麾下的士兵，所以漢軍才會上當。

11　見司馬遷，《史記》，卷一百一十三，〈南越列傳〉，頁 2974。

12　同前引書，頁 2974。

13　同前引書，頁 2974。

14　《史記》中提到，從此時起，越廢除了對某些犯罪處以黥劓刑的舊法。

15　樛太后被認定是「中國人」（a person from the Central States），而非「漢國」或「漢人」（the Han state or people），這點十分耐人尋味；這反映出一個人的身分認同可能與歷史、地理區域相關，而不一定與目前的帝國或其特定家鄉相關。

16　見司馬遷，《史記》，卷一百一十三，〈南越列傳〉，頁 2975。這些人是武帝特赦之下的受益者，《漢書》提到，漢將率罪人出征。見班固，《漢書》，卷六，〈武帝紀〉，頁 186-187。

17　位於現代廣州市中心的古番禺「南越宮」考古遺址，證實了文獻中這座城市曾遭燒毀的記載。見 See Allard, "Frontiers and Boundaries," p.239. 火勢極為猛烈，連渠道的石壁也付之一炬（私人點擊網站，2008 年 5 月）。另見吳宏岐，〈南越國都番禺城毀於戰火考實〉，《暨南學報》，2006：5（廣州，2006），頁 147-152、179。

18　見司馬遷，《史記》，卷一百一十三，〈南越列傳〉，頁 2976。

19　同前引書，頁 2976。《漢書》提到漢武帝攻克南越後不久，遣使者告知匈奴單于：「南越王頭已縣於漢北闕矣」，見班固，《漢書》，卷六，〈武帝紀〉，頁 189。

20　此處完全沒有提及當地是否曾堅守越文化價值觀和習俗。可以肯定的是，某些越風在漢代和之後都繼續蓬勃發展。東漢有證據顯示，有官員試圖改變許多越地習俗：「光武中興，錫光為交阯，任延守九真，於是教其耕稼，製為冠履，初設媒娉，始知姻娶，建立學校，導之禮義。」見范曄，《後漢書》（北京：中華書局，1995），卷八十六〈南蠻傳〉，頁 2836；及《後漢書》，卷

七十六，〈循吏傳〉，頁 2457、2462。引自 Keith Taylor, *The Birth of Vietnam* (Berkeley: University of California Press, 1983), p.33.

21 司馬遷，《史記》，卷一百一十四，〈東越列傳〉，頁 2982。

22 同前引書，頁 2982。

23 同前引書，頁 2982。

24 同前引書，頁 2983。

25 同前引書，頁 2983。

26 同前引書，頁 2983-2984。

27 《水經註》提及先秦時期雄王（紅河三角洲）的重要篇章，引用三至四世紀的《交州外域記》等更早期的文獻，但現已散佚。見 Liam Kelley, "Tai Words and the Place of the Tai in the Vietnamese Past," *Journal of the Siam Society* 101 (2013): 55-84.

28 De Crespigny, *Generals of the South: The Foundation and Early History of the Three Kingdoms State of Wu* (Canberra: Australian National University, Faculty of Asian Studies, 1990), Chapter 1. 九真的都城是越南北部清化附近的胥浦；日南郡以西捲為中心，靠近今天的廣治。

29 Stephen O'Harrow, "From Co-loa to the Trung Sisters' Revolt: Vietnam as the Chinese Found it," *Asian Perspectives* 22.2 (1979): 140 164.

30 見 Liam Kelley, "Tai Words."

31 范曄，《後漢書》，卷八十六〈南蠻傳〉，頁 2836-2837。

32 十縣分別為羸婁、安定、苟屚、麊泠、曲易、北帶、稽徐、西于、龍編、朱䳒。見班固，《漢書》，卷二十八下，〈地理志下〉，頁 1629。

33 見司馬遷《史記》，卷一百一十三，〈南越列傳〉，頁 2969-2970、2977。「駱」在〈南越列傳〉共出現四次：一次單獨出現、兩次「甌駱」、一次「駱裸」。

34 如張磊夫（Rafe de Crespigny）指出：

《漢書・地理志》是現存最早提及海上貿易的文獻，強調合浦郡的重要性，航行距離顯然是從合浦郡開始計算的。公元一世紀，龍編占據地利，土地肥沃、適宜人居、四通八達。根據東漢末年對士燮治下龍編城的描述，以及對交阯人口和繁榮的記載，反映出當時在中國沿海、東南亞，以及印度洋等地，龍編皆稱得上是海陸交會樞紐與商旅雲集的貨物集散地。(*Generals of the South*, Chapter 1)

另見 Li Tana, "The Tongking Gulf Through History: A Geopolitical Overview," in Nola Cooke, Li Tana, and James Anderson, eds., *The Tonking Gulf Through History* (Philadephia: University of Pennsylvania Press, 2011), pp.39–52.

35 班固，《漢書》，卷二十八下，〈地理志下〉，頁 1628-1629。

36 見范曄，《後漢書》，卷一下，〈光武帝紀下〉，頁 68。

37 見 de Crespigny, *Generals of the South*, Chapter 1 及 Taylor, *The Birth of Vietnam*.

38 這個詞彙出現在東漢時期的文獻中，可能稍早一些。

39 范曄，《後漢書》，卷二十四，〈馬援傳〉，頁 839。

40 劉敏，〈開棺定論——從文帝行璽看漢越關係〉，收錄於《南越國史跡研討會》，頁 26。

結論

1 費孝通，《費孝通文集》（北京：群言出版社，1999），卷 15。

2 族群分類及近代國家的歷史，見 Thomas Mullaney, *Coming to Terms with the Nation: Ethnic Classification in Modern China* (Berkeley: University of California Press, 2010).

3 務必留意，此解釋與馬斯中（Magnus Fiskesjo）的論點不同，馬斯中認為古代南方邊境的人群「在文化、語言和族群上皆有所差異，但在棲息地或維生方式上則不一定」。Magnus Fiskesjö, "On the 'Raw' and 'Cooked': Barbarians of Imperial China," *Inner China* 1–2 (1999): 142. 此處我提出的解釋顯示，與中原集約農業帶相較，南方的高地—低地、海洋和河濱經濟模式構成了截然不同的棲息地類型。

4 「**中國**」（Central States）雖然更常指涉的是現實的地緣政治，而非真實的族群，但也是一種普遍的「自我」表述方式，與被理解為「華夏」的「自我」相輔相成。在戰國時期和帝制初期的文獻中，「中原」（Central Plains）一詞出現的頻率遠低於「**中國**」（Central States），故我不敢說「中原」（Central Plains）在早期就具備族群上的內涵。「中原」（Central Plains）在早期的地理意義可能更為局限，之後才被選來指涉華夏或漢族。

5 Wang Aihe, *Cosmology and Political Culture in Early China* (Cambridge: Cambridge University Press, 2000), pp.23–128.

6 陸威儀對映射與宇宙秩序的討論，見 Mark Lewis, "World and Cosmos," in *The Construction of Space in Early China* (Albany: State University of New York Press, 2006), pp.245–273.

7 同前引書。

8 百越生活的區域聯繫到更大的越身分認同感，這在歷史上幾乎不可能存在。我們可能會質疑，這能否證明所謂百越的概念，不過是北方虛構出來的，當地人從未真正具備此概念，抑或是否能歸因於經年累月之下其他的歷史偶發事件

（譬如說，在天時地利之下，仍欠缺有魅力的領袖來統一越國，就像漢代匈奴單于在北方邊境那樣）。

9　愈來愈多學者正著手研究前現代的南方跨文化關係的歷史。宋之前與宋代的歷史，見 Hugh Clark 的作品，或 Nola Cooke, Li Tana, and James A. Anderson, *The Tongking Gulf Through History* (Philadelphia: University of Pennsylvania Press, 2011). 另見 James A. Anderson 及馬翔的著作。明清南方邊境史，見 C. Michele Thompson、李塔娜（Li Tana）、安樂博（Robert Antony）、Liam Kelley、John Whitmore、牛軍凱（Niu Junkai）、白凱琳（Kathlene Baldanza）等人的著作。

參考書目

Abramson, Marc. Ethnic Identity in Tang China. Philadelphia: University of Pennsylvania Press, 2008.

Allan, Sarah, ed. The Formation of Chinese Civilization: An Archaeological Perspective. New Haven: Yale University Press, 2005.

Allard, Francis. "Early Complex Societies in Southern China." Chapter 8 in The Cambridge World Prehistory, vol. II, eds. Colin Renfrew and Paul Bahn, 797–823. Cambridge: Cambridge University Press, 2014. "Frontiers and Boundaries: The Han Empire from Its Southern Periphery." In Archaeology of Asia, ed. M. Stark, 233–255. Malden: Blackwell Publishers, 2005. "Stirrings at the Periphery: History, Archaeology and the Study of Dian." International Journal of Historical Archaeology 2.4 (1998): 321–341. "The Archaeology of Dian: Trends and Tradition." Antiquity 73.279 (1998): 77–85. "Interaction and the Emergence of Complex Societies in Lingnan During the Late Neolithic and Bronze Age." Ph.D. dissertation, University of Pittsburgh, 1995. "Interaction and Social Complexity in Lingnan during the First Millennium B.C." Asian Perspectives 33.2 (1994): 309–326.

Allen, John, Doreen Massey, and Allan Cochrane. Rethinking the Region. London: Routledge, 1998.

Anderson, James A. The Rebel Den of Nung Tri Cao: Loyalty and Identity Along the Sino-Vietnamese Frontier. Seattle: University of Washington Press, 2007. "A Special Relationship: 10th–13th Century Sino-Vietnamese Tribute Relations and the

Traditional Chinese Notion of World Order." Ph.D. dissertation, 1999, University of Washington. Archeological Discovery in Eastern Kwangtung: The Major Writings of Fr. Rafael Maglioni (1891–1953). Hong Kong: Hong Kong Archeological Society, 1975.

Aurousseau, Leonard. "La première conquêt chinoise de pays annamites (III Siècle avant notre èra)." Bulletin de l'École Française D'Extrême-Orient 23 (1924): 137–266.

Bagley, Robert, ed. Ancient Sichuan: Treasures from a Lost Civilization. Princeton: Princeton University Press, 2001.

Ban Gu. Han Shu (History of the Han). 12 vols. Beijing: Zhonghua shu ju, 1995.

Bang, P. F. and C. Bayly. "Introduction: Comparing Pre-modern Empires." Medieval History Journal 6 (2003): 169–187.

Barbieri-Low, Anthony. Artisans in Early Imperial China. Seattle: University of Washington Press, 2007.

Barfield, Thomas. "The Shadow Empires: Imperial State Formation Along the Chinese–Nomad Frontier." In Empires: Perspectives from Archaeology and History, eds. Susan E. Alcock et al., 10–41. New York: Cambridge University Press, 2001. "The Hsiung-nu Imperial Confederacy: Organization and Foreign Policy." Journal of Asian Studies 41 (1981): 45–61.

Barkey, Karen. Empire of Difference: The Ottomans in Comparative Perspective. Cambridge: Cambridge University Press, 2008.

Beck, B. J. Mansvelt. The Treatises of Later Han: Their Author, Sources, Contents and Place in Chinese Historiography. Leiden: E. J. Brill, 1990.

Behr, Wolfgang. "Etymologisches zur Herkunft des ältesten chinesischen Staatsnamens." AS/EA 61.3 (2007): 727–754. "'To Translate' is 'To Exchange' 譯者言易也– Linguistic Diversity and the Terms for Translation in Ancient China." In Mapping Meanings: The Field of New Learning in Late Qing China, eds. N. Vittinghoff and M. Lackner, 173–209. Leiden: E. J. Brill, 2004.

Bellwood, Peter. "Southeast China and the Prehistory of the Austronesians." In Lost Maritime Cultures: China and the Pacific, ed. Jiao Tianlong. Honolulu: Bishop Museum Press, 2007. "Asian Farming Diasporas? Agriculture, Languages, and Genes in China and Southeast Asia." In Archaeology of Asia, ed. M. Stark, 96–118. Blackwell Publishing, 2006. "The Dispersal of Neolithic Cultures from China into Island Southeast Asia: Stand Stills, Slow Moves, and Fast Spreads." In Huanan ji dongnan ya diqu shiqian kaogu (Prehistoric Archaeology of South China and Southeast Asia), eds. Institute of Archaeology, Chinese Academy of Social Sciences,

223–234. Beijing: Wenwe chubanshe, 2006. "The Origins and Dispersals of Agricultural Communities in Southeast Asia." In Southeast Asia: From Prehistory to History, eds. I. Glover and P. Bellwood. London: Routledge Curzon, 2004. "Formosan Prehistory and Austronesian Dispersal." In Austronesian Taiwan, ed. D. Blundell, 337–365. Berkeley: The Regents of the University of California, 2000. Prehistory of the Indo-Malaysian Archipelago. Honolulu: University of Hawaii Press, 1997. "Austronesian Prehistory in Southeast Asia: Homeland, Expansion, and Transformation." In The Austronesians: Historical and Comparative Perspectives, eds. P. Bellwood, J. Fox, and D. Tryon, 96–111. Canberra: Australian National University, 1995.

Bellwood, Peter, and E. Dizon. "The Batanes Archaeological Project and the Out of Taiwan Hypothesis for Austronesian Dispersal." Journal of Austronesian Studies 1 (2005): 1–33.

Benedict, Paul. "Austro-Thai; Austro-Thai Studies." Behavior Science Notes 1.4 (1967–1968): 227–261. "Thai, Kadai, and Indonesian: A New Alignment in Southeastern Asia." American Anthropologist, New Series, 44.4, Part 1 (1942): 576–601.

Bhabha, Homi. The Location of Culture. London: Routledge, 1994.

Bielenstein, Hans. The Bureaucracy of Han Times. Cambridge: Cambridge University Press, 1980. "The Chinese Colonization of Fukien Until the End of T'ang." In Studia Serica Bernhard Kargren Dedicata, eds. Soren Egerod and Else Glahn, 98–122. Copenhagen: Ejnar Munksgaard, 1959.

Bin Wong, R. China Transformed: Historical Change and the Limits of European Experience. Ithaca: Cornell University Press, 1997. "Chinese Historical Demography A.D. 2–1982." Bulletin of the Museum of Far Eastern Antiquities 59 (1987): 1–288.

Blench, Roger. "The Prehistory of the Daic (Tai-Kadai) Speaking Peoples and the Hypothesis of an Austronesian Connection." Presented at the 12th EURASEAA meeting Leiden, 1–5 September, 2008, and subsequently revised for publication; printout, July 12, 2009. "Stratification in the Peopling of China: How Far Does the Linguistic Evidence Match Genetics and Archaeology?" Paper presented at the symposium, "Human Migrations in Continental East Asia and Taiwan: Genetic, Linguistic and Archaeological Evidence," June 10–13, 2004, Université de Genève, Switzerland, pp. 12–13.

Blust, Robert. "Austronesian Culture History: The Window of Language." In Prehistoric Settlement of the Pacific, ed. Ward H. Goodenough, 28–35. Philadelphia: American Philosophical Society, 1996. "Beyond the Austronesian Homeland: The Austric

Hypothesis and its Implications for Archaeology." In Prehistoric Settlement of the Pacific, ed. Ward H. Goodenough, 117–140. Philadelphia: American Philosophical Society, 1996. "The Prehistory of the Austronesian-speaking Peoples: A View from Language." Journal of World Prehistory 9.4 (1995): 453–510. "The Austronesian Homeland: A Linguistic Perspective." Asian Perspectives 26 (1984/5): 45–67.

Brindley, Erica. "Layers of Meaning: Hairstyle and Yue Identity in Ancient Chinese Texts." In Imperial China and Its Southern Neighbors, Nalanda- Srivijaya Series, eds. Victor Mair and Liam Kelley. Singapore: Institute for Southeast Asian Studies, 2014. "Representations and Uses of Yue 越Identity Along the Southern Frontier of the Han, ~200–111 BCE." Early China 33–34 (2010–11): 1–35. "Barbarians or Not? Ethnicity and Changing Conceptions of the Ancient Yue (Viet) Peoples (~400–50 B.C.)." Asia Major 16.1 (2003): 1–32.

Brown, Miranda. "Neither 'Primitive' nor 'Others,' But Somehow Not Quite Like 'Us': The Fortunes of Psychic Unity and Essentialism in Chinese Studies." Journal of the Economic and Social History of the Orient 49.2 (2006): 219–252.

Butler, Judith. Gender Trouble: Feminism and the Subversion of Identity. New York: Routledge, 1990.

Cao, Jinyan 曹錦炎. 曹錦炎.春秋初期越為徐地說新證("A New Examination of the Claim 'Yue is Xu territory during the early Spring and Autumn Period'"). Chapter in Wu-yue lishi yu kaogu luncong 吳越歷史與考古論叢. Beijing: Wenwu, 2007.

Chang, K. C. "China on the Eve of the Historical Period." In The Cambridge History of Ancient China, eds. Edward Shaughnessy and Michael Loewe, 37–73. Cambridge: Cambridge University Press, 1999. The Archaeology of Ancient China. 3rd edn. New Haven: Yale University Press, 1978. Early Chinese Civilization: Anthropological Perspectives. Cambridge, MA: Harvard University Press, 1976. "Ancient Trade as Economics or as Ecology." In Ancient Civilization and Trade, eds. J. A. Sabloff and C. C. Lamberg-Karlovsky, 211–224. Albuquerque: University of New Mexico Press, 1975. Fengpitou, Tapenkeng and the Prehistory of Taiwan. New Haven: Yale University Press, 1969.

Chang, K. C. and Ward H. Goodenough. "Archaeology of Southeastern Coastal China and its Bearing on the Austronesian Homeland." In Prehistoric Settlement of the Pacific, ed. Ward H. Goodenough, 36–56. Philadelphia: American Philosophical Society, 1996.

Chen Guoqiang 陳國強, et al. Baiyue minzu shi 百越民族史. Beijing: Zhongguo shehui kexue, 1988.

Chen Qiyou 陳奇猷. Lüshi chunqiu jiaoshi 呂氏春秋校釋. Shanghai: Xuelin Publishing, 1984.

Churchman, Michael. "'The People inBeween':The Li andLao from theHan to the Sui." In The Tongking Gulf Through History, eds. Nola Cooke, Li Tana, and James Anderson, 67–83. Philadelphia: University of Pennsylvania Press, 2011.

Clark, Hugh R. "Frontier Discourse and China's Maritime Frontier: China's Frontiers and the Encounter with the Sea Through Early Imperial History." Journal of World History 20:1 (2009): 1–33. Portrait of a Community: Society, Culture, and the Structures of Kinship in the Mulan River Valley (Fujian) from the Late Tang through the Song. Hong Kong: The Chinese University Press, 2007. Community, Trade, and Networks: Southern Fujian Province from the Third to the Thirteenth Century. Cambridge: Cambridge University Press, 1991.

Coedes, Georges. The Making of South East Asia, trans. H. M. Wright. Berkeley and Los Angeles: University of California Press, 1966.

Cohen, David. "The Yueshi Culture, the Dongyi, and the Archaeology of Ethnicity in Early Bronze Age China." Ph.D. dissertation, Harvard University (2001).

Cohen, Paul. Speaking to History: The Story of King Goujian in Twentieth-century China. Berkeley: University of California Press, 2009.

Cook, Constance and John Major, eds. Defining Chu: Image and Reality in Ancient China. Honolulu: University of Hawaii Press, 1999.

Cooke, Nola, Li Tana, and James A. Anderson, eds. The Tongking Gulf Through History. Philadelphia: University of Pennsylvania Press, 2011.

Crossley, Pamela. A Translucent Mirror: History and Identity in Qing Imperial Ideology. Berkeley: University of California Press, 1999. The Manchus. Cambridge, MA: Blackwell Publishers, 1997. "Thinking about Ethnicity in Early Modern China." Late Imperial China 11.1 (June 1990): 1–35.

Csete, Ann. "A Frontier Minority in the Chinese World: The Li People of Hainan Island from the Han through the High Qing." Ph.D. dissertation, SUNY Buffalo, 1995.

Cushman, Richard. "Rebel Haunts and Lotus Huts: Problems in the Ethnohistory of the Yao." Ph.D. dissertation, Cornell University, 1970.

Davidson, J. C. S. "Recent Archaeological Activity in Vietnam." Journal of the Hong Kong Archaeological Society 6 (1975): 80–99.

De Crespigny, Rafe. Generals of the South: The Foundation and Early History of the Three Kingdoms State of Wu. Canberra: Australian National University, Faculty of Asian Studies, 1990. Northern Frontier: The Policies and Strategy of the Later Han

Empire. Canberra: Australian National University, Faculty of Asian Studies, 1984.

Deagan, Kathleen. Spanish St. Augustine: The Archaeology of a Colonial Creole Community. New York: Academic Press, 1983.

Demiéville, P. "Philosophy and Religion from Han to Sui." In The Cambridge History of China I, eds. Denis Twitchett and Michael Loewe, 808–872. Cambridge: Cambridge University Press, 1986.

Di Cosmo, Nicola. "Han Frontiers: Toward an Integrated View." Journal of the American Oriental Society 129.2 (2009): 199–214. Ancient China and its Enemies: The Rise of Nomadic Power in East Asian History. Cambridge, Cambridge University Press, 2002.

Dien, Albert E., ed. State and Society in Early Medieval China. Stanford: Stanford University Press, 1990.

Dietler, Michael. Archaeologies of Colonialism: Consumption, Entanglement, and Violence in Ancient Mediterranean France. Berkeley: University of California Press, 2010. "Consumption, Agency, and Cultural Entanglement: Theoretical Implications of a Mediterranean Colonial Encounter." In Studies in Culture Contact: Interaction, Culture Change, and Archaeology, ed. J. G. Cusick, 288–315. Carbondale: Center for Archaeological Investigations, SIU, 1998.

Diffloth, Gérard. "The Contribution of Linguistic Palaeontology and Austroasiatic." In The Peopling of East Asia: Putting Together Archaeology, Linguistics and Genetic, eds. Laurent Sagart, Roger Blench, and Alicia Sanchez-Mazas, 77–80. London: Routledge Curzon, 2005. "The Lexical Evidence for Austric, So Far." Oceanic Linguistics 33 (1994): 309–322.

Dikötter, Frank. Discourse of Race in Modern China. Stanford: Stanford University Press, 1994.

Dong Chuping董楚平. "An Investigation into the Question of Tomb Occupancy at the Great Yingshan Mausoleum, along with Some Comments on the State Affiliation of Shaoxing Tomb 306關於紹興印山大墓墓主問題的探討—兼說 紹興306號墓的國屬問題." Journal of Hangzhou Teachers College (Social Sciences Edition) 4 (July, 2002): 57–62.

Dubs, Homer H., trans. The History of the Former Han Dynasty, vols. I and II. Baltimore: Waverly Press, Inc, 1938.

Eberhard, Wolfram. The Local Cultures of South and East China, trans. Alide Eberhard. Leiden: E. J. Brill, 1968. "Kultur und Siedlung der Randvolkers China." T'oung Pao, Supplement to Vol. 36 (1942).

Eberhard,Wolfram,KrysztofGawlikowski, andCarl-Albrecht Seyschab, eds. Ethnic Identity and National Characteristics: Studies. Bremen: Simon &Megiera, 1982.

Eisman, Harriet Lenz. "Shan hai ching (The Classic of Mountains and Seas)." Master's thesis, Cornell University, 1975.

Elliott, Mark. The Manchu Way: The Eight Banners and Ethnic Identity in Late Imperial China. Stanford: Stanford University Press, 2001.

Erickson, Susan, Yi Song-mi, and Michael Nylan. "The Archaeology of the Outlying Lands." In China's Early Empires: A Reappraisal, eds. Michael Nylan and Michael Loewe, 135–168. Cambridge: Cambridge University Press, 2010.

Falkenhausen, Lothar von. Chinese Society in the Age of Confucius. Los Angeles: Cotsen Institute of Archaeology, University of California, 2006. "The Use and Significance of Ritual Bronzes in the Lingnan Region during the Eastern Zhou Period." Journal of East Asian Archaeology 3.1–2 (2001): 193–236. "The Waning of the Bronze Age: Material Culture and Social Developments, 770–481 B. C." In Cambridge History of Ancient China: From the Origins of Civilization to 221 B.C., eds. Edward Shaughnessy and Michael Loewe, 450–554. Cambridge: Cambridge University Press, 1999. "The Regionalist Paradigm in Chinese Archaeology." In Nationalism, Politics and the Practice of Archaeology, eds. P. L. Kohl and C. Fawcett, 198–217. Cambridge: Cambridge University Press, 1995.

Fang Tie方鐵. "Nanyueguo de nei-wai guanxi ji qi zhengce南越國的内 外關系及其政策." Journal of Wenshan Teachers College 19.2 (2006): 1–7.

Fei Xiaotong wenji费孝通文集(Collected works of Fei Xiaotong), 15 vols. Beijing: Qunyan chubanshe, 1999.

Fiskesjö, Magnus. "On the 'Raw' and 'Cooked': Barbarians of Imperial China." Inner China 1–2 (1999): 135–168.

FitzGerald, C. P. The Southern Expansion of the Chinese People. New York: Praeger Publishers, 1972.

Flad, Rowan, and Pochan Chen, Ancient Central China: Centers and Peripheries Along the Yangzi River. Cambridge: Cambridge University Press, 2013.

Fried, Morton. "Tribe to State or State to Tribe in Ancient China?" In The Origins of Chinese Civilization, ed. David Keightley. Berkeley: University of California Press, 1983.

Friedman, Sara L. "Embodying Civility: Civilizing Processes and Symbolic Citizenship in Southeastern China." Journal of Asia Studies 63:3 (2004): 687–718.

Fujian Bowuyuan福建博物院and Fujian Minyue Wangcheng bowuguan福建閩越王

城博物館, eds. Wuyishan Chengcun Hancheng yizhi fajue baogao 1980– 1996 武夷山城村漢城遺址發掘報告(Excavation Report on the Site Remains of the Han City near Chengcun at Wuyishan, 1980–1996). Fuzhou: Fujian renmin chubanshe, 2004.

Gladney, Dru. Ethnic Identity in China: The Making of a Muslim Minority Nationality. Forth Worth, TX: Harcourt Brace College Publishers, 1998.

Glover, Ian, and Peter Bellwood. Southeast Asia: From Prehistory to History. New York: Routledge Curzon, 2004.

Goodenough, Ward H., ed. Prehistoric Settlement of the Pacific. Philadelphia: American Philosophical Society, 1996.

Graff, David. Medieval Chinese Warfare, 300–900. New York: Routledge, 2001.

Gray, R. D., A. J. Drummond, and S. J. Greenhill. "Language Phylogenies Reveal Expansion Pulses and Pauses in Pacific Settlemen."Science 323 (2009): 479.

Guangdongsheng bowuguan 廣東省博物館. "Guangdong kaogu shi nian gaishu 廣東考古十年概述." In Wenwu kaogu gongzuo shi nian 1979–1989 文物考古工作十年, ed. Wenwu bianji weiyuanhui, 222–223. Beijing: Wenwu, 1991.

Guangzhou shi wenwu guanli weiyuanhui et al. Xi-Han Nanyue wang mu 西漢南越王墓, 2 vols. Beijing: Wenwu, 1991.

Guo Qingfan 郭慶藩. Zhuangzi ji shi 莊子集釋. Taipei: Wan juan lou, 1993.

Hagelberg, Erica. "Origins and Affinities of 'Papuan' and 'Austronesian' Genes in the West Pacific." 17th Congress of Indo-Pacific Prehistory Association, Taiwan, 2002.

Hall, Jonathan. Ethnic Identity in Greek Antiquity. Cambridge: Cambridge University Press, 1997.

Han Kangxin and Takahiro Nakahashi. "A Comparative Study of Ritual Tooth Ablation in Ancient China and Japan." Anthropological Science 104.1 (1996): 43–64.

Hargett, James M. "會稽: Guaiji? Guiji? Huiji? Kuaiji? Some Remarks on an Ancient Chinese Place-Name." Sino-Platonic Papers 234 (March 2013): 1–32.

Harper, Donald. "A Chinese Demonography of the Third Century B.C." Harvard Journal of Asiatic Studies 45.2 (1985): 459–498.

Harrell, Stevan. Ways of Being Ethnic in Southwest China. Seattle: University of Washington Press, 2002.

Hawkes, David. The Songs of the South: An Ancient Chinese Anthology of Poems by Qu Yuan and Other Poets. London: Penguin, 1985.

He, Guangyue何光岳. Bai Yue yuanliu shi. Nanchang: Jiangxi jiaoyu chubanshe, 1989.

He Jianzhang 何建章, Zhanguoce zhushi 戰國策注釋. Beijing: Zhonghua shuju, 1990.

Henry, Eric. "The Persistence of Yuè in Southeast China." Paper presented at the AAS Annual Conference, March 31, 2011 in Honolulu, Hawaii. "The Submerged History of Yuè." Sino-Platonic Papers 176 (2007): 1–36.

Higham, Charles. "The Prehistory of Southeast Asia: A Retrospective View of 40 Years' Research." Antiquity 85 (2011): 639–653. "Mainland Southeast Asia From the Neolithic to the Iron Age." In Southeast Asia: From Prehistory to History, eds. Ian Glover and Peter Bellwood, 41–67. London: Routledge Curzon, 2004. Early Cultures of Mainland Southeast Asia. Bangkok: River Books, 2002. "Archaeology and Linguistics in Southeast Asia: Implications of the Austric Hypothesis." Bulletin of the Indo-Pacific Prehistory Association 14 (1996): 110–118. The Bronze Age of Southeast Asia. Cambridge: Cambridge University Press, 1996. The Archaeology of Mainland Southeast Asia. Cambridge: Cambridge University Press, 1989.

Ho, Chui-mei. "Pottery in South China: River Xijiang and Upper Red River Basins." World Archaeology 15.3 (Feb., 1984): 294–325.

Ho, Ping-ti. "In Defense of Sinicization: A Rebuttal of Evelyn Rawski's 'Reenvisioning the Qing.'" Journal of Asian Studies 57 (1998): 123 155. The Cradle of the East: An Inquiry into the Indigenous Origins of Techniques and Ideas of Neolithic and Early Historic China, 5000–1000 B.C. Hong Kong: Chinese University of Hong Kong, 1976.

Holcombe, Charles. "Early Imperial China's Deep South: The Viet Regions through Tang Times." T'ang Studies 15–16 (1997–1998): 125–156. In the Shadow of the Han: Literati Thought and Society at the Beginning of the Southern Dynasties. Honolulu: University of Hawaii Press, 1994.

Holmgren, Jennifer. Chinese Colonisation of Northern Vietnam. Canberra: Australian National University Press, 1980.

Hsu, Cho-yun. "The Spring and Autumn Period." In Cambridge History of Ancient China: From the Origins of Civilization to 221 B. C., eds. Edward Shaughnessy and Michael Loewe, 545–586. Cambridge: Cambridge University Press, 1999.

Huang Qingchang 黃慶昌. "Lun Xi Han wangchao yu Nanyue guo de guanxi論西漢王朝與南越國的関系." Nanfang wenwu 南方文物(2003).

Hulsewé, A. F. P. Remnants of Han Law. Leiden: E. J. Brill, 1955.

Izui, Hisanosuke. "Ryu Eko 'Setsu En' Kan ju ichi no Etsuka ni tsuite劉向'說苑'卷十一の越歌について." Gengo Kenkyuu 22/23 (1953): 41–45.

Jao Tsung-i. "Yüeh wen-hua." The Bulletin of the Institute of History and Philology, Academica Sinica 41.4 (1969): 609–636.

Jiao, Tianlong. The Neolithic of Southeast China: Cultural Transformation and Regional Interaction on the Coast. Youngstown, N.Y.: Cambria, 2007. "The Neolithic Cultures in Southeast China and the Search for the Austronesian Homeland." In Southeast Asian Archaeology, ed. Victor Paz, 565–588. Quezon City: University of Philippines Press, 2004.

Jiao Tianlong 焦天龍and Fan Xuechun 范雪春. 福建與南島語族(Fujian and the Austronesians). Beijing: Zhonghua shuju, 2010.

Kelley, Liam. "Tai Words and the Place of the Tai in the Vietnamese Past." Journal of the Siam Society 101 (2013): 55–84. "The Biography of the Hong Bang Clan as a Medieval Vietnamese Invented Tradition." Journal of Vietnamese Studies 7.2 (2012): 87–130. "Inventing Traditions in Fifteenth-century Vietnam." Paper presented at "Imperial China and its Southern Neighbours," June 28–29, 2012, Singapore.

Kern, Martin. "Announcements from the Mountains: The Stele Inscriptions of the Qin First Emperor." In Conceiving the Empire: China and Rome Compared, eds. Fritz-Heiner Mutschler and Achim Mittag, 217–240. Oxford: Oxford University Press, 2008.

Kieschnick, John. The Impact of Buddhism on Chinese Material Culture. Princeton: Princeton University Press, 2003.

Kim, Hyun-jin. Ethnicity and Foreigners in Ancient Greece and China. London: Duckworth, 2009.

Kirch P., "Peopling of the Pacific: A Holistic Anthropological Perspective." Annual Review of Anthropology 39 (2010): 131–148.

Kiser, E., and Y. Cai. "War and Bureaucratization in Qin China: Exploring an Anomalous Case."American Sociological Review 68 (2003): 511–539.

Kleeman, Terry. Great Perfection: Religion and Ethnicity in a Chinese Millennial Kingdom. Honolulu: University of Hawaii Press, 1998.

Ko, Albert, and Chung-yu Chen et al. "Early Austronesians: Into and Out of Taiwan." The American Journal of Human Genetics 94 (March 6, 2014): 426–436.

Lagerwey, John. "A Translation of The Annals of Wu and Yue, Part I, with a Study of its Sources." Ph.D. dissertation, Harvard University, 1975.

Lary, Diana. "The Tomb of the King of Nanyue – The Contemporary Agenda of History." Modern China 22.1 (1996): 3–27.

Lattimore, Owen. Inner Asian Frontiers of China. Boston: Beacon Press, 1962.

Lau, D.C. (trans.). Confucius, The Analects (Lun yü). New York: Penguin, 1979.

Lefebvre, Henri. The Production of Space. Oxford: Wiley-Blackwell, 1991.

Leong, Sow-theng. Migration and Ethnicity in Chinese History:Hakkas, Pengmin, and Their Neighbors, ed. Tim Wright. Stanford: Stanford University Press, 1997.

Lewis, Mark Edward. China Between Empires: The Northern and Southern Dynasties. Cambridge, MA: The Belknap Press of Harvard University Press, 2009. The Early Chinese Empires: Qin and Han. Cambridge, MA and London: Harvard University Press, 2007. The Construction of Space in Early China. Albany: State University of New York Press, 2006. "Warring States Political History." In Cambridge History of Ancient China: From the Origins of Civilization to 221 B.C., eds. Edward Shaughnessy and Michael Loewe, 587–650. Cambridge: Cambridge University Press, 1999. Sanctioned Violence in Early China. Albany: State University of New York Press, 1990.

Li, Feng. Landscape and Power in Early China: The Crisis and Fall of the Western Zhou, 1045–771 BC. Cambridge: Cambridge University Press, 2006. ("Appendix I: The Periphery: The Western Zhou State at Its Maximum Geographical Extent," pp. 300–342.)

Li Ji 李濟. "Gui zuo, dun ju, yu ji ju 跪坐蹲居與箕踞." Zhongyang yanjiuyuan lishi yuyan yanjiusuo jikan 中央研究院歷史語言研究所集刊24 (1953): 283–301.

Li Jinfang 李锦芳. Buying yu janjiu 布央语研究. 北京市: 中央民族大学出版社 (Research on Buying Language). Beijing: Zhongyang People's Publishing, 1999.

Li, Tana. "Jiaozhi (Giao Chi) in the Han Period Tongking Gulf." In The Tongking Gulf Through History, eds. Nola Cooke, Li Tana, and James A. Anderson, 39–52. Philadelphia: University of Pennsylvania Press, 2011.

Lightfoot, Kent, and Antoinette Martinez. "Frontiers and Boundaries in Archaeological Perspectives." Annual Review of Anthropology 24 (1995): 471–492.

Linduff, Katheryn. "Here Today and Gone Tomorrow: The Emergence and Demise of Bronze Producing Cultures Outside the Central Plains." Bulletin of the Institute of History and Philology (1996).

Ling, Shunsheng 凌純聲. "Gudai zhongguo yu Taipingyang qu de quanji" (Dog Sacrifice in Ancient China and the Pacific Area). Bulletin of the Institute of Ethnology, Academia Sinica 3 (Spring, 1957): 1–40.

Liu, Lydia. "The Question of Meaning-Value in the Political Economy of the Sign." In Tokens of Exchange: The Problem of Translation in Global Circulations, ed. Lydia Liu, 34–36 (on yi-"barbarians"). Durham, NC: Duke University Press, 1999.

Liu Min 劉敏. "'Kai guan' ding lun – cong 'Wendi xing xi' kan Han-Yue guanxi 開棺定論–從文帝行璽看漢越關系." In Nanyueguo shiji yan tao hui.

Liu Rui 劉瑞. "Nanyueguo fei Han zhi zhuhouguo lun 南越國非漢之諸候國論."In Nanyueguo shiji yan tao hui, 9–22.

Liu Wendian 劉文典. Huainan honglie jijie 淮南鴻烈集解. Beijing: Zhonghua Publishing, 1989.

Liu Xiaomin劉曉民. "Nanyueguo shi qi Han-Yue wenhua de bingcun yu ronghe 南越國時期漢越文化的並存興融合." Dongnan Wenhua 東南文化1.123 (1999): 22–27.

Loewe, Michael. The Government of the Qin and Han Empires: 221 B.C.E.–220 CE. Indianapolis: Hackett Publishing Company, 2006. "Guangzhou: The Evidence of the Standard Histories from the Shi ji to the Chen shu, A Preliminary Survey." In Guangdong: Archaeology and Early Texts/ Archäologie und frühe Texte (Zhou – Tang), eds. Shing Müller, Thomas Höllmann, and Putao Gui, 51–80. Wiesbaden: Harrassowitz Verlag, 2004 (South China and Maritime Asia, vol. XIII). The Men Who Governed Han China: Companion to A Biographical Dictionary of the Qin, Former Han and Xin Periods. Leiden: Brill, 2004. "China's Sense of Unity as Seen in the Early Empires." T'oung Pao 80 (1994): 6–26. ed. Early Chinese Texts: A Bibliographical Guide. Berkeley: Society for the Study of Early China and The Institute of East Asian Studies, University of California Press, 1993. "The Structure andPractice ofGovernment." In TheCambridge History ofChina, I: The Ch'in and Han Empires, 221 B.C.–A.D. 200. eds. Denis Twitchett and Michael Loewe, 463–490. Cambridge: Cambridge University Press, 1986.

Lu Liancheng, "The Eastern Zhou and the Growth of Regionalism." In The Formation of Chinese Civilization, ed. Sarah Allan, 202–247. New Haven: Yale University Press, 2005.

Lu Liancheng and Yan Wenming, "Society during the Three Dynasties." In The Formation of Chinese Civilization, ed. Sarah Allan, 141–201. New Haven: Yale University Press, 2005.

Lü Liedan 呂烈丹. Nanyue wang mu yu Nanyue wang guo 南越王墓與南越王國. Guangzhou: Guangzhou wenhua, 1990.

Luo, Chia-li. "Coastal Culture and Religion in Early China: A Study through Comparison with the Central Plain Region." Ph.D. dissertation, Indiana University, 1999.

Lyons, C. L. and J. K. Papadopoulos, eds. The Archaeology of Colonialism. Los Angeles: Getty Research Institute, 2002.

Mann, Michael. The Sources of Social Power, I:AHistory of Power from the Beginning to A.D. 1760. Cambridge: Cambridge University Press, 1986.

Maspero, Henri. "Etudes d'histoire d'Annam." Bulletin de l'Ecole Francaise d'Extreme-Orient 16: 1–55, and 18 (1918): 1–36.

Meacham, William. "Defining the Hundred Yue." Indo-Pacific Prehistory Association Bulletin 15 (1996; Chiang Mai Papers, vol. II): 93–100. "On the Improbability of Austronesian Origins in South China." Asian Perspectives 26 (1988): 89–106. "Origins and Development of the Yüeh Coastal Neolithic: A Microcosm of Culture Change on the Mainland of East Asia." In The Origins of Chinese Civilization, ed. David Keightley. Berkeley: University of California Press, 1983.

Meng Wentong. Yueshi congkao. Beijing: Renmin chubanshe, 1983.

Milburn, Olivia. The Glory of Yue: An Annotated Translation of the Yuejue shu. Leiden: Brill, 2010.

Miller, Innes. The Spice Trade of the Roman Empire, 29 B.C. to A.D. 641. Oxford: The Clarendon Press, 1969.

Mittag, Achim. "Forging Legacy: The Pact between Empire and Historiography in Ancient China." In Conceiving the Empire: China and Rome Compared, eds. Fritz-Heiner Mutschler and Achim Mittag, 143–168. Oxford: Oxford University Press, 2008.

Mittag, Achim and Ye Min. "Empire on the Brink: Chinese Historiography in the Post-Han-Period." In Conceiving the Empire: China and Rome Compared, eds. Fritz-Heiner Mutschler and Achim Mittag, 347–372. Oxford: Oxford University Press, 2008.

Moseley, George. The Consolidation of the South China Frontier. Berkeley and Los Angeles: University of California Press, 1973.

Mullaney, Thomas. Coming to Terms with the Nation: Ethnic Classification in Modern China. Berkeley: University of California Press, 2010.

Müller, Shing, Thomas Höllmann, and Putao Gui, eds. Guangdong: Archaeology and Early Texts/Archäologie und frühe Texte (Zhou – Tang). Wiesbaden: Harrassowitz Verlag, 2004 (South China and Maritime Asia, vol. XIII).

Munson, Rosaria Vignolo. Telling Wonders: Ethnographic and Political Discourse in the Work of Herodotus. Ann Arbor: University of Michigan Press, 2001.

Murowchick, Robert E. "The Interplay of Bronze and Ritual in Ancient Southwest China." JOM 42.2 (1990): 44–47.

Mutschler, Fritz-Heiner, and Achim Mittag, eds. Conceiving the Empire: China and Rome Compared. Oxford: Oxford University Press, 2008.

Nam, Kim, Lai Van Toi, and Trinh Hoang Hiep. "Co Loa: An Investigation of Vietnam's

Ancient Capital." Antiquity 84 (2010): 1011–1027.

Nylan, Michael. "The Rhetoric of 'Empire' in the Classical Era in China." In Conceiving the Empire: China and Rome Compared, eds. Fritz-Heiner Mutschler and Achim Mittag, 39–66. Oxford: Oxford University Press, 2008.

Nylan, Michael, and Michael Loewe, eds. China's Early Empires: A Reappraisal. Cambridge: Cambridge University Press, 2010.

O'Harrow, Stephen. "Men of Hu, Men of Han, Men of the Hundred Man: The Biography of Si Nhiep and the Conceptualization of Early Vietnamese Society." Bulletin de l'Ecole Francaise D'Extreme-Orient LXXV (1986): 249–266. "From Co-loa to the Trung Sisters' Revolt: Vietnam as the Chinese Found it." Asian Perspectives 22.2 (1979): 140–164. "Nguyen-Trai's Bình-Ngo-Dai-Cao of 1428: The Development of a Vietnamese National Identity." Journal of Southeast Asian Studies 10.1 (March, 1979): 159–174.

Oppenheimer, S., and M. Richards. "Fast Trains, Slow Boats, and the Ancestry of the Polynesian Islanders." Science Progress 84 (2001): 157–181.

Ostapirat, Weera. "Kra-Dai and Austronesian: Notes on Phonological Correspondences and Vocabulary Distribution." In The Peopling of East Asia: Putting Together Archaeology, Linguistics and Genetics, eds. L. Sagart, R. M. Blench, and A. Sanchez-Mazas. London: Routledge Curzon, 2005.

Pearce, S., A. Spiro, and P. Ebrey, eds. Culture and Power in the Reconstitution of the Chinese Realm, 200–600. Cambridge, MA: Harvard University Asia Center, Harvard University Press, 2001.

Peng Nian彭年. "'Shufa chuiji' fei Nanyue zhi su – jianlun shufa zhi su de qiyuan ji qita 束髮椎髻非南越之俗—兼論束髮之俗的起源及其他." Zhong yang min zu da xue xue bao 中央民族大學學報(2001).

Peng Shifan 彭適凡. Zhongguo nanfang daogu yu baiyue minzu yanjiu 中國南方考古與百越民族研究. Beijing: Kexue chubanshe, 2008.

Peters, Heather. "Ethnicity Along China's Southwestern Frontier." Journal of East Asian Archaeology 3.1–2 (2001): 75–102. "Tattooed Faces and Stilt Houses: Who Were the Ancient Yue?" Sino-Platonic Papers 17 (April 1990): 1–28.

Pham, Minh Huyen. "The Metal Age in the North of Vietnam." In Southeast Asia: From Prehistory to History, eds. Ian Glover and Peter Bellwood, 189–201. New York: Routledge Curzon, 2004.

Phan, John D. "Re-imagining Annam: A New Analysis of Sino-Vietnamese Contact." China Southern Diaspora Studies 4 (2010).

Pines, Yuri. "Imagining the Empire? Concepts of 'Primeval Unity' in Preimperial Historiographic Tradition." In Conceiving the Empire: China and Rome Compared, eds. Fritz-Heiner Mutschler and Achim Mittag, 67–90. Oxford: Oxford University Press, 2008.

Pirazzoli-t'Serstevens, Michele. "Urbanism." In China's Early Empires: A Reappraisal, eds. Michael Nylan and Michael Loewe, 169–185. Cambridge: Cambridge University Press, 2010. "Imperial Aura and the Image of the Other in Han Art." In Conceiving the Empire: China and Rome Compared, eds. Fritz-Heiner Mutschler and Achim Mittag, 299–323. Oxford: Oxford University Press, 2008. "The Bronze Drums of Shizhai Shan, Their Social and Ritual Significance." In Early Southeast Asia: Essays in Archaeology, History, and Historical Geography, eds. R. B. Smith and W. Watson, 125–136. New York: Oxford University Press, 1979.

Provine, Robert. "State Sacrificial Music and Korean Identity." In Harmony and Counterpoint: Ritual Music in Chinese Context, eds. Evelyn Rawski, Bell Yung, and Rubie Watson. Stanford: Stanford University Press, 1996.

Pulleyblank, E. G. "Zou 郰 and Lu 魯 and the Sinification of Shandong." In Chinese Language, Thought, and Culture: Nivison and His Critics. ed. Philip J. Ivanhoe, 39–57. Chicago: Open Court, 1996. "The Chinese and Their Neighbors in Prehistoric and Early Historic Times." In The Origins of Chinese Civilization, ed. David Keightley. Berkeley: University of California Press, 1983.

Rao Zongyi. "Wu-Yue wenhua." The Bulletin of the Institute of History and Philology Academica Sinica 41.4 (1969): 609–636.

Rawski, Evelyn. "Presidential Address: Reenvisioning the Qing: The Significance of the Qing Period in Chinese History." Journal of Asian Studies 55.4 (1996): 829–850.

Renfrew, Colin. "Where Bacteria and Languages Concur." Science 323 (January 23, 2009): 467–468.

Richards, M., S. J. Oppenheimer, and B. Sykes. "mtDNA suggests Polynesian Origins in Eastern Indonesia." American Journal of Human Genetics 63 (1998): 1234–1236.

Rockhill, W. W. "Notes on the Relations and Trade of China with the Eastern Archipelago and the Coast of the Indian Ocean during the Fourteenth Century," Part II. T'oung Pao, second series, 16.1 (1915): 61–159.

Roymans, Nico. Ethnic Identity and Imperial Power: The Batavians in the Early Roman Empire. Chicago: University of Chicago Press, 2005.

Sagart, Laurent. "The Austroasiatics: East to West or West to East?" In Dynamics of Human Diversity, ed. N. J. Enfield, 345–359. Canberra: Pacific Linguistics, 2011.

"The Expansion of Setaria Farmers in East Asia: A Linguistic and Archaeological Model." In Past Human Migrations in East Asia: Matching Archaeology, Linguistics and Genetics, eds. A. Sanchez-Mazas, R. Blench, M. Ross, I. Peiros, and M. Lin, 133–157. London: Routledge, 2008 (Routledge Studies in the Early History of Asia). "The Higher Phylogeny of Austronesian and the Position of Tai-Kadai." Oceanic Linguistics 43 (2004): 411–444.

Sagart, L., R. Blench, and A. Sanchez-Mazas. "Introduction." In The Peopling of East Asia: Putting Together Archaeology, Linguistics and Genetics, eds. L. Sagart, R. Blench, and A. Sanchez-Mazas, 1–14. London: Routledge Curzon, 2005.

Sage, Steven F. Ancient Sichuan and the Unification of China. Albany: State University of New York Press, 1992.

Schaberg, David. "Travel, Geography, and the Imperial Imagination in Fifth-Century Athens and Han China." Comparative Literature 51.2 (1999): 152–191.

Schafer, Edward. The Vermilion Bird: T'ang Images of the South. Berkeley: University of California Press, 1967. The Empire of Min. Rutland, VT.: Published for the Harvard-Yenching Institute by C.E. Tuttle Co., 1954.

Scheidel, Walter, and Ian Morris, eds. The Dynamics of Ancient Empires: State Power from Assyria to Byzantium. New York: Oxford University Press, 2009.

Schortman, Edward, and Patricia Urban. "The Place of Interaction Studies in Archaeological Thought." In Resources, Power, and Interregional Interaction, eds. Edward Schortman and Patricia Urban, 3–15. New York: Plenum Press, 1992.

Schüssler, Axel. "Das Yüeh-chüeh shu als Hanzeitlicher Quelle zur Geschichte der Chan-kuo-Zeit." Ph.D. dissertation, University of Munich, 1969. "The Yüeh-chüeh shu, An Early Text about South China." American Oriental Society, Middle West Branch, Semi-centennial volume, ed. Denis Sinor, 198–210. Bloomington: Indiana University Press, 1969.

Scott, James C. The Art of Not Being Governed: An Anarchist History of Upland Southeast Asia. New Haven: Yale University Press, 2009.

Shaughnessy, Edward, and Michael Loewe, eds. Cambridge History of Ancient China: From the Origins of Civilization to 221 B.C. Cambridge: Cambridge University Press, 1999.

Shen Jishan 沈佳姍. "Zhanqian Taiwan heichixisu liubian chutan 戰前臺灣黑齒習俗流變初探." Taiwan yuanzumin yanjiu luncong 台灣原住民研究論叢10 (2011): 67–94.

Sherratt, Andrew. "Foreword." In Southeast Asia: From Prehistory to History, eds. Ian

Glover and Peter Bellwood, xviii–xxi. New York: Routledge Curzon, 2004.

Siu, Helen. "Cultural Identity and the Politics of Difference in Southern China." Daedalus (Spring, 1993): 19–43.

Skinner, G. William. "The Structure of Chinese History." Journal of Asian Studies 44 (1985): 271–292.

Stark, Miriam. "Early Mainland Southeast Asian Landscapes in the First Millennium AD." Annual Review of Anthropology 35 (2006): 407–432. ed. Archaeology of Asia. Malden, MA: Blackwell Publishing, 2006.

Stein, Gil. Archaeology of Colonial Encounters. Santa Fe: SAR Press, 2005.

Sun Yirang 孫詒讓. Mozi jian gu 墨子閒詁. Taipei: Huaqu shuju, 1987.

Swann, Nancy Lee. Food and Money in Ancient China. Princeton: Princeton University Press, 1950.

Tan Shengmin 覃聖敏. "Xi-ou, Luo-yue Xinkao 西甌駱越新考." In Baiyue Yanjiu 百越研究, ed. Zhongguo Baiyue Minzushi Yanjiuhui, 中國百越民族史研究會, 1–19. Nanning: Guangxi Kexue Jishu Chubanshe, 2007.

Taylor, Keith Weller. History of the Vietnamese. Cambridge: Cambridge University Press, 2013. "Perceptions of Encounter in Shui Ching Chu 37." in Asia Journal (published by Seoul National University), 2 (1994): 29–54. The Birth of Vietnam. Berkeley: University of California Press. 1983. "Madagascar and the Ancient Malayo-Polynesian Myths." In Explorations in Early Southeast Asian History: The Origins of Southeast Asian Statecraft, eds. K. R. Hall and J. K. Whitmore, 25–60. Ann Arbor: Center for South and Southeast Asian Studies, University of Michigan, 1976 (Michigan Papers on South and Southeast Asia, no. 11).

Tenazas, Rosa. "The Boat-coffin Burial Complex in the Philippines and Its Relation to Similar Practices in Southeast Asia." Philippine Quarterly of Culture and Society 1.1 (1973).

Thomas, Rosalind. Herodotus in Context: Ethnography, Science, and the Art of Persuasion. Cambridge: Cambridge University Press, 2000.

Thompson, C. Michele. "Scripts, Signs and Swords: The Viet Peoples and the Origins of Nom." Sino-Platonic Papers 101 (2000).

Tsang, Cheng-hwa. "RecentDiscoveries at the Tapenkeng Culture Sites in Taiwan: Implications for the Problem of Austronesian Origins." In The Peopling of East Asia: Putting Together Archaeology, Linguistics and Genetics, eds. L. Sagart, R. Blench, and A. Sanchez-Mazas, 63–71. London: Routledge Curzon, 2005.

Tsu-lin Mei, and Jerry Norman. "The Austroasiatics in Ancient South China: Some

Lexical Evidence." Monumenta Serica 32 (1976): 274–301.

Turchen, Peter. "A Theory for Formation of Large Empires." Journal of Global History 4 (2009): 191–217. Historical Dynamics: Why States Rise and Fall. Princeton: Princeton University Press, 2003.

Twitchett, Denis and Michael Loewe, eds. The Cambridge History of China, I: The Ch'in and Han Empires, 221 B.C.–A.D. 200. Cambridge: Cambridge University Press, 1986.

Underhill, Anne, and Junko Habu. "Early Communities in East Asia: Economic and Sociopolitical Organization at the Local and Regional Levels." In Archaeology of Asia, ed. Miriam T. Stark, 121–148. Malden, MA: Blackwell Publishing, 2006.

Van Ess, Hans. Politik und Geschichtsschreibung im alten China. Wiesbaden: Harrassowitz, 2014.

Vankeerberghen, Griet. The Huainanzi and Liu An's Claim to Moral Authority. Albany: State University of New York Press, 2001.

Wagner, Donald. Iron and Steel in Ancient China. Leiden: E. J. Brill, 1993.

Wang Aihe, Cosmology and Political Culture in Early China. Cambridge: Cambridge University Press, 2000.

Wang Gungwu. The Nanhai Trade: Early Chinese Trade in the South China Sea. Singapore: Eastern Universities Press, 2003. (Originally published in 1958 by the Journal of the Malayan Branch of the Royal Asiatic Society.) "The Chinese Urge to Civilize: Reflections on Change." Journal of Asian History 18.1 (1984).

Wang Jian王健. "Nanyueguo bainian shi de jingshen wenhua xunzong南越國百年史的精神文化尋踪." In Nanyueguo shiji yan tao hui南越國史跡研討會, ed. Zhongshan Daxue Lishi xi, 56–58. Beijing: Wenwu, 2005.

Wang Mingke 王明珂. Hua-Xia bianyuan: Lishi jiyi yu zuqun rentong (Frontiers of the Hua-xia: Historical Memory and Ethnic Identity). Taipei: Yunchen wenhua, 1997. "The Ch'iang of Ancient China Through the Han Dynasty: Ecological Frontiers and Ethnic Boundaries." Ph.D. dissertation, Harvard University, 1993.

Watson, Burton. Courtier and Commoner in Ancient China: Selections from the History of the Former Han by Pan Ku. New York: Columbia University Press, 1974. Records of the Grand Historian of China, vol. II: The Age of Emperor Wu 140 to Circa 100 B.C. New York: Columbia University Press, 1961.

Watson, William. Cultural Frontiers in Ancient East Asia. Edinburgh: Edinburgh University Press, 1971.

Wiens, Herold. Han Chinese Expansion in South China. Hamden, CT: Shoe String Press,

1967. China's March Toward the Tropics: A Discussion of the Southward Penetration of China's Culture, Peoples, and Political Control in Relation to the Non-Han-Chinese Peoples of South China and in the Perspective of Historical and Cultural Geography. Hamden, CT: Shoe String Press, 1954.

Wilkinson, Endymion. Chinese History: A Manual. Cambridge: Harvard University Asia Center, 1998.

Wu Chunming吳春明.从百越土著到南岛海洋文化(Maritime Cultural Interactions between the Indigenous Yue in Southern China and Austronesians in Southeast Asia and the Pacific). Beijing: Wenwu, 2012. "Dongnan Hanmin renwen de baiyue wenhua jichu 東南漢民人文的百越文化基礎." In Baiyue Yanjiu 百越研究, Zhongguo Baiyue Minzushi Yanjiuhui 中國百越民族史研究會, 34–45. Nanning: Guangxi Kexue Jishu Chubanshe, 2007.

Wu Haigui吳海貴. "Xianggang Nanyue wang mu zhu xin kao象崗南越王墓主新考." Kaogu Wenwu 考古與文物(2000).

WuHongqi吳宏岐. "Nanyue guo du Panyu cheng hui yu zhan huo kao shi南越國都番禺城毀於戰火考實." Jinan xuebao 暨南學報, (2008).

Xie Chongguang謝重光. "Tang dai Fujian jingnei de tuzhu zhongzu renkou唐代福建境內的土著種族人口." Fujian Minzu 2 (1996).

Xiong Gongzhe 熊公哲. Xunzi jinzhu jinyi 荀子今註今譯. Taipei: Shangwu Publishing, 1990.

Xu Songshi徐松石. Dongnanya minzu de Zhongguo xuelu東南亞民族的中國血路. Hong Kong: Tianfeng yingshua chngyin, 1959. 泰族僮族粵族考(Research on the Tai, Tong, and Yue Peoples). Beijing: Zhonghua shuju, 1946. Yue jiang liu yu renmin shi shi 粵江流域人民史(History of the Yue River [Pearl River] Delta Peoples). Shanghai: Zhonghua shuju, 1939.

Yang Bojun楊伯峻. Mengzi yizhu孟子譯注. Hong Kong: Zhonghua shuju, 1988. Lunyu yizhu. Hong Kong: Zhonghua shuju, 1984.

Yang Cong 楊琮. Minyueguo Wenhua 閩越國文化. Fuzhou: Fujian Renmin Chubanshe, 1998.

Yang Shangqun 楊善群. Woxin changdan: Yuewang Goujian xin zhuan 臥薪嚐膽：越王勾踐新傳(Sleeping on Twigs and Tasting Gall: A New Biography of the Yue King Goujian). Taipei: Yunlong chubanshe, 1991.

Yang, Xiaoneng, ed. The Golden Age of Chinese Archaeology: Celebrated Discoveries from the People's Republic of China. New Haven: Yale University Press, 1999.

Yang Zhaorong 楊兆榮. "Xi-Han Nanyue xiang Lü Jia yizu ru Dian ji qi lishi yingxiang shitan 西漢南越相呂嘉遺族入滇及其理史影響試探." In Nanyueguo shiji yan tao hui, 31–41.

Yao, Alice. "Recent Developments in the Archaeology of Southwestern China." Journal of Archaeological Research 18 (2010): 203–239. "Culture Contact and Social Change Along China's Ancient Southwestern Frontier, 900 B.C.–100 A.D." Ph.D. dissertation, University of Michigan, 2008.

Yü Tianchi 余天熾et al. Gu Nan Yue Guo shi 古南越國史. Nanning: Guangxi renmin Press, 1988.

Yü, Ying-shih. "Han Foreign Relations." In The Cambridge History of China, vol. I: The Ch'in and Han Empires, 221 B.C.–A.D. 220, eds. Denis Twitchett and Michael Loewe, 453–457. Cambridge: Cambridge University Press, 1986. Trade and Expansion in Han China: A Study in the Structure of Sino-Barbarian Economic Relations. Berkeley: University of California Press, 1967.

Yunnan sheng wenwukao yanjiusuo 云南省文物考古研究所. 个旧市黑蚂井墓地第四次发掘报告(The Fourth Excavations Report of Heimajing Cemetery Site, Gejiu City). Beijing: Science Publishing, 2013.

Zeitoun, Elizabeth, and Paul Jen-kui Li, eds. Selected Papers from the Eighth International Conference on Austronesian Linguistics. Taipei: Symposium Series of the Institute of Linguistics, Academia Sinica, 1999.

Zhang Rongfang 張榮芳. "Han chao zhili Nanyueguo moushi tanyuan 漢朝治理南越國謀式探源," in Nanyueguo shiji yantaohui, 1–8.

Zhang Rongfang張榮芳and Huang Miaozhang黃淼章. Nanyueguo shi南越國史 Guangdong: Guangdong renmin, 1995.

Zhejiang Wenwu Archaeological Research Group 浙江省文物考古研究所. 绍兴县文物保护管理所.浙江绍兴印山大墓发掘简报"Report on the Great Tomb of Yingshan Excavated in Shaoxing, Zhejiang." Wenwu 文物11 (1999).

Zhengzhang, Shangfang鄭張尚芳. "Some Kam-Tai Words in Place Names of the Ancient Wu and Yue States 古吳越地名中的侗台語成份." Minzu Yuwen 6 (1990). "Decipherment of Yuè-Rén-Ge." Cahiers de Linguistique Asie Orientale, 20 (1991): 159–168.

Zhong Zhe 鐘哲. Han feizi jijie 韓非子集解. Beijing: Zhonghua shuju, 1998.

Zhongguo Baiyue Minzushi Yanjiuhui 中國百越民族史研究會. Baiyue Yanjiu 百越研究. Nanning: Guangxi Kexue Jishu Chubanshe, 2007.

Zhongshan Daxue lishi xi, ed.中山大學歷史系. Nanyueguo shiji yan tao hui lunwen xuan ji 南越國史跡研討會論文選集. Beijing: Wenwu Publishing, 2005.

Ziegler, Delphine. "The Cult of Wuyi Mountain and Its Cultivation of the Past: A Topo-cultural Perspective." Cahiers d'Extrême Asie 10 (1998): 255–286.

Zumbroich, Thomas. "'Teeth as Black as a Bumble Bee's Wings': The Ethnobotany of Teeth Blackening in Southeast Asia." Ethnobotany Research and Applications 7 (2009): 381–398.

古代中國與越

中國南方邊境的自我認知與族群認同

Ancient China and the Yue:
Perceptions and Identities on the Southern Frontier, c. 400 BCE–50 CE

作者｜錢德樑（Erica Brindley）　譯者｜賴芊曄
主編｜洪源鴻　責任編輯｜宋士弘、涂育誠、穆通安
行銷企畫總監｜蔡慧華
封面設計｜張巖　內頁排版｜宸遠彩藝

出版｜八旗文化／遠足文化事業股份有限公司
發行｜遠足文化事業股份有限公司（讀書共和國出版集團）
地址｜新北市新店區民權路 108-2 號 9 樓
電話｜02-22181417　傳真｜02-22188057
客服專線｜0800-221029　E-mail｜gusa0601@gmail.com
Facebook｜facebook.com/gusapublishing　Blog｜gusapublishing.blogspot.com
法律顧問｜華洋法律事務所／蘇文生律師
印刷｜成陽印刷股份有限公司

出版｜2022 年 11 月　初版一刷
　　　2024 年 04 月　初版三刷
定價｜560 元

ISBN｜9786267129975（平裝）
　　　9786267129999（EPUB）
　　　9786267129982（PDF）

古代中國與越：
中國南方邊境的自我認知與族群認同
錢德樑 (Erica Brindley) ／賴芊曄譯／初版／新北
市／八旗文化出版／遠足文化事業股份有限公司
發行／二〇二二年十一月
譯自：Ancient China and the Yue: Perceptions and
　　　Identities on the Southern Frontier, c. 400
　　　BCE–50 CE

ISBN：978-626-7129-97-5（平裝）

一、文化史　　　二、民族融合
三、中越關係　　四、中國史

630　　　　　　　　　　　　111016362